現代中国の中小企業金融

――中国型リレーションシップ・レンディングの
展開の実情と課題――

范　立君 著

時潮社

はしがき

　現代中国を語るには様々な視点がある．1980年代，90年代には国有企業の改革の問題，外資導入政策および市場経済化にかかわる諸問題についての研究が多く見られた．また，2000年代に入ると，高度成長の成果に感嘆すると同時に，経済発展に伴う各種の格差問題の深刻化，不動産価格の高騰や中国企業のグローバル展開（「走出去」戦略）についての研究が増加した．他方でこれらの研究に対して，金融セクター，特に中小企業金融に関する研究は，あまり顧みられてこなかった．しかし，2007年秋にアメリカのサブ・プライムローンをきっかけに発した世界金融危機の後，中国経済の持続的発展戦略の一環としての政府支出の増大に伴い，「国進民退」（国有経済の規模拡大と政府の市場干渉力の増大と同時に，民営経済の規模縮小を意味する）の現象が熱い話題となると同時に，中小企業の金融問題も注目されつつある．本書はこれまであまり体系的に語られてこなかった中国の中小企業金融の視点から現代中国について検討する．

　本書は中国型リレーションシップ・レンディングをキーポイントとして，信用社に代表される中小型の金融機関，国有4大商業銀行に代表される大中型の金融機関と，「福元運通」モデルに代表される民間金融による中小企業金融に対する試みの内実と問題点を考察した上，現代中国が抱える金融問題に関する1つの体系的理解として完成されたものである．本書の最終目的は，一部の民間金融の銀行化と結びつく中小企業金融問題の解決と結合された中国金融システムの改革の行方を提示することにある．また，本書を通じて読者の方々に現代中国型の市場経済の実態を理解するための1つの手がかりを提供することができれば，幸いである．

　なお，本書を読むにあたり，まず，以下の3つの概念に注意していただきたい．

第1は，国有企業と私有企業における範囲区別である．1978年末の改革開放後，中国では新しい企業概念が次々と登場した．政治体制の維持と経済体制の改革との間のバランスを保持するために，民営経済の発展を促進しながら，公有制経済の規模と優位性を人為的に保ってきた．そのため，国有企業と私有企業における範囲区別はいまだに曖昧である．特に統計データで出されている株式会社という企業形態に対しては，それを先進資本主義国の基準に沿って私有企業として見る向きが多かった．確かに名称だけから国有企業なのか，私有企業なのかに対する判断は難しい．本書の第1章第1節では，上記の企業概念に対して，わかりやすく説明した．結論から先取りすると，今まで中国の各種統計データで出されていた株式制の企業は全て国有企業の範疇に入る．私有企業も株式制の企業形態が存在するが，それは統計データでは反映されず，一括して私有企業の項目として出されていたことを予め理解されたい（例：第1章第4節の表1-10を参照）．

　第2は，中小企業についての概念である．先進諸国では，中小企業の定義を相応の法律によって資本金，資産額，従業人数，売上総額などの経営指標によって定めている．一方中国では，社会発展の歴史的，制度的事情からくる経済発展の独自性もあって，さらに各種の法整備がまだ整えられていない中，中小企業の概念区分が非常に複雑なだけではなく，経済分野ごとにおける中小企業の定義付けもそれぞれ異なっている．本書の第1章第2節では，所有制区分，規模区分，および金融の融資範疇の3つの側面から中小企業の概念を考察した．それらの企業概念を把握した上で，本書で対象としている中小企業は主に私営・個体企業でありながら，資本金や資産額，あるいは年間売上などの経営指標において，一定の規模以下の企業であることを指すことを理解されたい．

　第3は，規模以上企業と規模以下企業についての概念区別である．中国の工業企業においては，規模以上企業と規模以下企業がある．中国の主要統計資料では，基本的に規模以上企業を対象とする．2007年前までは，規模以上企業とは国有企業全般と年間主要営業業務収入500万元以上の工業企業を指

はしがき

し，年間主要営業収入500万元未満の私営企業は規模以下企業と呼ばれた．2007年から2010年までは，規模以上企業は年間主要営業収入500万元以上の工業企業を指した．その結果形の上では，2007年以前と比べて，所有制に基づく国有企業と私営企業との規模区別がなくなった．そして，2010年以降，規模以上企業とは年間主要営業収入2000万元以上の工業法人企業を指すようになった．規模以上企業と規模以下企業については，第1章第2節の第1項目の後ろの部分でより詳しく説明した．統計資料であまり見られない規模以下企業の数は企業数全体の9割強を占めることを留意されたい．

以上のような諸経済主体の概念に関する整理と把握は本書で扱う中小企業金融に対する理解だけではなく，現代中国の性質と実体を把握するためにも極めて基本的で不可欠な一環である．

本書は著者の一橋大学時代の博士論文と一部の投稿論文を修正してまとめたものである．これまで研究を続けられたことは多くの方々から有形無形の援助をいただいたことのおかげであると深く実感している．日本の学部時代の恩師の前畑雪彦先生（桜美林大学教授）は学部の時代から政経分野の研究会や学会に連れてくださり，多くの研究者の方々から耳勉強する機会を下さった．大学院時代の恩師，石倉雅男先生（一橋大学経済学研究科教授）と福田泰雄先生（一橋大学経済学研究科教授）には，修士論文から今日に至るまで，私が書いた論文のほとんどすべてについて最初の読み手になっていただき，厳しくかつ丁寧なご指導をいただいた．私の最初の掲載論文も福田先生による十数回の粘り強い指導と修正の繰り返しによって，完成したものである．このような福田先生の粘り強いご鞭撻とご指導がなければ，本書の完成はできなかった．本書の出版で諸先生方の御恩に多少なりとも報いることができれば幸いである．さらに，日本語の修正にご協力いただいた諸先生方，中国の現地調査にご協力いただいた親戚，高校時代と大学時代の友人，そして関係する地方政府，企業関係者の方々にも心から感謝の意を表したい．また，福田先生のご紹介でお世話になっていた時潮社の相良景行社長のご助力にも

心から感謝したい.

　最後に,中国の家族と夫の松尾昌宏には深く感謝したい.博士論文を作成する数年間,私自身と家族にはいろいろなことがあった.夫はつねに心身の支えであった.師匠なり,友人なり,家族なりの彼の力がなければこの本の出版は困難であったであろう.

　初めての単著である本書を,2010年夏に他界した母に捧げる.

2013年4月10日

范　立君

目　次

はしがき ……………………………………………………………………… 3
序　章　本書の課題と構成 …………………………………………………… 9
　1．本書の課題 …………………………………………………………… 9
　2．本書の構成 ……………………………………………………………13
第1章　中小企業の概念と中国経済における中小企業の重要性 ………25
　はじめに …………………………………………………………………25
　第1節　中国経済における企業の概念 ………………………………26
　第2節　中国経済における中小企業の定義 …………………………39
　第3節　中国の中小企業の特徴 ………………………………………47
　第4節　中国経済における中小企業の重要性 ………………………54
　おわりに …………………………………………………………………63
　【補論　『促進法』第2章に基づく企業区分方法】……………………65
第2章　中小企業の資金調達難 ……………………………………………71
　はじめに …………………………………………………………………71
　第1節　中小企業の資金調達難の現状と特徴 ………………………72
　第2節　金融制度要因説とその処方箋 ………………………………78
　第3節　情報の非対称性説とその処方箋 ……………………………84
　第4節　企業内部要因説とその処方箋 ………………………………86
　おわりに …………………………………………………………………89
　【補論　金融危機による一時的資金難に陥る輸出製造業と政府の救済政策】
　　………………………………………………………………………………91
第3章　中小企業金融と中国のリレーションシップ・バンキング形成
　　　　の失敗 …………………………………………………………………97
　はじめに …………………………………………………………………97
　第1節　分権化経営と不良債権 ………………………………………99
　第2節　授権経営とリレーションシップ・バンキング形成の失敗 …104
　第3節　信用社とリレーションシップ・バンキング形成の失敗 ………111
　おわりに ………………………………………………………………119

第 4 章　中小企業金融における中国の商業銀行の政策対応とその限界 …………125

 はじめに ……………………………………………………………………125
 第 1 節　中小企業金融に向けての金融機関の貸出状況と特徴………126
 第 2 節　商業銀行に対する中小企業向けの金融政策 ………………130
 第 3 節　「三包一掛」の貸出責任制度―その意義と問題点 ………132
 おわりに ……………………………………………………………………141
 【補論 1　金融セクターの概観と国有 4 大商業銀行の優位性】………143
 【補論 2　人民銀行による金利自由化の進展】………………………147
 【補論 3　金融機関の民営企業への貸出の内訳：S 市の事例（2004）】…149
 【補論 4　銀企推介会と銀証協議】……………………………………150

第 5 章　中国型リレーションシップと中小企業金融
  ―民間金融の展開とその限界― ………………………………157

 はじめに ……………………………………………………………………157
 第 1 節　民間金融の規模と構造 ………………………………………158
 第 2 節　複層式・仲介型リレーションシップ・レンディングの役割
  ―「福元運通」モデル―を中心に ………………………164
 第 3 節　実業会社モデルの限界 ………………………………………174
 おわりに ……………………………………………………………………180
 【補論 1　「福元運通」モデルの発展の経緯】…………………………181
 【補論 2　中国の民間金融の概念】……………………………………183
 【補論 3　中国の民間金融の変遷―温州市を中心に】………………186
 【補論 4　小口貸付会社の概況】………………………………………192

第 6 章　中国の中小企業金融問題の解決に向けて …………………201

 はじめに ……………………………………………………………………201
 第 1 節　解決策を政府の公的支援ばかりに頼ってはならない………202
 第 2 節　解決策は金融仲介機能と経営コンサルティング機能を兼ねた
  民間金融セクターに求めるべきである ………………………203
 第 3 節　市場の需給関係を重視する公正な金融市場の建設が問題解決
  の根本策である ………………………………………………205
 【補論　「非公経済36条」の実施状況に関するアンケート調査分析報告】…209

参考文献一覧 …………………………………………………………………215
索　引…………………………………………………………………………225

序　章　本書の課題と構成

1．本書の課題

　本書の問題関心は標題の通り，中国の中小企業の資金調達難，およびそれを解決するための1つの重要な手段としての中国型リレーションシップ・レンディングにある．

　中国国家統計部門によると，中国では中小企業は4000万社以上に上り，企業総数の99％以上の割合を占める．また，中小企業はGDPの60％強，納税額の50％以上を占め，雇用者数の8割を支えているとされる[1]．中小企業はすでに中国の経済発展の牽引者となり，中国経済の持続的発展と活力の維持に大きく関わっている．一方，1990年代末には，「作れば売れる」という極度なモノ不足の時代が終わり，売り手市場から買い手市場への転換が起こり，中小企業の収益性が低下し始めた．その結果，労働集約型産業からより技術力の高い資本集約型産業への転換が中小企業にとって重要な課題となっている．このような産業転換のためには巨額な資金が必要とされている．しかし，国有銀行中心の公的金融セクターは優良な中小企業への融資にも積極的ではない．

　中国には中国銀行，中国建設銀行，中国工商銀行，中国農業銀行などの国有商業銀行，企業や地方政府などが出資して設立する「株式制商業銀行」，業務地域が限られる「都市商業銀行」などがある．しかし，中国の貸出残高の約5割は4大国有商業銀行が占め，その大半は大型国有企業向けである．株式制商業銀行なども地方政府が重視する国有企業に優先的に融資する傾向が強く，私営企業を中心とする中小企業に回る資金は乏しい．「銀行から融資を受けられる中小企業は全体の1割しかない」（人民銀行の盛松成・調査統計局長）[2]．中小企業は公的金融セクターから十分な資金を得られないため，

緊急な短期運転資金の調達は高金利のインフォーマルな融資ルート（中国語では「民間金融」）に頼るしかないのが現状である．こうした中，中小企業の資金調達難は中国景気の減速につながりかねない．

　公的金融による中小企業の資金調達難の原因に関しては，政府レベルでも下記の2点に求めることで共通している．1つは，中小銀行が不足していること，もう1つは，中小銀行と中小企業との間の情報の非対称性の問題が深刻であることである（第2章）．上記の中小企業金融の問題を解決するため，中国金融当局は中小企業金融に関する政策を主に以下の5つの方向から実践的に行った．第1は，1997年～2002年の間の県レベル以下の地域における信用合作社（略称：「信用社」）経営の改革である（第3章）．第2は，1999年～今現在まで取り掛かっている中小企業信用保証制度の構築・整備である．第3は，2003年～今現在までの国有商業銀行の中小企業向けの融資政策の実施である（第4章）．第4は，2004年からスタートした中小企業向けの株式市場や社債市場などの証券市場の整備の試みである．第5は，2005年以降の信用創造機能を認めない範囲内での，民間金融に対する規制緩和である（第5章）．これらの解決策は一定の効果があるものの，さまざまな限界も抱えている．場合によっては，状況を悪化させる措置もみられた．本書は中国型リレーションシップ・レンディングの現状と展開の実情に焦点を当て，第2の中小企業信用保証制度の構築・整備と第4の中小企業向けの証券市場の整備に留意しながら，上記の第1の信用社の経営改革の失敗，第3の国有商業銀行による中小企業金融向けの政策対応，と第5の民間金融の展開を中心に，金融当局による中小企業の資金調達をめぐる解決策の典型を1つ1つ検討しながら，それらの効果と限界を明らかにすることによって，今後の政策方向を指摘する．第2と第4の措置を本書で論じない理由としては，2つがある．1つは，中小企業は信用保証制度と証券市場経由の資金調達の規模が極めて少ない．2つは，中小企業向けの信用保証制度や証券市場の整備の前提は，中小企業向けの信用審査能力と与信管理ノウハウであり，それは国有商業銀行に存在する問題と類似している．また，民間の信用保証機関それ自体は民

間金融の範疇に入り，その経営原理と手法は民間金融の問題とほぼ同じである．したがって，大企業と比べて競争力の低い，リスクの高い中小企業の金融問題を解決するのに，中国では，銀行システムと民間金融の研究・分析からスタートすることが合理的である．

　中小企業の銀行からの資金調達難の問題は，中国だけでなく，先進国，発展途上国を問わず，世界各国に共通する金融問題である．なぜならば，市場経済において貸付市場は，典型的な情報の非対称性の存在する市場であるからである．中小企業はその独自な経営体質が故に，財務管理と財務の透明度が弱く，適当な抵当物や担保条件を提供することができない企業が多い．そのため，借り手の中小企業と貸し手の銀行との間の情報の非対称性に関わる問題がより一層深刻となり，資金難の問題もより目立っている．金融市場における情報問題に対応すべく，銀行は情報問題の種類によって様々な貸付手法を開発している．Berger and Udell（2002）はこれらの貸付手法を主に下記の4種類に分けてまとめている．①財務諸表準拠貸付（Financial Statement Lending），②資産担保融資（Asset-based Lending），③クレジット・スコアリング（Credit Scoring），④リレーションシップ・レンディング（Relationship Lending）である[3]．そのうち，最初の3種類は，コード化や定量化が容易で，そして伝達しやすい'ハード情報'（Hard Information）の生産に基づく貸付手法である．このようなハード情報に基づくトランザクション貸付（Transactions-based Lending）は，比較的標準化された財務データなどを提供できる大企業に適している．それに対して，リレーションシップ・レンディングは貸し手と借り手の長期的に継続する関係の中から，外部からは通常は入手しにくい借り手の経営能力や事業の成長性，返済能力，返済意欲などの定量化が困難な'ソフト情報'を獲得し，この情報を基に金融サービスの提供を行うことで展開するビジネスモデルであり，銀行と中小企業との間の情報の非対称性を緩和することができる．また，これによって，借り手の中小企業にとっての取引コストと銀行の負う信用リスクが軽減されることが多い．リレーションシップ・レンディングは中小企業向けの貸付市場において有効であるため，

先進国においても，発展途上国においても，中小企業の金融問題を解決するための重要な手段として重視されている[4].

中国では，大銀行，中小銀行，そして信用社を含め，公的金融セクターが採っている主要な融資方式は財務諸表準拠貸付（Financial Statement Lending）と資産担保融資（Asset-based Lending）である．ただし，1990年代後半から2000年代にかけて，中国の政策研究分野では，リレーションシップ・レンディングの中小企業金融市場における有効性が次第に認識され始めた．公的セクターにおけるリレーションシップ・レンディングの導入と試みも行われたが，中国の独自なコミュニケーションの文化と制度の背景もあって，後述のようにいずれも予定通りの結果にならなかったのである．こうした中にあって，民間金融は，中小企業金融市場における情報の優位性に依拠した中国型のリレーションシップ・レンディング方式により，公的金融を補完する役割を果たしてきた．一方，銀行からの資金調達が非常に困難な私営経済の急成長に伴う大量の資金需要は，民間の貸借市場を急速に成長させている．他方，現在の金融体制による民間金融に対する制約のもとで，情報の優位性を有するにもかかわらず，民間の金融機関は預金業務を行えず，民間金融によって，優良な私営企業の旺盛な資金需要に十分な資金を供給することができていない．そのため，中小企業に様々な資金調達のチャンスが存在しているように見えても，資金調達難の問題は目立っている．これは中国中小企業金融が抱える問題そのものにほかならない．中国における地域間格差の解消，地域経済の成長のためには，この中小企業金融問題の解決が不可欠となる．

上記のような問題関心を抱えている本書の課題は，移行期における金融体制の改革に伴って深刻化した中小企業の資金調達難の諸原因と処方箋について，中国型リレーションシップ・レンディングの形成と展開という視点から分析し，それをめぐる諸問題を明らかにすることにある．

今までの中国の中小企業金融に関する先行研究では，公的セクター内部の改革による中小銀行の増設と民間金融の中小企業金融市場における重要性が強調されたが，公的金融セクター内部の改革だけで，果たして中小企業金融

問題が解決できるのか，また，民間金融組織は，具体的にどのような仕組で中小企業の金融市場で情報の優位性を発揮しているか，について，なお未解決の課題を残す．本書の大きな成果は，2点である．1つは，中小企業金融においてその重要性を確立したリレーションシップ・レンディングに関する従来の研究を踏まえつつ，2000年代半ば以降に急速に展開している中国の民間金融による中国独特の仲介型リレーションシップ・レンディングの形成とその仕組みを初めて明らかにしたことである．これは，信用創造機能を認められない民間金融会社による資金運用・調達仲介ビジネスだけではなく，中小企業の事業展開・拡大に向けてのコンサルティング機能も含まれており，中国の人的ネットワークをその基盤とするものである．2つは，政府金融機関による中小企業金融の失敗原因を政府金融機関の官僚的経営・支配に起因するリレーションシップ・バンキング形成の失敗として明らかにしたことである．

2．本書の構成

本書は中小企業の中国経済における重要性（第1章），と中小企業の資金調達難の原因分析に関する先行研究（第2章）を検討した後，分断化された二元化市場（公的金融市場と民間金融市場）におけるリレーションシップ・バンキングの形成と展開の現状把握を踏まえ，中小企業の金融問題を歴史的，制度的，実証的，理論的に分析を行う．1997年以前の中国ではリレーションシップ・レンディングは，「人情貸付」，「リベート貸付」と同様な意味を持つと考えられていた．1997年以降，政策研究分野では，先進国で行われたリレーションシップ・レンディングの有効性が次第に認識されるようになったが，中国の銀行の膨大で複雑な組織構造と官僚主義的な経営方式はリレーションシップ・バンキングの形成を不可能にしている（第3章）．その後，2003年に『中華人民共和国中小企業促進法』を公布し，その第2章で中小企業に対する資金支援を規定した．その中では，今まで国有大企業向けの銀行とし

て認識されてきた国有商業銀行による中小企業金融市場での役割を明確にし，国有商業銀行の中小企業への資金支援を呼び掛けていた．以降，それまでに重視されていなかった国有商業銀行の中小企業金融市場における役割が重視され，国有商業銀行の支店組織を中心とする国有商業銀行による中小企業金融の政策対応が展開された．そこで銀行は分権型の「三包一掛」の貸出制度を通して，地域支店にリレーションシップ型の貸出を推進しようとする姿勢を見せている．しかし，結局のところ，商業銀行の地域支店が地理的な情報収集の優位性を持っているにも関わらず，「三包一掛」の貸出責任制度をリレーションシップ・レンディングまで展開できなかった（第4章）．リレーションシップに対する信任に依拠した貸付モデルを展開しているのはインフォーマルの金融機関である．しかし，民間金融は中小企業の金融市場で重要な役割を果たしている一方，預金業務を行えず，資金供給という点では不十分であるという問題もある（第5章）．最終章（第6章）では，中小企業の金融問題に関する筆者の政策提案を行う．

本書の構成は次のとおりである．

序　章　本書の課題と構成
第1章　中小企業の概念と中国経済における中小企業の重要性
第2章　中小企業の資金調達難
第3章　中小企業金融と中国のリレーションシップ・バンキング形成の失敗
第4章　中小企業金融における中国の商業銀行の政策対応とその限界
第5章　中国型リレーションシップと中小企業金融―民間金融の展開とその限界―
第6章　中国の中小企業金融問題の解決に向けて

第1章「中小企業の概念と中国経済における中小企業の重要性」では，中国における各種の企業概念を紹介し，その後，中小企業に関する複雑な定義規定のうち，規模区分，所有制区分，および金融の融資範疇という3つの側

面から本書で指す中国の中小企業の概念を検討する．その上で，『中国中小企業年鑑』，『中国中小企業発展報告』などの資料を用いて，工業中小企業を中心に，中国の中小企業が労働集約型産業と第3次産業に集中していること，東部沿岸地域に集中していることという3つの特徴について考察する．最後に，『中国工業経済統計年鑑』や『中国統計年鑑』などの資料に基づいて，国民経済における供給，需要，雇用及び輸出などの諸側面から，中小企業の中国経済における重要性を検討する．

　中国の中小企業の概念については，主に以下の3つの側面から見ることができる．

　第1に，所有制区分である．中国では，中小企業という用語は1990年代後半から一般的に使用されていたが，中小企業という名称が中国政府の公式文献に登場したのは1998年版『中国経済年鑑』であった．しかし，1998年当時から一体何をもって中小企業とするかは，日本のような法律に基づいた明確な定義がなく，中国独特の基準によって企業の大きさを決めていた．また，実際にはそれまで，中国では国有企業イコール大企業，私営・個体企業イコール中小企業という企業所有形態による企業規模の区分が一般的な常識であった．特に，地方政府レベルでは，「国有企業は政府の支援を容易に受けることができるから，地方の中小企業発展局の管理対象は私営・個体企業だけである」[5]という所有制に基づく中小企業の定義と管理内容がある．所有制差別の実態が依然として改善されないままに，市場経済の導入が進んでいる．所有形態において，中小企業は私営・個体企業と公有制の中小企業とに区分される．2006年度第一次全国経済調査（2006年12月6日）の結果では，全国中小企業法人単位のうち，私営企業の数は65.2％という最も高い比重を占めている．その他は国有中小企業，あるいは国有持ち株の中小企業である．

　第2に，規模区分である．中国の経済成長に伴い，企業規模の決め方を国際基準に合わせるため，2003年1月1日より日本の『中小企業基本法』に相当する『中華人民共和国中小企業促進法』（以下『促進法』という）がようやく施行された．その後，2003年2月19日に『促進法』の第2章としての「中

小企業の基準暫定規定印刷公布に関する通達[6]」が公布された．この暫定基準では，従業員数，年間売上額，資産額を基準にし，国務院の認可を得て中小企業司が中小企業か否かを判断することを定めている．例えば，年間売上額の基準では，3億元以上の企業（宿泊飲食業と小売り業は1億5千万元以上）が大型企業とし，3千万元（小売業は1千万元）～3億元（宿泊飲食業と小売業は1億5千万元）の企業が中型企業とし，3千万元以下の企業（小売業は1千万元以下）が小型企業とされた．この暫定基準によって，初めて中小企業の定義を明確にし，理論的に全業種の企業規模の区分を一律的に把握できるようになった．しかし，この暫定基準が実際に中国各地に通用するようになるまでには時間がかかることが予想される．前述の通り，今まで中国では，企業規模の区分基準については，企業の売上などの経営状況と資産状況よりは，所有制による規模認識の伝統が根深いからである．実際，その後の『中国中小企業年鑑』と『中国中小企業発展報告』などの公開統計資料のデータ項目タイトルのほとんどは「全国私営企業発展状況」あるいは「中国中小企業と非公有制経済の基本状況」となっている[7]．特に，中小企業金融に限って言えば，この基準に基づく中型企業と小企業の融資環境がまた違ってくる．後述するように，小企業の融資環境がより厳しいということから，2007年に小型企業金融の範疇を新たに定めた．

　第3に，金融区分である．小型企業の金融範疇において，2007年7月の中国銀監会により「銀行による小企業向け貸出業務の展開に関する指導意見」の第2条で，小型企業金融の範疇を「一件あたりの与信金額は500万元以下，しかも借手企業の資産総額は1千万元以下の業務，あるいは一件あたりの与信金額は500万元以下，しかも借手企業の年間売上額は3千万元以下の融資業務」と定めた．以降，金融機関の規模別融資に関する統計データの中に，今までなかった「小型企業」の項目も見られるようになった．

　ただし，中国の社会主義市場経済の下で諸主体が複雑に絡み合う中でより包括的企業概念の再構築が必要である．また，それまでの中国で中小企業に関する統計データでの統一した概念がなく，その時々の調査の目的や内容に

よって，それぞれ異なる定義を使っていることに留意が必要である．

また，中国経済における中小企業の位置付けについて，国家発展・改革委員会中小企業司によれば，2010年末時点で，全国企業総数の約99％を占めている中小企業は，約80％の都会人口と農村からの出稼ぎ労働力の雇用を吸収している．GDPにおける貢献率は60％以上であり，税収における貢献率は50％超である．さらには，新製品開発の特許の65％を占め，製品開発全体でみればその80％を担っている．"十五"期間中（2000－2005年）のGDPの年平均成長率は9.5％であったのに対して，一定規模以上の工業中小企業の年平均成長率は28％であり，GDPの成長より遙かに上回っている[8]．中小企業は中国経済の健全で急速な発展に寄与していることがわかる[9]．

第2章「中小企業の資金調達難」では，第3章，第4章と第5章での中国の中小企業の金融の現状と特徴などについての分析の前提として，中小企業の資金調達難の原因分析に関するこれまでの先行研究を検討し，残された課題を明らかにする．

中国国内で中小企業の資金調達難の主要原因をどこに求めるかについては，これまで3つの説が展開されてきた．第1は，金融制度要因説である．主に金融制度の歴史的形成のプロセスから発生した諸問題に視点を置き，中小企業の資金調達難の原因を銀行の所有形態，組織構造および信用決定システムなどにおける中小企業への融資差別に求める観点である．その処方箋その1は，新しい中小銀行の設立と現存の地域中小銀行の改革である．処方箋その2は，国有銀行の末端支店の貸付機能を回復させることである．第2は，情報の非対称性説である．これは中小銀行と中小企業との間の情報の不完全性に中小企業の金融問題の原因を求める観点である．その処方箋は現存の都市商業銀行と信用社をリレーションシップ・バンキングとして発展させることを強調する．第3は，企業内部要因説である．中小企業の資金調達難を市場経済における中小企業自身による経営上の諸問題として扱う．その処方箋は民間金融を容認し，それをリレーションシップ・バンキングとして発展させることである．以上の諸先行研究に対する分析から，中小企業の資金調達難

の原因を以下の2つの論点に帰することができる．
〈1〉現存の金融システムにおいて中小銀行の数が足りず，中小企業の資金需要に対応できない．
〈2〉現存の金融システムにおいて，中小銀行と中小企業との間に深刻な情報問題がある．

　そして，各論点の処方箋については，中小企業の資金需要に対応できる中小銀行の改革と増設という点では，共通している．議論の分岐点は具体的な実施方法にある．つまり，現存の金融システムの内部での，政府主導による中小銀行の改革と増設か，それとも，民営経済の内部で自主的，自発的に発展してきた民間金融の合理的な発展を推進することによって，民営中小銀行を設立するかである．いずれの場合も，中小企業金融において，国家政策，業務内容，運営システムおよび企業文化などの諸側面から中国の公的金融と民間金融に対して，より一層立ち入った理論的・実証的分析が必要である．しかし，これらのいずれの観点でも，第1に，公的金融はリレーションシップ・バンキングの構築ができるのか．第2に，民間金融はどのようにして中小企業の金融市場で優位性を発揮しているか，その限界は何か．これら2点につき課題を残す．本書の第3章，第4章と第5章の課題は，これら残された論点の分析にある．

　第3章「中小企業金融と中国のリレーションシップ・バンキング形成の失敗」では，信用社に代表される中小金融機関に焦点を当て，金融機関経営における官僚主義という視点から，公的金融セクターのリレーションシップ・バンキング形成の失敗要因を明らかにする．

　中国では，大銀行の支店組織，中小銀行，そして信用社を含め，公的セクターが採っている主要な融資方式は日本のメガバンクと同様に，財務諸表準拠貸付（Financial Statement Lending）と資産担保融資（Asset-based Lending）である[10]．先進諸国と同様に情報問題に悩まされる中小企業金融問題が深刻化しているにもかかわらず，公的セクターはリレーションシップ・バンキングを形成していない．それに関する今までの研究では，公的セクターの複雑な

組織構造にその要因を求める観点が主流となっている．つまり，2000年代以降，中国の銀行はリレーションシップ・バンキングの中小企業金融市場における有効性を認識しているが，銀行の膨大で複雑な組織構造はリレーションシップ・レンディングのビジネスモデルにおいて優位性を持っていないと主張するものである[11]．しかし，組織構造だけでは説明しきれない現象がある．農村の個体・零細企業を中心に業務を展開するもっとも組織の小さい農村信用合作社（略称：農村信用社）こそは，リレーションシップ・バンキングを形成できないのが現状であるからである．その要因について，本章は下記の2点に求める．

第1は，官僚主義による信用社の経営目標と経営手法の分離である．つまり，信用社の本来の経営目標はその地元における情報の優位性に基づく，地元の零細・個体企業の起業，発展のために金融サービスを提供することである．そのために，採るべき融資モデルは，リレーションシップ・レンディングである．ところが実際には，信用社は国有銀行の支店組織と同じように地方政府に大きく左右され，その経営者幹部も政府の行政干渉を利用して，自分の仕途に有利な融資意図に集中する運営システムとなっている．そのため結局のところは，信用社（中小金融機関全般を含む）の経営目標と経営手法の同時実現が困難に陥っている．

第2は，官僚主義による中小企業と信用社との間の遠隔感である．一方では，貸付決定権を有する人が官僚として威張る．他方，行政のプロセスの受信端にいる中小企業の方では，行政プロセスの不透明さとコミュニケーションの不公平さのため，金融機関に遠隔感とたよりなさを感じる．行政主導による金融機関の官僚主義の膨張は，金融機関と中小企業との間に，平等と公平の保たれた形でのリレーションシップの構築を不可能にする．

前述のように，2003年前までに，金融当局は県レベル以下の地域を中心に分布している信用社に対する改革や中小企業信用保証制度の構築・整備[12]などの政策措置を採っていた．しかし，いずれも信用社自身の内部経営の問題や地方政府との調和の問題などによって，予想通りの効果を得られなかった．

同時に，この間に国有商業銀行の地域支店の中小企業金融における役割が重視されるようになり，2003以降，商業銀行による中小企業金融の展開が正式に行われた．そして，2003年以降の商業銀行の中小企業金融の展開を追っていくと，もっとも代表的な政策対応は中国工商銀行からスタートした分権型の「三包一掛」の貸出責任制度である．第4章「中小企業金融における中国の商業銀行の政策対応とその限界」では，国有大銀行の中小企業金融市場における役割を明らかにし，金融当局が商業銀行に中小企業金融への支援措置を要求し始めた経緯を考察する上で，分権型「三包一掛」の貸出責任制度を取り上げ，商業銀行の中小企業向けの政策対応の実情と特徴を分析し，その効果と問題点を考察した後，信用審査にかかわるリレーションシップ・レンディングという視点から「三包一掛」貸出制度が，今まで予定通りの役割を果たせなかった理由を明らかにする．

　「三包一掛」の貸出責任制度は国有商業銀行支店（特に，県レベル以下の支店）に貸出自主権を与えることを前提にしている．「三包」とは，銀行の融資担当者が一定金額以下の貸出業務に対して，第1に，信用審査に責任を持ち，貸出条件を決め，貸出を実行する．第2に，信用審査に基づいて，その後のモニタリングを行う．第3に，貸出債権の回収に責任をもって実行する．最後に，「一掛」とは，融資担当者の収入は貸出収益の一部との歩合制となって決められることを指す．つまり，「三包一掛」の貸出制度は，貸出自主権を銀行支店に与え，支店の融資担当者に貸出債権の審査，管理，回収まで責任を負わせ，同時に貸出収益と不良債権の発生に対応する奨励金とペナルティ制度のセットによる銀行支店への中小企業向けのリレーションシップ・レンディング拡大と不良債権抑制の提起を最大の特徴とする，国有商業銀行の中小企業向けの貸出業務における新しい試みである．

　そして，この制度は，銀行経営の分権化管理の実施によって，ある程度中小企業の融資チャンスが増加した，というメリットがある一方で，担保によらないリレーションシップ・レンディングを謳うものの，相変わらず厳格な抵当・担保型の貸出手法に基づくケースがほとんどであり，中小企業の担保

物不足という問題を解決するには至らなかった．商業銀行の地域支店が地理的な情報収集の優位性を持っているにも関わらず，「三包一掛」の貸出責任制度をリレーションシップ・レンディングまで展開できない理由としては，以下の2点が指摘される．

　第1は，商業銀行の地域支店はその地域に限定して利益を上げないと，存続できないという死活問題に直面していない．

　第2は，地方官僚主導の信用社経営と同様，中国の場合，国有商業銀行の地方支店と中小企業との間のリレーションシップは貸し手の銀行の信用審査のための情報収集の基礎としてのリレーションシップではなく，借手の中小企業側の資金獲得のためのリレーションシップであることが多いからである．

　上記のように，公的金融におけるリレーションシップ・バンキングの形成が成功を見ない一方，民間金融は中小企業金融市場における情報の優位性に依存したリレーションシップ・レンディング方式により，公的金融に対する補完的役割を果たしてきた．第5章「中国型リレーションシップと中小企業金融─民間金融の展開とその限界─」では，現在，民間金融市場で中心的な役割を果たしている実業会社の最新モデル，いわゆる新しいリレーションシップを展開する「福元運通」モデルを取り上げ，民間金融の中小企業金融市場における役割を考察する．その上で，民間金融が抱える限界を分析する．

　民間金融は「国家の金融に関する法律などの保護以外の，かつ政府の金融監督当局のコントロールを受けない金融活動」(張捷［2003］，p.197)であると定義づけられている．主に中小・零細企業および社会的弱者グループが，存続と発展の維持に必要な外部金融資源を獲得する重要なルートである．これまで民間金融に関しては，1980，90年代の民間金融市場においてもっとも影響力のある温州地域の合会モデルを中心に，狭い地域における地縁や血縁関係に基づくリレーションシップ，およびそのことによる貸し手と借り手との間の情報問題と抵当品の欠如の問題の克服，取引コストとリスクの軽減という視角から分析が進められてきた．しかし，近年中国では，民間金融市場で中心的な役割を果たしているのは合会モデルを超える実業会社モデルであ

る．実業会社とは，普通の会社経営の名義で民間貸借に関わる金融活動に従事する経済主体である．最近，注目されつつある最新形態の実業会社は青島「福元運通」である．同社は〈1〉複層式・仲介型リレーションシップ・レンディングによる仲介機能，〈2〉複層式・仲介型リレーションシップによる情報生産機能と経営コンサルティング仲介機能の拡大，〈3〉仲介型リレーションシップに基づく信用保証の機能に基づいて，民間の貸借仲介市場での影響力が増大しつつある．

　しかし，情報の優位性が拡大された「福元運通」モデルは中小企業金融に新たな展開を可能にする一方，それによって中小企業金融問題が解消されたわけではない．〈1〉リスク要因が低下しつつある民間金融の金利はリスク・プレミアムを反映した水準より遙かに超えて過大なものとなっていたのである．〈2〉高めの民間金利は，背後に需給ギャップが存在することを示す．「福元運通」モデルにおいても民間金融であるがゆえに，預金業務を行えず，深刻な資金不足を抱えている．そのため，優良な私営企業の資金需要に十分対応仕切れない現状がある．〈3〉他方，国有銀行部門は過剰な資金を抱える．これらは中国の中小企業金融が抱える問題そのものにほかならない．

　第6章では，本書の分析結果を踏まえ，中国の中小企業金融において残された政策課題の提起を行う．公的セクターだけでは，中小企業の資金難を解決し得ない．情報の非対称性を伴う中小企業金融における資金不足問題を解決する道は，情報の優位性に基づく中小企業向け審査能力と経営コンサルティング能力を有する有力な民間金融会社を段階的に民営銀行へと発展させていくことである．そのため，「福元運通」モデルのような民間の実業金融会社の業務展開を促進し，長期的には市場の高度化にしたがい，試行錯誤しながら，銀行業の参入規制を撤廃し，高級の民間金融会社が銀行業に参入，退出できるような公正・公平な法律体制を確立すること，および有効な監督管理ルールの制定と執行などが中小企業金融問題の解決の根本策であり，金融改革の望ましい方向である．

注

1 『中小企業年鑑』2010年版による．
2 日本経済新聞2011年8月26日．
3 Berger, Udell, 2002, pp.36-38，または張捷［2003］，第2章，第3節を参照．
4 Berger, A.N. and Udell, G.F. (1995), (2002), 多胡秀人（2007）などを参照．
5 筆者が2009年5月13日に実施した現地調査による．
6 『促進法』は7つの章によって構成され，その第2章は「中小企業の基準暫定規定印刷公布に関する通達」である．全12条から成り，主として中小企業金融や信用保証問題などの中小企業に対する「資金支援」問題について規定しており，中小企業の育成と健全な経営にとって最も重要な部分である．
7 『中国中小企業年鑑2007』と『中国中小企業発展報告2007』を参照．
8 年間主要営業収入500万元以上の企業のことを指す．実際には，それ以下の規模の零細企業は中小企業の90％以上を占めている．例えば，青島市では，こうした規模の零細企業は中小企業の約93％を占めている．
9 『中国中小企業発展報告2007』「代序」による．
10 人民銀行済南支店の王（2003），辛樹人・向珂（2004）を参照．
11 張捷（2003），第2章，呉元波（2007）を参照．この観点は基本的に外国の諸研究に賛成する形で論じられている．
12 実際，中小企業信用担保システムの建設は1992年まで遡る．1998年前までの信用保証機構は主に互助性の担保機構を中心とする模索段階である．1998年〜1999年上半期までは「一体両翼」（一体は都市中小企業信用担保機構，両翼は互助性と商業性の担保機構を指す）の初級段階である．1999年上半期から「一体両翼」の発展段階に入る．2003年の『促進法』以降から「一体四層両翼」（四層は中央−省−市−県レベルにおいて政策を展開することを意味する）の発展段階に入る．

第1章　中小企業の概念と
中国経済における中小企業の重要性

はじめに

　1949年10月の建国以来，中国経済は社会主義計画経済と社会主義市場経済を経験し，現在まで60年余りの間に，大きな変革を遂げた．1949年から1978年までの期間に社会主義計画経済という看板のもとで国民経済の担い手となったのは，国有企業と集団所有制企業であった．その後，1980年から4つの経済特区（深圳，珠海，汕頭，アモイ）を中心に，沿海地域に牽引された改革開放政策が行われ，それをきっかけに，中国は，「社会主義計画経済」から「社会主義市場経済」への移行を進めてきた．その結果，中国の経済成長を牽引する主体は国有企業から，民営企業，つまり外資系企業，私営企業，個体企業まで広がってきている．1978年から1992年までの期間に頭角を表わしたのは，郷鎮企業と三資企業であった．郷鎮企業が注目されたのは，地域農村部の余剰労働力を吸収しながら，地方経済を発展させたからである．三資企業は改革開放後の資本・技術及び管理能力が不足している中国経済に豊富な資金・先進の技術と管理方法を注ぎながら，余剰労働力を吸収し，中国経済の高度成長に大いに貢献している．そのため，改革開放後，郷鎮企業は新たな所有権形式の企業として中国経済に新鮮な活力を提供する使命を担っている三資企業とともに，中国企業研究の新たな焦点となった．1992年の南巡講話以降に，国有企業の改革，郷鎮企業を含め集団企業の民営化が本格的に行われた．この時期に私営経済など非公有制経済が社会主義市場経済の必要不可欠な補完物，社会主義市場経済の重要な構成部分として認められるようになり，以降，現在までに，中国の私営企業は各種の企業形態の中で最も急速に発展しているものとなっているだけではなく，個体企業を含んだ私営中小企業が中国の経済成長，雇用の創出，新規市場の開拓および技術開発など

の推進力となっている．

　本章では，中国における各種の企業概念を考察した上，中小企業と私営・個体企業との関係を検討しながら，本書で指す中小企業の概念を明らかにする．その後，国民経済における供給，需要，雇用及び輸出などの諸側面から，中国経済における中小企業の特徴と重要性を検討する．

　本章の構成は次のとおりである．第1節では，所有形態を中心に，中国の改革開放路線に伴って登場した新たな企業概念について検討する．第2節では，伝統的な所有制概念が強いという中国の企業形態の特徴に注目して，本書で扱う中小企業の概念を明確にする．第3節では，中国の中小企業の特徴を分析する．第4節では，中小企業の中国経済における重要性を検討する．

第1節　中国経済における企業の概念

　1978年末からスタートした改革開放の後，中国の企業は，大きな変貌を遂げてきた．それに伴い，いろいろな新しい企業概念が登場した．それらの企業区分は非常に複雑なだけではなく，地理的区分，規模別区分及び所有形態による区分という3種類もの異なる区分がそれぞれに意味をもって存在している[1]．そうした中で，所有制を巡る中国の企業概念に対する理解は中国の中小企業を論じる場合に，極めて重要なことである．本節では，所有形態を中心に，中国共産党の改革開放路線に伴って登場したそれらの企業概念について検討する．

1．公有制企業

　所有制区分においては，表1－1で示されるように中国の企業は大きく公有制企業と非公有制企業の2種類に分けられる．公有制企業は，資産が国または公民集団所有に帰属する企業のことで，国有企業と集団企業を指す．この項では，まず公有制企業の各種の企業概念を検討する．

第1章　中小企業の概念と中国経済における中小企業の重要性

表1－1　所有形態による中国の企業区分

公有制	国有企業	単独な国有企業，国有聯営企業，有限責任公司，（国有独資公司，国有絶対控股企業，国有相対控股企業を含む），股份有限公司，股份合作制	郷鎮企業（混合型）
	集団制企業	互助組，合作社，社隊企業，校弁企業，股份合作企業	
非公有制	私有企業	私営企業（内資独資企業，合夥企業，私営有限責任公司，私営股份有限公司），個体企業	
	三資企業	外資独資企業，合弁企業，合作企業	
	合作開発（石油開発など）		

資料：『中国経済データハンドブック』(2006年版)，『中国進出企業一覧　非上場会社篇』(2007－2008年版) および『关于统计上划分经济成分的规定』により，筆者作成．

A　国有企業

　1949年，中華人民共和国の誕生に伴い，登場したのが，国営企業であった．国営企業は，全人民所有制企業とも呼ばれ，企業の所有権に基づく概念である．1978年まで社会主義計画経済を遂行した中国で，国営企業は，圧倒的な存在であった．国有企業という名称が誕生したのは，1993年であった．1993年の全国人民代表大会第8期大会第1回会議における憲法改正によって，これまでの国営企業に代えて国有企業と呼ぶようになった．それは，主に，所有権と経営権を分離し，経営権は企業に渡し，国は所有権のみを持つ，という方向での企業改革に対応したものである[2]．そして，1993年以降の狭義の国有企業とは，「企業のすべての資産が国家の所有に属し，かつ，「企業法人登記管理条例」の規定に基づいて登記された非公司制の経済組織」[3]を指す．国有企業の中には，国有聯営企業もある．聯営企業とは，「2者以上の同じかまたは異なる性質の企業法人または事業単位法人が自由，平等，互恵の原則に基づき，共同で投資し設立された企業組織」[4]のことを指す．国有聯営企業はいうまでもなく，国有企業または国有の事業単位が共同で設立した企業組織のことを指す．例えば，嘗て，中国初めての国産小型乗用車を製造した吉林省長春市第一汽車（自動車）工場は，改革開放後は，真っ先に旧体制の垣

根を突き破り，1987年に，「一汽」を先頭とした解放汽車聯営公司に編成された．さらにそれは95社の企業と140の工場を含む，21省に跨る大型工業企業集団にまで発展した．

また，1992年1月，改革開放の総設計師である鄧小平の「南巡講話」[5]以降から，国有企業の非効率性が強く意識されるにつれて，中国政府は，国有企業を株式会社化することによって，「旧三会」(企業内共産党委員会，従業員代表大会，労働組合) から，「新三会」(株主総会，董事会，監事会) に企業のガバナンスを移管し，コーポレート・ガバナンスを改善することにより，企業経営の効率性を高めようと考えていた．国有企業の改革ステップが早まったと同時に，股份制（株式制）という新たな企業形態が正式に登場した．1993年の第14期三中全会では，国有企業に関して，「企業の所有権，権利及び責任を明確化した近代的な企業経営スタイルを確立する」という基本方針が定められ，それ以降国有企業を中心に，有限責任公司と股份有限責任公司への株式会社化が本格的に進められるようになった．よって，1993年以降の広義の国有企業はこのような国有株式会社も含む．

有限責任公司は，有限公司とも言い，「公司登記管理条例」の規定に基づいて登記され，「2者以上50者以下の株主が共同出資し，各株主がその出資額に応じて公司に対し有限責任を負い，公司はそのすべての資産をもって債務に責任を負う経済組織」[6]である．有限責任公司には国有独資公司及び国有絶対控股企業，国有相対控股企業などを含む．そのうち，国有独資公司とは「国が授権した投資機構または国が授権した部門が単独で投資設立した有限責任公司を指す（国家全額出資会社）」[7]．国有絶対控股企業とは，「企業のすべての資本における国家資本（国家持ち株）の占める割合が50％を上回る企業」であり，政府の過半出資会社をいう．中国移動通信集団公司 (China Mobile)（国有持ち株70%）はその一例である．国有相対控股企業とは，「企業のすべての資本における国家資本の占める割合が50％を上回らないが，相対的に企業におけるその他の経済要素よりも大きい企業（相対控股），または，その他の経済要素よりは小さいが，協議に定められたところにより，国が実

際の支配権を有する企業（協議控制）」を指す．

　股份有限責任公司は，股份公司とも言う．股份は株式，公司は会社と同義で，日本語に翻訳すれば，株式会社である．「公司登記管理条例」の規定に基づいて登記され，「そのすべての登録資本は，等額の株式構成により，かつ株券の発行を通じて資本調達され，株主は購入した株式をもって公司に対し有限責任を負い，公司はそのすべての資産をもって債務に責任を負う経済組織[8]」である．有限責任公司と股份有限責任公司の共通点は以下の点にある[9]．

　第1に，株主は公司に対し有限責任を負う．有限責任公司も股份有限責任公司も，株主が負う有限責任はその投資額を限度とする．

　第2に，株主個人の財産と公司の資産とを分離している．株主の投資金は公司の構成資本になり，直接支配することができない．したがって，債務超過の場合にも株主は自分の投資額だけに責任を負うにとどまる．

　第3に，両者とも公司のすべての資産を以って，公司の債務に責任を負う．つまり外部に対し，公司もその資産総額を限度に有限責任を取る．

　一方，有限責任公司と股份有限公司の違いは表1－2に示されるように，主に設立条件，資金の集め方，株式譲渡の難易度，所有権と経営権の関係および財務状況の公開の5つの項目から区別される．

　同じ1992年から，股份合作制の試行も速やかに行われた．股份合作制とは，「合作制を基礎とし，企業の従業員が共同出資して株式を取得し，一定の比率で社会資産を吸収して投資・設立され，自主経営，損益自己責任，共同労働，民主管理を実施し，労働に応じた分配と株式に応じた配当が結びついた集団経済組織[10]」である．股份合作制はその歴史的な役割を担って，特定の時期に成果を上げたが[11]，1994年7月に中華人民共和国公司法の施行で，股份制（有限責任公司と股份有限公司）が導入され，股份合作制企業からの転換が行われたため，中国統計年鑑では股份合作制に関する統計数値は1998年から初めて載せられる[12]．

　以上のように国有企業は，狭義と広義の意味を持っており，広義の意味では国有企業改革に伴って登場した株式制の会社をも含んでいる．ただし，後

表1−2　有限責任公司と股份有限公司の主な相違点

相違点	有限責任公司	股份有限公司
設立条件	股分有限公司に比べて緩い.	厳しい.
募集方法	発起人しか資本を集めることができない．公開して募集することができない.	全社会に向けて公開で資本を集めることができる.
株式譲渡の難易度	制限が多く，比較的困難.	比較的自由で容易.
株権の形	出資した証明として出資証明書を発行し，譲渡，流通は禁止されている.	出資の証明は株券であり，その譲渡，流通は自由.
株主会と理事会の関係	株主会の権限が大きく，理事会も株主自身が兼任することが多い．また所有権と経営権の分離度が低い.	株主の人数が多く，分散しているため，株主会より理事会の方が権限が大きい．所有権と経営権の分離度が高い.
財務状況の公開	財務報告書は公開しなくてもよく，公認会計士の監査も要らず，期間内に株主に渡せばよい.	公認会計士の監査と証明が必要であり，さらに資料として保存しなければならない.

資料：中国商務部外資投資管理司「中国投資指南2003-2004」，「広東工商信息網」，日中経済協会（http://www.jc-web.or.jp/SME/classify/2.htm）などを参考にして21世紀中国総研事務局まとめ.

でみる中国における公式な統計データでは，国有企業，有限責任公司および股份有限責任公司の項目が別々に出されているため，統計データでの国有企業は狭義の意味での国有企業を指すことに要注意である.

B　集団制企業

1978年まで，国有企業と並ぶ中国経済を支えた2本の柱とされたのは，集団企業である．財産が全人民所有の国有企業に対し，集団企業の所有権は労働者集団にある．集団企業は国有企業と同じように，企業の所有権に基づく概念である．その起源は，1956年からの社会主義改造運動に遡る．当時，政府は数多く存在した零細な私的な商工業者に対して，説得教育及び垂範など

第 1 章　中小企業の概念と中国経済における中小企業の重要性

の方法により，彼らを集団化へ導き，都市，町，村集団企業を設置することで，生産手段の個人所有制を社会主義労働大衆集団所有制に変えた[13]．集団所有制には，「互助組」，「合作社」及び人民公社（1958年から）時代の「社隊企業」，「校弁企業」などが含まれる．

「互助組」，「合作社」は，農民や労働者が土地や作業道具・機械など生産手段を持ち寄り，事業体を結成し，協同で生産し，事業運営，労働に応じて分配する協同組合方式による事業体である．「互助組」は村の中の街道を単位にして結成される．「合作社」は初級と高級に分かれ，「初級合作社」は村単位で結合されるのに対して，「高級合作社」は近隣のいくつかの村（2つ，3つぐらいは一般的である）を単位にして結合される．「社隊企業」は大躍進（1958～60年）の時代に先進資本主義国に追いつくために，農村で設立した人民公社に所属する小規模企業のことを指す．つまり，人民公社の企業体は「社隊企業」と言う[14]．「校弁企業」は主に学校生徒の失業している親や教職員の無職の配偶者に就職の場を与える（1980年代前半頃まで）か，あるいは学校の資産活用のため（1980年代後半から）という場合に設立することが多い．理工系の大学による校弁企業設立は1990年前後から活発なものとして知られている[15]．従って，集団企業は上述のものから発展したものや新しく組織されたものである．

改革開放までは国有企業と集団企業によって確立された公有制経済が中国の社会経済発展の中心位置を占めていた．1960年時点で，中国の統計資料において，国有経済と集団経済の総生産額にそれぞれ占める割合は90.6％：9.4％であり，公有制以外の所有形態の企業の生産額の比重はすでに見えない．1976年における同じ項目の数値は81.2％：18.8％である[16]．このように改革開放までに公有制経済は中国の社会経済に比較的完備した独立な工業体制，特に重工業の基礎を確立したが，同時に非国有企業の極度の萎縮をもたらし，経済の効率性が絶えず低下した．国有経済の欠陥を是正し，時代的，経済的要求に応じて，民営企業を発展させることは時代の必然的趨勢と言える．

2．非公有制企業（民営企業）

　非公有制企業は広義の民営企業ともいわれる[17]．中国国家統計局が発布した『統計上の経済成分の区分区別に関する規定』によると，非公有制経済は私有経済と三資経済を含む．従って，表1－1で示されたように，非公有制企業は，私有企業と三資企業によって構成される．もともと非公有制経済は，毛沢東時代に見られたように，地主や富農などの「出身成分」を理由として，従来の就業形態をとることができず，個人事業者となった人々によって担われていた．しかし，改革開放期には，雇用創出の観点から個人事業が大幅に認められるようになった．その後は，企業の所有制が急速に多様化し，都市，農村の個体工商戸（個人企業），私営企業，三資企業を保護する政策・法規も順次制定されていった．1990年代に入ると，非国有経済の役割はさらに重視され，「社会主義市場経済の重要な構成部分[18]」であることが憲法にも明記されるようになった．

A　私有企業（私営企業と個人企業）

　私有企業は資産が中国公民の個人の所有に帰属する企業のことである．私営企業と個人企業を併せて私有経済の経済要素となり，私有企業と呼ばれる．また，狭義の民営企業もこのような私営企業と個人企業を含む私有企業のことを指す．

　私営経済は1950年代初期に一部容認された後，生産手段の買い上げにより国有化されて70年代末までは認められなかったが，改革開放政策の登場により再び容認されることとなった．1982年12月4日の第5期全国人民大会第5次会議で通った憲法第11条では，「法律規定の範囲内での町，郷の労働者個体経済は社会主義公有制経済を補足するものであり，国家は個体経済の合法的権益と利益を保護する．または国家は行政管理を通じて，個体経済に対して，管理，指導，補助及び監督する機能を果たす．[19]」と書かれて，国の行政的コントロールの下で，個体経済の合法性を認めた．しかし，個人企業は合法化されたものの，民間企業に対する排除，差別の観念は依然として続いて

いた．その後，1988年4月12日の第7期全国人民大会第1次会議で制定された憲法修正案の第1条では，憲法第11条の付加規定が書かれており，「国家は私営経済の法律で規定された範囲内での存在と発展を認める，私有経済は社会主義公有制経済を補足するものである．国家は私有経済の合法的権益と利益を保護し，私有経済に対して先導，監督，管理する機能を果たす」[20]と規定している．私有経済の合法的地位を確定すると同時に，国は私有経済に対するマクロ的な統制力を維持する姿勢を示していた．その後，1992年鄧小平の南巡講和と党の第14期全人代において，社会主義市場経済改革の目標を確立し，自立したい人民の起業意欲と積極性を鼓舞した．以降，現在までに，中国の私営経済は最も急速に発展している経済セクターとなっている．1997年の党の第15期全人代では，公有制を中心にして，多種の所有制経済が共同に発展するという基本経済制度を確立しただけではなく，さらに，国家が一時的ではなく，長期的に個体私営などの非公有制経済を発展させなければならないという基本方針を固めた．16期全人代では，「2つの揺るがず」を提出した．1つは「非公有制経済を揺るがず断固として発展させる」，もう1つは「私営経済を揺るがず鼓舞し，支持および引導する」である．これは非公有制経済が主導的地位になった地域の国家政策の急変に対する顧慮を無くし，言葉上では第14期全人代と第15期全人代より一歩進められた．そして，1999年3月，憲法は改正され，新憲法では，私有経済は社会主義初期段階の中国において，国民経済を支える1つの重要な柱であると規定され，私有経済の地位を固めたと同時に，民営化への政治的制約はおおむね解消された．また，2004年の『憲法』改正案では，第11条第2項目を「国家は個体経済，私営経済など非公有制経済の合法的権利と利益を保護する．国家は非公有制経済の発展を鼓舞し，支持し，さらに引導する」と修正した．この『憲法』改正案において，初めて「非公有制経済の発展を鼓舞し，支持し，さらに引導する」と書面化した．

　私営企業の経営者に対する認識上においては，2つの変化を実現した．すなわち，搾取者から社会主義の建設者への転換および共産党員の私営企業経

営の禁止から私営企業の経営者の入党容認への転換である．今現在，大量の非公有経済の経営者が全国人民大会の代表及び政治協商委員会の委員として政治に参加している．

　次に，個体企業と私営企業の定義を検討しよう．『城郷個体工商戸管理暫定条例』(1987年8月5日国務院発布) の第4条は，「個体工商戸は，個人経営でも，家族経営でも良い．個人経営の場合は，個人の所有する全財産でもって，民事責任を取る．家族経営の場合は，家族の所有する全財産でもって，民事責任を取る．個体工商戸は経営状況によって，1人，2人ぐらいの労働者を雇って良い．技術を持っている個体工商戸は3人，5人ぐらいの労働者を雇っても良い．[21]」と書かれている．実際に，「温州モデル」として良く知られている浙江省温州での産業勃興は改革以前からこのような小零細な個人や家族経営に基づく，技術の知識のない農民にも可能な，技術レベルの低い製品のものまね生産から始まったことで実績を上げた[22]．

　『城郷個体工商戸管理暫定条例』が発布された翌年に，『中華人民共和国私営企業暫定条例』(1988年7月1日実行) が実行された．その中の第2条は，「この条例において，私営企業とは，企業の資産が個人の所有に属し，かつ雇用労働者が8人以上の営利性を有する経済組織をいう[23]」と規定している．つまり，私有経済が確立した当初，私有経済の2つの構成部分としての私営企業と個人企業の区別は，雇用労働者7人を超えるかどうかにあった．また，条例の第6条に私営企業の種類に関して，以下のように規定している．「私営企業は以下の3種類に分けられる．(1)独資企業 (2)合作 (中国語：合伙) 企業 (3)有限責任公司．続いて第7条から第10条までは以上の企業についての定義を説明している．(内資の) 独資企業は個人が投資して経営する企業のことを指す．独資企業の投資者は企業債務に無限責任を負う．合作企業は2人以上の共同出資者が文書化した協議に基づき，設立する協同企業である．出資者は企業債務に対して，無限な責任に互いに関連する．(私営の) 有限責任公司は2人以上30人未満 (30人超えた場合に工商行政管理機関に申請しなければならない) の出資者が設立する有限責任会社のことを指す．出資

34

者はその出資額に応じて会社に対して有限責任を負う」[24]．1990年代以降に株式制の進展は加速することから，このような私営有限責任公司は急速に増加したが，中国の公式の統計データでは私営有限責任公司が，国有の有限責任公司と違って，私営企業の統計内容の一部として計算されていることに注意しなければならない．

　また，中国では，企業自身の発展段階に応じて，その企業が所有形態を変える場合もある．例えば，浙江寧波市慈溪県の波導公司は，1992年に4人の学生の技術力（49％の持ち株）と大橋鎮政府の500万元の出資（51％の持ち株）で設立された郷鎮企業である．97年に企業は発展し，私営有限責任公司になった．この時に，創業者の4人の学生が作った通信技術研究所は公司の80％の株式を所有し，残る20％は地方政府が所有する形となっていた．その後，携帯本体の生産事業に参入するために（国有控股企業しか参入できないという規制の下で），1997-98年に，波導公司は寧波電子信息工業集団（国有控股企業）の傘下にある2つの工場の国有資産を受け入れた．そうすることによって，波導公司は国有控股企業となり，証券取引場に上場した．1999年に新たに「寧波波導股份有限公司」が正式に設立された．当時は5つの株式所有者があった．寧波電子信息工業集団は一番大きな株式所有者となり，株式の45％を所有し，波導の創業者たちは44％を所有し，ほかの3つは合わせて11％の保有（うち国有株6％）となり，国家が支配する株式は全体の51％を占めることとなった．国有控股企業になることで，波導公司は携帯の本体生産への参入，資金調達及び技術力という3つの経営課題を解決した[25]．このように中国では，企業が一定の規模まで達した後，それ以上の発展を求める場合に，国有企業に変えなければならないということがしばしば見られる．

　「南巡講話」の約一年後の1992年末に，非国有部分が工業生産額に占める比重は50％以上になり，商業売上額に占める割合は3分の2弱に達した．また外商の投資額は初めて対外借金額を上回って，国内社会の固定資産投資の10％に相当し，民間からの商品輸出総額は国内総生産額の20％を占めていた．1992年以降，中国の国民経済と工業生産は新たな歴史的時期に入った．

B 三資企業

　改革開放後，郷鎮企業と同じく注目された新たな企業は，三資企業である．中国における外資投資企業（Foreign-invested enterprises）の主要形態は，合弁企業，合作企業，と（外資の）独資企業の3つである．香港・マカオ及び台湾企業も外資投資に含まれ，これを総称して三資企業と呼んでいる．三資企業も所有権を基礎にした概念である．

　合弁企業は，株式合弁企業とも呼ばれる．中国語では中外合資経営企業，英語では Chinese-Foreign Equity Joint Ventures という．中国資本と外国資本との共同出資によって，設立された企業である．その特徴は出資者がそれぞれ株式出資比率に応じてリスクを負い，損益について責任をもつところにある．外国投資者の投資比率は登記資本の25％以上なければならない（近年はこの枠が緩んできている）．上海GMなどの中国資本と外国資本が50％ずつ出資する企業もあれば，杭州松下家用電器有限公司（中国側49％：外国側51％），蘇州電子有限公司（SSEC，中国側12％：外国側88％），青島三菱重工海尔（ハイアール）空調有限公司（中国側45％：外国側55％）のような外国資本が51％以上を占める企業も多い．出資者は，現金出資のほかに，建物・工場・設備機械及び原材料・工業財産権・専用技術・土地使用権などでも出資ができる．合弁企業の組織形態は有限責任会社であり，中国法人格を持つ．外国投資者に配当された利益およびその他の合法的権益は，国外に送金できるし，中国国内で再投資することもできる．

　合作企業は契約式合弁企業とも呼ばれる．株式の持ち合いではなく，権利と義務を契約で取り交わす．合作企業は中国企業と外国企業との間で，技術供与などの戦略提携で作られた企業である．ダイハツ工業と提携し，シャレードを生産している天津汽車は，その1つである．

　外商独資企業とは，100％外国側が出資する企業である．合弁，合作企業と同じく有限責任会社であり，外国企業及経済団体の中国国内支社は含めない．独資企業設立が不可とされる業種もある．また，外国企業が2社以上

第1章　中小企業の概念と中国経済における中小企業の重要性

出資して設立する場合の独資企業を「外商合弁」と呼び，1社単独出資の企業と区別している．2004年末までの累計で，独資企業は契約ベース20.3万社，三資企業全体の40％を占めている．契約額5314億ドル（同48％），実行ベースで2392億ドルが独資の形で投資されている[26]．

3．郷鎮企業（混合型）

　中国の1978年の改革開放以降，もっとも注目された中国の企業は，郷鎮企業である．郷鎮企業は，国有企業，集団企業および私営企業などと異なり，所有権ではなく，地域上の概念である．「郷」と「鎮」は，中国の行政上の概念である．中国では行政上，おおざっぱに省（直轄市，自治区），市（地方都市），県（区，自治州），郷，鎮，村などがある．市の下に県があり，幾つかの郷は，県を構成する．郷からは農村部であり，鎮は，農村部の小都市であり，郷の中心として機能している（実際，現在では行政上の効率性のため，「郷」を取り除いた地域もある）．そこで経済活動をしている企業は，郷鎮企業と総称される．元来，郷鎮企業は農村の人民公社と生産大隊の2階級の集団経済部門が運営する社隊企業（農村工業）を指したが，改革開放政策により農村家庭生産請負制が認められ，農業生産の主体が生産隊から個別の農家に移行され，人民公社や生産隊の付属工場であった農村工業が郷鎮などの地方政府の所管に移され，そのほか組営，聯戸営，個人経営企業を含み，1984年から郷鎮企業と総称する．そのため，郷鎮企業の多くは，その所有権別で分類すれば，集団所有制の企業に属している．その後，郷鎮企業は急速な発展を遂げ，1997年より『中華人民共和国郷鎮企業法』も施行されることになった（1996年制定）．

　郷鎮企業は生産手段と販売ルートを国に依存しない市場経済の担い手として，農民の収入増，農村就業人口吸収に成果をあげる[27]ことにより，移行期の中国の社会安定にも大いに貢献してきた．例えば，江蘇省南部地区にある無錫に所属する錫山市は，中国郷鎮企業の発祥地である．市政府の話では，1996年までに，錫山市には33の鎮の下に526の村があり，人口99万3000人の

37

内の半分弱の41万4000人が郷鎮企業の従業員であった[28].

　このように，郷鎮企業は企業所在地によって分類された呼び方であり，公式の統計データにはあまり使われていない．また，1990年代中盤から本格的に開始された中国における民営化推進政策によって中・小型企業を中心に大部分の集団企業が株式制，私営その他の企業制度への転換を終えている．さらに2002年7月，中央政府により郷鎮企業から郷村集団資本の引き上げ・郷鎮政府の経営への関与禁止が公式決定された[29]．この時期は集団所有制郷鎮企業の民営化は総仕上げの段階に入ったと言われる．このように1980年代を中心に目覚ましい発展が注目された集団所有制郷鎮企業もこの民営化推進政策に伴い大部分の企業が株式会社化，あるいは売却などによって，民営化されている．

　例えば，筆者が2009年2月にヒアリングした山東省青島市の「平安門業」（防犯ドアーを生産している会社）はその典型的な事例である．「平安門業」の前身は1984年の青島市平度城関公社南江庄の社隊企業であった．当時の企業は「青島市平度建材機械工場」という名前を使った（借りた）集団所有制の性質を持った企業である．実際に経営しているのは村の技術者出身の工場長の姜正明氏である（当時村民たちは皆企業経営に対する政治的な警戒心を持っているため，姜氏も村幹部に何回も頼まれた上で，工場長の職務を受けた）．1988年に姜氏は企業を「鋼管器材工場」という名前に変えた．それから95年までの時期は企業の財産権が不明確であった時期でもある．そして95～2000年の間に，姜正明氏は総額400万元で企業を全部買い取って，企業も「平安門業」（雇用者34人）という企業法人として工商局に正式に登記した．2000～2004年の間に，姜氏は村の党支部書記を勤めた．このことは氏の「平安門業」の経営発展をより一層早めた．このように20年間をかけて，「青島市平度建材機械工場」という集団所有制の企業から「平安門業」という私営企業へと民営化した．この例にみられるように，私営企業と個人企業は郷鎮企業の陰で徐々に成長したことも事実である．

　以上，所有形態を中心に，地理的区分も含め，中国共産党の改革開放路線

第1章　中小企業の概念と中国経済における中小企業の重要性

に伴って登場した企業概念を概観した[30]．それでは，本書の主役としての中国の中小企業はどのように定義され，また上記のどの範疇と一番関わりが深いかについて，次節で検討する．

第2節　中国経済における中小企業の定義

　この節では，中国経済の特徴に沿って，中小企業に関する複雑な定義規定のうち，規模区分，所有制区分，および金融の融資範疇という3つの側面から本書で扱う中国の中小企業の概念を検討する．

1．所有制区分—中小企業と私営・個体企業

　中国では国有企業イコール大企業，私営・個体企業イコール中小企業という企業所有形態による企業規模の区分が一般的な常識であった．所有制差別の実態が依然として改善されないままに，市場経済の導入が進んでいる．所有形態において，中小企業は私営・個体企業と公有制の中小企業とに区分される．2006年度第一次全国経済調査（2006年12月6日）の結果では，全国中小企業法人単位のうち，私営企業の数は65.2％という最も高い比重を占めている[31]．その他は国有中小企業，あるいは国有持ち株の中小企業である．同じ中小企業であっても，国有中小企業および国有持ち株の中小企業，と私営・個体企業の融資環境がまったく異なるだけではなく，現在でも，大企業イコール国有企業，私営・個体企業イコール中小企業であるという「伝統」はほとんど変わっていないのが現状である．筆者がある市の中小企業発展局の中小企業融資課，中小企業協作所の所長へのインタビューを行った際，筆者の「中国の中小企業」という発言に対し，所長は「君は中国の現状を知らないなあ」という顔ぶりで，手を振りながら，「中国では，われわれ（政府機関）が指す中小企業は私営・個体企業だけである．国有企業は政府の支援を容易に受けることができるから，われわれ中小企業発展局の管理対象は内資の私営・個体企業だけである．中小企業という言い方は国際基準と一致し，諸外

国の学者やビジネスマンがわかりやすいからである」と述べた[32]．このような地方政府レベルでの所有制に基づく中国の特徴に見合う中小企業の定義と管理内容を踏まえた上で，所有制形態と関連して，中小企業と私有企業との関係をより詳しく見てみたい．

図1－1は中国の中小企業と私営・個体企業との関係を示したものである．わかるように，所有形態において，中小企業はまず非公有制の中小企業と公有制の中小企業によって区分される．非公有制中小企業には，私有企業と三資経済の中小企業が含まれる．更に，私有企業は私営企業と個体企業を含む．まず，企業数の側面から内資経済の各項目が，中小企業のなかにどのように位置付けられるかを確認したい．中国全国規模でみた場合に，中小企業は絶対的な数を占めている．表1－3で示している2006年度第一次全国経済調査（2006年12月6日）の結果では，現行の中小企業区分基準（本章の補論を参照）によると，工業，建設業，卸売業と小売業，そしてサービス業のうち，大型企業は4459社であり，企業総数の0.19％を占めている．中型企業は42291社，全体の1.78％，小型企業は2327969社，全体の98.03％であり，中小企業の数は企業総数の99.81％という圧倒的多数をしめている．中小企業法人単位のうち，国有企業は9.61万社，全国中小企業法人単位の4.1％を占めている．中小有限責任公司は21.43万社であり，全国中小企業法人単位の9.04％を占めている．中小股份有限公司は3.51万社，1.5％の割合で，私営企業は154.61万社であり，全国中小企業法人単位の65.2％という最も高い比重を占めている．図1－2は上記の数値を示したものである．また，私営企業のうち，大企業の数は248社（0.016％）という数値も出ているが，実質的に，前述のように一定の規模に達したこれらの企業は，結局のところ徐々に国有化されることがほとんどである．そういう意味では私営企業は中小企業と見なしても良い．

次に，非公有制の中小企業は，中小企業の中で，どのような位置を占めているかを見てみる．表1－4は2006年の非公有制中小企業が中小企業全体に占める割合を示したものである．順に見ていくと，2006年非公有制経済の規模以上中小企業数は25万社以上であり，中小企業全体の84％を占めている．

第 1 章　中小企業の概念と中国経済における中小企業の重要性

図 1 − 1　中小企業と私営・個体企業との関係

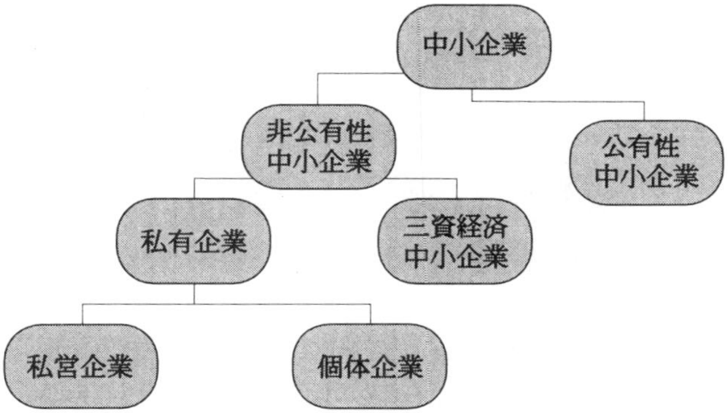

資料：『关于统计上划分经济成分的规定』及び各種統計データより，筆者作成．

表 1 − 3　全国第一次経済調査による法人企業の組織構造（2006年12月）

単位：社

企業規模	合計	そのうち					
		国有企業	集団企業	股份合作企業	有限責任公司	股份有限公司	私営企業
大型企業	4459	1105	81	26	1348	882	248
中型企業	42291	7566	2067	700	11383	3222	7798
小型企業	2327969	88596	247348	78675	202970	31842	1538315
合　計	2374719	97267	249496	79401	215701	35946	1546361

資料：「中国中小企業発展報告」2007．

　従業員数では非公有制中小企業は中小企業全体の78.5％であり，資産総額では，63.6％，営業収入では，76.7％，利潤総額では，71.6％，納税額では，64.2％，総生産額では，76.5％，輸出総額では，92％の割合を占めている．主要数値の平均は70％を超えていることから，非公有制経済は中小企業の主導的地位にあることを認識できる．表 1 − 4 においては，三資企業と私有企業の合計で統計がとられているが，表 1 − 3 の統計結果と一緒に見る場合，これにさらに統計に入らない規模以下の個人・零細企業を考えると，私営・個体

41

図1－2　企業所有制別による中小企業に占める割合（2006年）

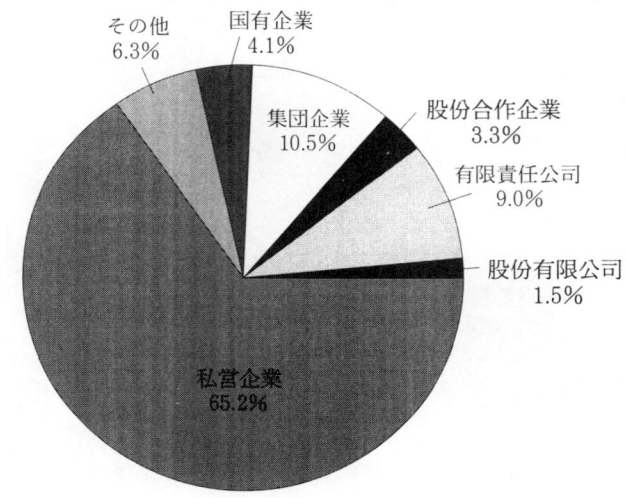

- その他 6.3%
- 国有企業 4.1%
- 集団企業 10.5%
- 股份合作企業 3.3%
- 有限責任公司 9.0%
- 股份有限公司 1.5%
- 私営企業 65.2%

資料：表1－3のデータにより作成．

表1－4　主要指標において非公有制中小企業が中小企業全体に占める割合（2006年）

	中小企業全体	非公有制中小企業	非公有制割合（％）
企業数（万社）	29.93	25.14	84.0
産業人員（万人）	5636	4422	78.5
資産合計（億元）	177436	112914	63.6
主要営業業務収入（億元）	197291	151312	76.7
利潤総額（億元）	10900	7809	71.6
納税額（億元）	7931	5095	64.2
総生産額（億元）	204250	156247	76.5
輸出総額（億元）	36563	33651	92.0

資料：『中国中小企業年鑑』2007年版，p.67．

企業は中国中小企業の主体であることが再び確認される．

　本項の最後に，中国の統計年鑑などのデータで調べることのできない規模

第1章　中小企業の概念と中国経済における中小企業の重要性

以下の私有企業を見てみる．中国の企業統計データでは，規模以上企業と規模以下企業がある．2007年前までは，規模以上企業とは国有企業全般と年間主要営業業務収入500万元以上の工業企業を指し，年間主要営業業務収入500万元未満の非国有工業企業は規模以下企業と呼ばれた．2007年から2010年までは，規模以上企業は年間主要営業業務収入500万元以上の工業企業を指した．2007年以前と比べて，書面上では，所有制に基づく国有企業と私営企業との規模区分がなくなった．そして，2010年以降，規模以上企業とは年間主要営業業務収入2000万元以上の工業法人企業を指す．規模以下の企業は一般的に零細企業と呼ばれ，生産額が低いが，家庭手工業や流通，サービス業を中心に第2，3次産業に分布しているため，農村地域の生活向上，余剰労働力の吸収と社会の安定に貢献しているだけではなく，実際に，都会と農村部の間の商品流通，情報交換にも大きく役立っているため，無視することができない企業群である．全国の規模以下企業の統計データは取れないが，山東省の沿岸地域にある港湾都市青島市の（事例）データを用いて，確認したいと思う．表1－5は2011年度の青島市における工業企業数及び生産額を示したものである．まず，規模以上を基準にして，所有形態区分と企業規模区分とを比較して見た場合に，「私営企業及びその他」の企業数は規模以上企業総数の62％，工業生産額は規模以上企業の総生産額の41.9％を示しており，いずれも，最上位を占めている．また，港町の青島は外資の直接投資，現地生産などが盛んに行われている地域であるため，外資企業のシェアは企業数においても（34.2％），工業総生産額においても（29％），高い水準にある．次に，規模以下の零細企業を見てみる．2011年において，青島では，工業企業総数81998社のうち，規模以上企業数4727社であり，全体の5.8％を占め，それに対して規模以下企業数は77271社であり，全体の94.2％を占めている．つまり，青島市において，9割5分弱の企業は規模以下の零細企業であることがわかる．そこから中国（少なくとも東部沿岸地域）における企業規模構成が窺える．しかし，生産額でみた場合に，規模以上企業の総生産額は1兆2166億元であり，全体の91.6％を占める一方，規模以下は1112億元であり，全体

表1－5 青島市，区全体の工業企業数における企業数と総生産額の所有形態別・企業規模別分布（2011年）

項　目		企業数（社）	割合（%）	工業総生産額（万元）	割合（%）
全部合計		81998		132779629	
規模以上	所有形態別				
	合　計	4727	100.0 (5.8)*	121659629	100.0 (91.6)*
	国有・国有持ち株会社	147	3.1	28414277	23.4
	集団企業	31	0.7	7009938	5.8
	外資企業	1618	34.2	35248935	29.0
	私営企業及びその他	2931	62.0	50986479	41.9
	企業規模別				
	大型企業	50	1.1	32364772	26.6
	中型企業	516	10.9	35835823	29.5
	小型企業	4161	88.0	53459035	43.9
規模以下	合　計	77271	100.0 (94.2)*	11120000	8.4*
	個体企業	52651	68.1		

資料：『青島統計年鑑』2012年版，pp.252-265により作成．
注：外資企業には香港，マカオ，台湾の外資企業がを含まれている．規模以上企業は年間主要営業業務収入2000万元以上の工業法人企業を指す．*は「合計」／「全部合計」の値である．

の8.4%に過ぎない．さらに，規模以下企業数では個体企業の割合は61.8%であり，個体企業は規模以下企業の主体であることが分かる．規模以下の零細企業は企業数の多い割に，極めて規模の小さい企業群であるため，生産性が低く，様々な経営困難に直面しながら，生き延びようとしている．それでも現状維持できずに，破たんしてしまうケースが多い．そのため，このような零細企業は往々にして経済発展の隙間に残され，無視された経済主体となっ

第1章　中小企業の概念と中国経済における中小企業の重要性

ている．しかし，後で確認できるように，中国では，半分以上の雇用がこのような公式の統計データでは，ほとんど見られない数多くの規模以下の零細企業によって吸収されている．このような私営・零細企業こそは，大手国有企業，一部の中堅企業および外資企業が演出する急成長にある中国のイメージの背後に潜む一般的な小経営者の生活に代表される国民経済，国民生活の本来の姿と実情を反映している．

　そういう中国の現状を踏まえて，本書の検討対象としての中小企業は基本的に私営・個体企業と規模以下の零細企業のことを指す，ということを予め認識してほしい．また，統計データで用いる中小企業の概念は必ずしも明確なものではないが，次に，2003年に施行された『促進法』を基準に，規模区分という側面から中小企業の定義を見てみる．

2．規模区分—『促進法』の第2章を中心に

　中国では，中小企業という用語は1990年代後半から一般的に使用されていたが，中小企業という名称が中国政府の公式文献に登場したのは1998年版の『中国経済年鑑』であった．しかし，1998年当時から一体何をもって中小企業とするかは，日本のような法律に基づいた明確な定義がなく，中国独特の基準によって企業の大きさを決めていた．例えば，鉄鋼業，繊維原料産業などは生産能力で，紡績産業は所有するスピンドルの数で，機械産業は固定資産額で，輸送業は所有する自動車や船舶など輸送機器の台数で，貿易業は年間輸出額で，飲食業は年間売上額で，というように複数の指標を用いて中型企業，小型企業に分けてきた[33]．こうした中，1995年以降，中国の経済成長による世界経済への影響力の増大や中国国有企業改革の加速などに伴い，企業規模の決め方や形式的な言い方は国際基準に準ずる必要が増してきた[34]．企業規模の決め方を国際基準に合わせるため，2003年1月1日より日本の『中小企業基本法』に相当する『中華人民共和国中小企業促進法』（以下『促進法』という）が施行された．その後，2003年2月19日に『促進法』の第2章としての「中小企業の基準暫定規定印刷公布に関する通達」が公布された（本章

の補論を参照）．この暫定基準は工業，建設業，小売業，交通運輸業，郵政事業および宿泊飲食業の7業種に従業員数，年間売上額および資産総額を基準に，国務院の認可を得て，中小企業司が中小企業か否かを判断することを定めている．この規模区分に従い，工業においては，従業員数2000人以上，企業年間売上額3億元以上，かつ資産総額4億元以上の企業は大型企業とし，従業員数300人以下，企業年間売上額3千万元以下，かつ資産総額4千万元以下の企業は小型企業とし，この間の企業は中型企業とした．建設業においては，従業員数3000人以上，企業年間売上額3億元以上，かつ資産総額4億元以上の企業は大型企業とし，従業員数600人以下，企業年間売上額3千万元以下，かつ資産総額4千万元以下の企業は小型企業とした．卸売業では，従業員数200人以上，企業年間売上額3億元以上の企業は大型企業とし，従業員数100人以下，企業年間売上額3千万元以下の企業は小型企業とし，この間の企業は中型企業とした．小売業では，従業員数500人以上，企業年間売上額1億5千万元以上の企業は大型企業とし，従業員数100人以下，企業年間売上額1千万元以下の企業は小型企業とした．交通運輸業では，従業員数3000人以上，企業年間売上額3億元以上の企業は大型企業とし，従業員数500人以下，企業年間売上額3千万元以下の企業は小型企業とした．郵便業においては，従業員数1000人以上，企業年間売上額3億元以上の企業は大型企業とし，従業員数400人以下，企業年間売上額3千万元以下の企業は小型企業とし，この間の企業は中型企業とした．最後に宿泊飲食業では，従業員数800人以上，企業年間売上額1億5千万元以上の企業は大型企業とし，従業員数400人以下，企業年間売上額3千万元以下の企業は小型企業とし，この間の企業は中型企業とした．この暫定基準によって，初めて中小企業の定義を明確にし，理論的に全業種の企業規模の区分を一律的に把握できるようになった．しかし，この暫定基準が実際に中国各地に通用するようになるまでには時間がかかることが予想される．なぜならば，前述のように，今まで中国では，企業規模の区分基準については，企業の売上などの経営状況と資産状況よりは，所有制による規模認識の伝統が根深いからである．特に，中

小企業金融に限って言えば，中型企業と小企業の融資環境がまた異なってくる．小企業は小型の私営・零細企業であるため，金融資源の獲得がより厳しいということから，2007年に小型企業金融の範疇を新たに定めた．

3．小型企業の金融範疇

小型企業の金融範疇においては，2007年7月の中国銀監会により「銀行による小企業向け貸出業務の展開に関する指導意見」の第2条で，小型企業金融の範疇を「一件あたりの与信金額は5百万元以下，しかも借手企業の資産総額は1千万元以下の業務，あるいは一件あたりの与信金額は5百万元以下，しかも借手企業の年間売上額は3千万元以下の融資業務」と定めた．以降，金融機関の規模別融資に関する統計データの中に，今までなかった「小型企業」の項目も見られるようになった．

ただし，前述のように中国の社会主義市場経済の下で諸主体が複雑に絡み合う中での経済発展に伴い，企業規模や所有制，そして融資規模などが総合的に考慮される包括的企業概念の再構築が必要となり，「2010年政府工作重点」で，「中小企業の区分基準を修正する」とされたように，中央政府レベルでも中小企業の区分基準に関しては，現在検討中である．また，それまでの中国で中小企業に関する統計データでの統一した概念がなく，その時々の調査の目的や内容によって，それぞれ異なる定義を使っていることに留意が必要である．

第3節　中国の中小企業の特徴

中国の中小企業は労働集約型産業と第3次産業に集中していること，と東部沿岸地域に集中しているという3つの特徴がある．この節では，『中国中小企業年鑑』などの資料を使って，このような中小企業の特徴を考察したい．

1．労働集約型産業と比較的資本集約度の低い産業への集中

図1－3は産業別における中小企業数の比重を示したものである．それによれば，2010年に企業数の最も多い最上位の工業10産業に中小企業数が占めている割合は，それぞれ一般設備製造業8.8%，非金属鉱物製品業7.7%，紡績業7.4%，化学原料及び化学製品製造業6.5%，電気機器及び器材製造業6.1%，農産品・食品加工業5.7%，金属製品業5.7%，プラスチック製品業4.7%，交通運輸設備製造業の4.5%と専用設備製造業4.4%である．上述の10産業のうち，中小企業数は合計27.6万社があり，中小工業企業全体の61.6%を占めている．

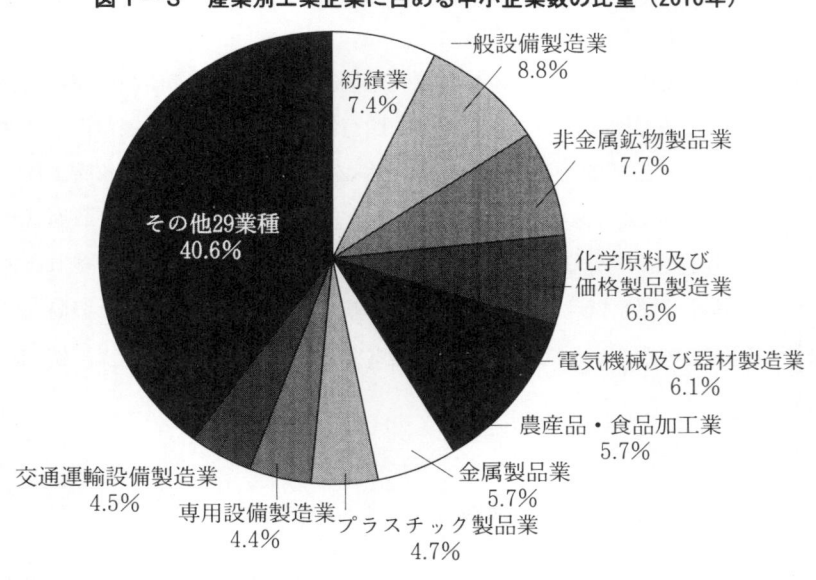

図1－3　産業別工業企業に占める中小企業数の比重（2010年）

- 一般設備製造業 8.8%
- 非金属鉱物製品業 7.7%
- 紡績業 7.4%
- 化学原料及び価格製品製造業 6.5%
- 電気機械及び器材製造業 6.1%
- 農産品・食品加工業 5.7%
- 金属製品業 5.7%
- プラスチック製品業 4.7%
- 専用設備製造業 4.4%
- 交通運輸設備製造業 4.5%
- その他29業種 40.6%

資料：『中国中小企業年鑑』2011年版，p.42，図1から引用．
注：調査対象は規模以上の中小企業である．

生産額でみると，産業の39の大分類のうち，23業種の中小企業の生産額比重は80%を超えている．特に，印刷業，非金属鉱物製品業，プラスチック製

品業，非金属鉱物採集業，金属製品業，文教体育用品製造業，木材加工業，採鉱業，リサイクル業などの生産額における中小企業の比重は90％を超えている（『中国中小企業年鑑』2011年版，pp.42-43）．

そして，従業人員の割合から見た場合に，39の大分類のうち，石油と天然ガス採掘業，石炭採掘および煙草製品業などの10産業を除いて，他の29産業における中小企業の従業員割合は全部75.8％以上を占めている．さらに，表1－6で示したように，その他採鉱業，リサイクル業，服装，靴，帽子製造業，非金属鉱物製品業，非金属鉱物採集業，木材加工業，印刷業，プラスチック製品業，工芸品製造業，金属製品業などの12産業における中小企業の従業員割合は90％以上である．中国の中小工業企業は依然として業種による集中度が高く，主に労働集約型産業と比較的資本集約度の低い産業に集中していることが見られる．また資産額でみた場合にも，中小企業が大きな比重（80％以上）を占めている産業はその他採鉱業，リサイクル業，印刷業，プラスチック製品業，金属製品業，文教体育用品製造業，木材加工業，非金属鉱物製品業，工芸品製造業，家具製造業，食品加工業，紡績業などの労働集約型の業種であることは変わりがない．その他，水とガスの生産と供給業や食品製造業なども新たに加わったのである．

産業別の輸出総額でみると，表1－7で確認されるように，中小企業は一部の産業の輸出の主力となっている．中国の4大輸出産業は電子通信業，服装製造業，紡績業，電気機械及び器材製造業である．そのうち，中小企業が占めている輸出額の比重は，それぞれ，34.4％，89.6％，81.3％と66.7％である．電子通信業以外の3大輸出産業に占めている中小企業の輸出額の比重は全部66％を超えている．特に高い輸出シェアを占めているのは服装産業と紡績業である．その他の比較的輸出額の多い産業，例えば，一般設備製造業，皮革，毛皮製品業，化学原料及び化学製品製造業，プラスチック製品業，金属製品業，文教体育用品製造業，非金属鉱物製品業，工芸品製造業，農業副食品加工業などにおける中小企業の輸出額の割合は全部79％以上である．2006年に，以上の12業種における中小企業の輸出総額は20833億元に達し，12

表1-6 中小企業の従業員と資産額が全体の90%, 80%以上を占める業種 (2010年)

業　種	従業人員（万人）合計	従業人員（万人）中小企業	中小企業の割合 (%)	資産（億元）合計	資産（億元）中小企業	中小企業の割合 (%)
その他採鉱業	0.4	0.4	100	16.2	16.2	100
リサイクル業	13.9	13.6	97.5	923.6	904.9	98
木材加工及び木，竹，藤など加工製品	142	138	97	3542	3318	94
印刷業及びコピー業	85	81	95	3216	3078	96
プラスチック製品	283	267	94	9211	8629	94
工芸品及びその他製造業	140	133	95	3330	2997	90
金属製品業	345	319	93	13155	11694	89
非金属鉱物製品業	545	505	93	25567	22623	89
服装，靴，帽子製造業	447	407	91	—	—	—
文教体育用品製造業	128	116	90	1830	1640	90
非金属鉱物採集業	57	52	93	1882	1578	84
家具製造業	112	103	91	2639	2343	89
水の生産と供給業	—	—	—	5539	4629	84
ガスの生産と供給業	—	—	—	2983	2469	83
農産品・食品加工業	—	—	—	16731	14329	86
食品製造業	—	—	—	7229	5836	81
紡績業	—	—	—	18790	15057	80

資料：『中国中小企業年鑑』2011年版，pp.42-43付属統計資料より再編加工．
注：規模以上の工業企業に対する調査である．

業種合計の82.1%，中小企業全般の輸出総額の57%を占めている．収益指標から見ても，伝統産業28業種における中小企業の営業収入と利潤総額は規模以上工業企業の70%以上の比率に達し，27の業種における中小企業の納めた税金は規模以上工業企業の7割を占めていることになる[36]．以上の数値からわかるように，企業数量，生産額，従業員数，資産総額にしても，輸出額にし

第1章　中小企業の概念と中国経済における中小企業の重要性

表1-7　主要輸出産業の輸出総額に占める中小企業の割合の高い産業（2006年）

産　業	輸出取引額（億元）合　計	輸出取引額（億元）中小企業	中小企業の割合（％）
12産業合計	25373	20833	82.1
服装，靴，帽子製造業	2691	2410	89.6
工芸品及びその他製造業	1135	1021	90.0
非金属鉱物製品業	1129	1011	89.5
文教体育用品製造業	1078	959	89.0
プラスチック製品業	1512	1328	87.8
農業副食品加工業	1351	1176	87.0
皮革，毛皮，羽毛製品製造業	1941	1682	86.7
金属製品業	2164	1865	86.2
化学原料及び化学製品製造業	1895	1592	84.0
紡績業	3694	3005	81.3
一般設備製造業	2165	1704	78.7
電気機械及び器材製造業	4616	3079	66.7

資料：『中国中小企業年鑑』2007年版，p.66 付属統計資料，表3から引用．

ても，あるいは経済収益指標にしても，いずれにせよ，中国の中小企業は伝統的な労働集約型の産業に絶対的優勢を占めている．

2．第3次産業への集中

　図1-4は2006年度の私営企業と個体企業の（企業数の）産業分布図である．2006年，私営企業が第3次産業に分布している割合は私営企業全体の65％まで達していた．第2次産業は33％，第1次産業は2％であった．個体企業が第3次産業に分布している割合は個体企業全体の89％である．第2次産業と第1次産業に分布している割合はそれぞれ10％と1％であった[37]．さらに，ここに挙げられていない規模以上企業に達しない私営・個体企業のほとんども第3次産業に分布していることを考えると，私営・個体企業は第3次産業

図1－4　私営・個体企業の産業分布図（2006年度）

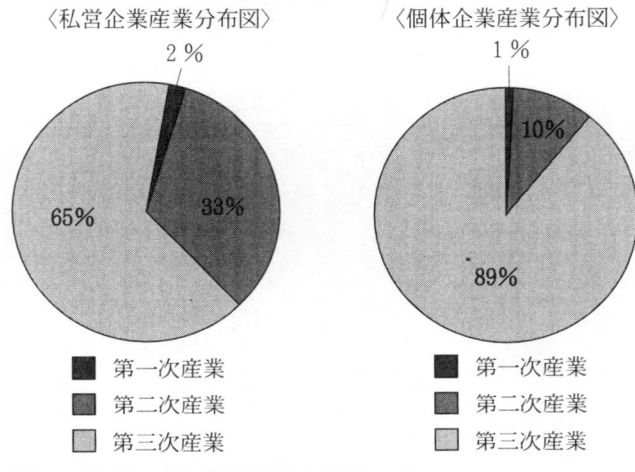

〈私営企業産業分布図〉　　〈個体企業産業分布図〉

- 第一次産業
- 第二次産業
- 第三次産業

私営企業：2%、33%、65%
個体企業：1%、10%、89%

資料：『中国中小企業発展報告』2007，p11．

に集中していることが明瞭である．

3．東部沿海地域への集中（地域間の不均衡発展）

　中小企業の地域分布を見てみると，明らかに東部沿海地域に多く，中西部と東北地区の分布が少ない状況になっている．表1－8は各地域の規模以上工業中小企業の主要指標が全国中小企業に占める比重を示したものである．2010年に東部地域における工業中小企業数は28.9万社であり，規模以上工業中小企業数全体の64.3%も占めている．同項目における2004年の69.4%，2007年の67.3%，2009年の65.3%と比べるとわかるように，中小企業は相変わらず東部地域に集中しているが，東部地域の企業数の比重は減少傾向が表れている．これは東部沿岸地域の地価や賃上げなどのコスト上昇と政府の中部開発政策などの影響が考えられる．また，2010年における中部，西部及び東北地域では，中小型工業企業数はそれぞれ，7.7万社，4.9万社と3.4万社であり，それぞれ規模以上工業中小企業数全体の17.3%，10.8%と7.6%のシェアである（表1－8）．さらに，省（市，区）レベルでみた場合の東部地域の中

第1章　中小企業の概念と中国経済における中小企業の重要性

表1－8　東中西部と東北地域の中小企業の主要指標が全国中小企業に占める比重
（2010年）

指標	企業数	就業人数	資産	営業収入	利潤	納税額	総生産額	輸出総額
全国	100	100	100	100	100	100	100	100
東部	64.3	64.0	60.8	62.4	58.4	56.5	62.1	89.3
中部	17.3	17.1	15.1	17.4	19.6	19.1	17.4	5.1
西部	10.8	12.7	17.1	12.4	14.4	17.2	12.6	2.4
東北	7.6	6.2	7.0	7.8	7.6	7.2	7.9	3.2

資料：『中国中小企業年鑑』2011年版，p.45により作成．
注：規模以上工業企業は年間主要営業収入2000万元以上の工業法人企業を指す．東部地区は北京，天津，河北，上海，江蘇，浙江，福建，山東，広東，海南を含む．中部地区は山西，安徽，江西，河南，湖北，湖南を含む．西部地区は内蒙古，広西，重慶，四川，貴州，雲南，西藏（チベット），陝西，甘粛，青海，寧夏及び新疆を含む．東北地区は遼寧，吉林，黒龍江を含む．

　小企業数は，浙江省と江蘇省が最も多く，6万社を超えている．その次は，広東省が5万社を超え，山東省が4万社を超え，遼寧省も2万社を超える．上海市，福建省，河北省，河南省，湖北省，湖南省，安徽と四川省もそれぞれ1万社を超える．この13省（市，区）における中小工業企業数の合計は37.6万社に達し，規模以上中小工業企業全体の83.8％となっている．中部地域において，1万社を超える省は河南省，湖北省，湖南省と安徽省である一方，東北地域と西部地域において，1万社を超える省は遼寧省と四川省だけである[38]．

　従業員数でみた場合に，東部地域の中小工業企業における従業員数は規模以上中小工業企業全体の64.0％を占めている．中，西部及び東北地域はそれぞれ17.1％，12.7％と6.2％である（表1－8）．中，西部及び東北地域における21省（市，区）の従業員数の合計は東部10省（市，区）の従業員数合計の56.3％しかないのである．東部地域において，広東省，江蘇省，山東省と浙江省の4つの省は中小工業企業の従業員数が600万人を超えている．そのうち，広東省では，2010年時点で，中小工業企業の従業員数が1200万人を超え，中部

53

6省のそれの合計より6.1万人上回っており，また西部12省の合計より328.6万人上回っている[39]．

　その他，資産額，営業収入，利潤，納税額，総生産額，輸出総額などの項目においても，東部地域の規模以上工業中小企業が全国のそれに占める比重は全部55%以上であり，それに対して，中部は平均17%前後，西部は平均14%前後，東北地域は平均6%前後の水準である．特に東部の中小企業の輸出総額が全国のそれに占める比重は9割に達している（中部は5.1%，西部は2.4%，東北地域では，3.2%の水準）．以上の東中西部及び東北地域の規模以上工業中小企業の主要指標が全国規模以上工業中小企業の合計に占める比重から，中小企業の東部沿岸地域への集中と中小企業の地域による不均衡発展の様子が窺える．

　このような中小企業は中国の国民経済において，どのような位置にあるかについては，次節で検討する．

第4節　中国経済における中小企業の重要性

　この節では，企業数や従業人員・資産合計・主要営業収入・利潤および輸出などの諸側面から中国経済における中小企業の位置づけを概観した上，『中国工業経済統計年鑑』などの資料を使って，規模以上工業企業における企業形態別分布や生産額および雇用などの側面から，中小企業の中心をなす私営・個体企業の中国経済における重要性を検討する．

1．国民経済における中小企業の位置付け

　2007年発の世界金融危機を乗り切って，中小企業は依然として中国経済の繁栄および雇用の増大・社会の安定に重要な力を発揮している．表1－9は2010年における規模以上工業企業全体に占める中小企業の各種経済指標の割合を示したものである．2010年全国において規模以上中小工業企業は44.9万社であり，2009年の43.1社より4.2%伸びた．規模以上工業企業全体の99.2%

第1章　中小企業の概念と中国経済における中小企業の重要性

表1－9　全体における規模以上中小工業企業の各種経済指標の割合（2010年）

項　目	企業全体	中小企業	中小企業の割合（％）
企業数（万社）	45.3	44.9	99.2
従業人員（万人）	9544.7	7236.9	75.8
資産合計（億元）	592881.9	356624.9	60.2
主要営業収入（億元）	697744.0	459727.2	65.9
利潤総額（億元）	53049.7	35419.3	66.8
納税額（億元）	33655.8	18176.2	54.0
総生産額（億元）	698590.5	468643.3	67.1
輸出総額（億元）	89910.1	49194.9	54.7

資料：『中国中小企業年鑑』2011年版，p.41により作成．
注：調査対象は規模以上工業企業である．

に達している．雇用においては，2010年に規模以上中小工業企業で働いている労働者は7236.9万人であり，規模以上工業企業の従業人員の75.8％を吸収している．また，資産合計・主要営業収入・利潤総額および総生産額は規模以上工業企業全体のそれぞれ60.2％，65.9％，66.8％および67.1％と高いシェアを占めている．納税額と輸出総額の規模以上工業企業全体に占める割合はそれぞれ54％と54.7％であり，いずれも全体の半分を超える．次に，中小企業の中心をなす私営・個体企業の経済状況について考察してみる．

2．国民経済成長の主要な推進力としての私営経済

1990年代以降の私営経済支援政策およびその成果としての急速な経済発展の結果，私営・個体企業などの非公有制経済が中国経済に占める割合は格段に大きくなった．表1－10で示されるように，2000年時点の全国登記された規模以上の工業企業数では国有企業が42426社，集団企業が37841社であり，それぞれ全国工業企業数の26％と23.2％を占めており，上位2位であった．一方，私営企業は22128社であり，全体の13.6％を占めていた．2003年には，私営企業が67607社となり，国有企業と集団企業を超えて，全国工業企業数

表1-10 規模以上工業企業数の企業形態別分布（2000～2011年）

単位：社

区分／年	2000 企業数	比重	2003 企業数	比重	2006 企業数	比重	2010 企業数	比重	2011 企業数	比重
内資企業	134440	82.5	157641	80.3	241089	79.3	378827	83.7	268393	82.4
国有企業	42426	26.0	23228	11.8	14555	4.8	8726	2.0	6707	2.1
集団企業	37841	23.2	22478	11.5	14203	4.7	9166	2.0	5365	1.7
股份合作企業	10852	6.7	9238	4.7	6313	2.1	4481	1.0	2415	0.7
聯営企業	2510	1.5	1689	0.9	1075	0.4	704	0.2	506	0.2
有限責任公司	13215	8.1	26606	13.6	47081	15.6	70078	15.5	58626	18.0
股份有限公司	5086	3.1	6313	3.2	7210	2.4	9562	2.1	8563	2.6
私営企業	22128	13.6	67607	34.5	149736	49.6	273259	60.3	180612	55.2
その他企業	382	0.2	437	0.2	916	0.3				
香港，マカオ，台湾投資企業	16490	10.1	21152	10.8	29181	9.7	34069	7.5	25952	8.0
外商投資企業	11955	7.3	17429	8.9	31691	10.5	39976	8.8	31264	9.6
合計	162885	100.0	196222	100.0	301961	100.0	452872	100.0	325690	100.0

資料：『中国工業経済統計年鑑』2001-2012年版により作成．
注：規模以上企業の定義について，2007年以前は国有企業と年間主要営業業務収入500万元以上の企業を指す．2007年から2010年までは年間主要営業業務収入500万元以上の工業企業を指す．2010年以降は年間主要営業業務収入2000万元以上の工業法人企業を指す．

の34.5％の割合を占め，首位の座を固めた．2006年には国有企業数は全国工業企業数に占める割合が4.8％であるのに対して，私営企業数が49.6％の割合を占めた．その後，2010年に私営企業数が企業全体に占める割合は60％強に達した．2011年には55.2％まで減少したが，その一因は2010年の規模以上企業の定義の改訂などにある．経済成長に伴う企業規模の拡大を反映し，2010年までは規模以上企業は年間主要営業業務収入500万元以上の工業企業を指したのに対して，2010年以降は年間主要営業業務収入2000万元以上の工業法人企業を指すようになった．経済の急成長に付いていかない各種の法整備の遅れの中，中国におけるこのような定義の変更に留意されたい．私営企業は企業数だけではなく，表1-11で示されたように，資産合計と利潤総額においても，目立っている．資産規模において，2010年と2011年の全国規模以上

第 1 章　中小企業の概念と中国経済における中小企業の重要性

表 1 −11　規模以上工業企業の企業形態別における資産と利潤の割合（2010〜2011年）

単位：億元・％

区分／年	2010 資産合計	比重	利潤総額	比重	2011 資産合計	比重	利潤総額	比重
内資企業	444329.6	74.9	38030.1	71.7	513809.1	76.0	45902.1	74.8
国有企業	79887.9	13.5	3302.8	6.2	88753.6	13.1	3567.5	5.8
集団企業	5473.4	0.9	805.7	1.5	5422.6	0.8	864.4	1.4
股份合作企業	2628.5	0.4	319.0	0.6	2750.2	0.4	375.1	0.6
聯営企業	1421.7	0.2	69.9	0.1	1507.8	0.2	111.3	0.2
有限責任公司	168138.9	28.4	11986.8	22.6	196338.0	29.1	14260.0	23.2
股份有限公司	68098.8	11.5	6203.2	11.7	84259.0	12.5	7647.6	12.5
私営企業	116867.8	19.7	15102.5	28.5	127749.9	18.9	18155.5	29.6
香港，マカオ，台湾投資企業	52495.4	8.9	5113.4	9.6	55954.2	8.9	5521.1	9.0
外商投資企業	96057.0	16.2	9906.1	18.7	102033.6	15.1	9973.1	16.2
合　計	592881.9	100.0	53049.7	100.0	675796.9	100.0	61396.3	100.0

資料：『中国工業経済統計年鑑』2001-2012年版により作成．
注：表 1 −10の注に同じ．

の工業企業資産総額に占める私営企業の割合は，それぞれ19.7％と18.9％であり，有限責任公司（2010年28.4％，2011年29.1％）に次ぐ 2 位であった．利潤総額においては，私営企業の割合は有限責任公司を超え，2010年度の28.5％（有限責任公司22.6％）と2011年度の29.6％（23.2％）となり，いずれも，最上位を占めている．

　生産面においても，私営経済はすでに無視できない存在となっていた．表 1 −12は2000〜2006年度における所有制別の中国の工業企業の総生産額の推移を示したものである．2000年に工業企業総生産額の上位を占めている企業は国有企業，外商投資企業と集団企業であり，それぞれ全体の23.5％，15％と13.9％を占めていた．次に多いのは，国有株式会社としての有限責任公司（12.8％），香港・マカオ・台湾企業（12.3％）と股份有限公司（11.8％）であった．私営企業が全体に占めるシェアは6.1％であった．そして，2003年に

表1－12　規模以上工業企業の総生産額の企業形態別分布（2000～2006年）

単位：億元・%

区分／年	2000 生産額	割合	2003 生産額	割合	2005 生産額	割合	2006 生産額	割合	平均増加率
内資企業	62209	72.6	97913	68.8	171759	68.3	216512	68.4	23.1
国有企業	20156	23.5	18479	13.0	27449	10.9	30728	9.7	7.3
集団企業	11908	13.9	9458	6.6	8615	3.4	9175	2.9	−4.3
股份合作企業	2897	3.4	3251	2.3	2955	1.2	3079	1.0	1.0
聯営企業	901	1.1	949	0.7	1133	0.5	1306	0.4	6.4
有限責任公司	10926	12.8	26584	18.7	55710	22.1	70814	22.4	36.5
股份有限公司	10090	11.8	18017	12.7	27455	10.9	33597	10.6	22.5
私営企業	5220	6.1	20980	14.7	47778	19.0	67240	21.2	53.1
その他企業	110	0.1	195	0.1	663	0.3	574	0.2	31.7
香港，マカオ，台湾投資企業	10574	12.3	17426	12.2	28312	11.3	33760	10.7	21.3
外商投資企業	12890	15.0	26932	18.9	51548	20.5	66317	20.9	31.4
合　計	85673	100.0	142271	100.0	251619	100.0	316589	100.0	24.3

資料：『中国工業経済統計年鑑』2007年版 p.18,「各种经济类型的工业总产值」の項目による．
注：規模以上企業は国有企業と年間主要営業業務収入5百万元以上の企業を指す．$x=2000$年の値，$y=2006$年の値として，「(y/x)の$(1/6)$乗から1を引いたもの」の100倍が，2000年から2006年までの期間の「平均増加率」と定義される．

表1－12（続）　工業企業の総生産額の企業形態別シェア（2010－2011年）

単位：%

年／項目	国有企業	国有持ち株企業	集団企業	その他
2010	9.7	15.5	1.5	73.4
2011	9.2	15.7	1.3	73.8

資料：『中国工業経済統計年鑑』2012年版 p.18,「各种经济类型的工业总产值」の項目による．
注：規模以上企業は年間主要営業業務収入2000万元以上の工業法人企業を指す．国有持ち株企業の中身は主に有限責任公司と股份有限公司と推測できる．その他の企業は私営・個体企業と外資企業を指す．

なると，所有制別の工業企業が工業総生産額に占める割合は高い順に，外商投資企業（18.9%），有限責任公司（18.7%），私営企業（14.7%），国有企業（13%），股份有限公司（12.7%），香港・マカオ・台湾企業（12.2%），集団企業

第 1 章　中小企業の概念と中国経済における中小企業の重要性

(6.6％) であった．この時点で，私営企業の工業総生産額に占める割合は外資企業と有限責任公司の次に第 3 位となった．2006年には，有限責任公司が工業企業総生産額に占める割合は22.4％まで上昇し，その次に，ほぼ同じ水準の割合を占めているのは私営企業の21.2％と外商投資企業の20.9％である．この時に，私営企業の工業総生産額に占める割合は外商投資企業を超えて，有限責任公司に次ぐ第 2 位にまで上った．2006年度の私営企業の生産額は 6 兆7240億元であり，2000年の5220億元の13倍弱となっている．また，2000～2006年度の企業形態別工業企業総生産額の平均増加率で見た場合に，この間に最も成長しているのは私営企業であることがわかる．この間の平均増加率は高い順に，私営企業 (53.1％)，有限責任公司 (36.5％)，その他企業 (31.7％)，外商投資企業 (31.4％)，股份有限公司 (22.2％)，香港・マカオ・台湾企業 (21.3％) などである．

　規模以上企業についての定義の変更などの諸事情もあり，2010年以降の『中国工業経済統計年鑑』の同じ項目において，統計上の企業形態区分は今までと異なっていた (表 1 －12（続）を参照)．そこからは工業企業総生産額に占める私営企業の生産額シェアがはっきり読めないが，私営企業と外資企業全般によって構成される「その他」の企業形態の生産額は工業総生産額に占める割合が73％強ということから，私営企業の旺盛な発展が窺える．なぜならば，2006年の統計項目において，2011年の統計項目の「その他」企業に準ずる生産額シェアは主に私営企業と香港・マカオ・台湾投資企業と外商投資企業およびその他企業の合計値の53％である．2011年の73％はこれより20％も増加した．表 1 －12ですでにわかるように，2005年以降，工業総生産額に占める外資企業全般（香港・マカオ・台湾投資企業と外商投資企業）のシェアがあまり伸びていない中，私営企業の生産力の増大が顕著に表れていると言える．私営経済はすでに中国の経済成長の主要な推進力となっている．2003年以降，国有企業（国有持ち株企業を含む），私営企業および外資系企業が中国経済を支える三本柱となってきたのである．[40]

3．雇用を拡大するための主要な企業形態としての私営経済

　私営・個体企業は中国経済の主要な推進力の1つとなっただけではなく，中国の雇用拡大と社会の安定にとっても不可欠な存在となっている．

　表1－13は1999年～2011年までの間の都市部における規模以上企業の各企業形態の就業人数を示したものである．1999年では，都会における国有企業での就業人員数は8572万人であり，中国規模以上企業就業人員数全体の12％のシェアを占めている．国有企業の次に，私営・個体企業における就業人員数の合計は3467万人であり，全体の4.9％（うち私営企業3.4％）を占めていた．集団企業のシェアは2.4％である．その後，国有・集団企業における就業人員数は絶対値でみても，全体に占めるシェアでみても減少しつつある．2011年時点では，国有企業の就業人員数は6704万人となり，全体に占めるシェアは8.8％となった．集団企業のそれは0.8％であった．そのかわりに絶対人数でも，比重でも最も増加しているのは私営・個体企業である．2011年に都会の私営企業における就業人数は6912万人に達し，全体の9％を占め，個体企業は5227万人，全体の6.8％を占め，両方の合計は15.8％ともっとも高いシェアを示した．私営・個体企業は国有企業を超えて，中国の都会における就業人員数が最も多い企業形態となった．また，国有企業の改革を反映する形で有限責任公司の統計は1998年からあって，1999年に就業人員数は603万人，規模以上企業全体の0.8％を占めている．2011年では3269万人と4.3％まで増加した．そのほか，股份合作企業は0.2％，股份有限公司は1.5％のシェアであった．また，この間の都会における企業形態別就業人数の平均増加率では，やはり私営企業における従業人員数の増加がもっとも高く，17％であった．その次は有限責任公司（15.1％），外商投資企業（12.2％），香港，マカオ，台湾投資企業（9.7％）と個体企業（6.6％）であった．以上に確認されたように，都会では私営・個体企業がすでに中国の雇用を拡大するための主要な企業形態となっている．

　次に，表1－13（続）で中国の農村における企業形態別就業者数（1999～2011年）で示したように，2007年まで農村では，雇用の最大の受け皿となる

第 1 章　中小企業の概念と中国経済における中小企業の重要性

表 1 −13　都会における企業形態別就業者数（1999〜2011年）

単位：万人

区　分	1999 人数	1999 比重	2003 人数	2003 比重	2007 人数	2007 比重	2011 人数	2011 比重	平均増加率
内資企業	14964	21.0	14868	20.0	18109	23.5	24084	31.5	4.0
国有企業	8572	12.0	6876	9.2	6424	8.3	6704	8.8	−2.0
集団企業	1712	2.4	1000	1.3	718	0.9	603	0.8	−8.3
股份合作企業	144	0.2	173	0.2	170	0.2	149	0.2	0.3
聯営企業	46	0.1	44	0.1	43	0.1	37	0.0	−1.8
有限責任公司	603	0.8	1261	1.7	2075	2.7	3269	4.3	15.1
股份有限公司	420	0.6	592	0.8	788	1.0	1183	1.5	9.0
私営企業	1053	1.5	2545	3.4	4581	6.0	6912	9.0	17.0
個体企業	2414	3.4	2377	3.2	3310	4.3	5227	6.8	6.6
香港，マカオ，台湾投資企業	306	0.4	409	0.5	680	0.9	932	1.2	9.7
外商投資企業	306	0.4	454	0.6	903	1.2	1217	1.6	12.2
都会規模以上合計	15576	21.8	15731	21.1	19692	25.6	—	34.3	4.4
都会総合計	22412	31.4	26230	35.2	30953	40.2	35914	47.0	4.0
都会・農村の総合計	71394	100.0	74432	100.0	76990	100.0	76420	100.0	0.6

資料：『中国統計年鑑』2008年版 pp.110-111，2012年版 pp.126-127により作成．
注：規模以上企業を対象とする．規模以上企業の定義については表 1 −10の注に同じ．$x=$ 1999年の値，$y=$ 2011年の値として，「(y/x) の $(1/12)$ 乗から 1 を引いたもの」の100倍が，1999年から2011年までの期間の「平均増加率」と定義される．

のは郷鎮企業であった．2007年度には，郷鎮企業の従業人数は中国規模以上企業就業人数合計の20％弱を占めていた．その次に私営企業は1999年の1.4％から2007年の3.5％へと増加し，個体企業は1999年の5.4％から2007年の2.8％へと減少した[41]．その後の統計データでは，郷鎮企業の項目がなくなり，私営・個体企業の項目だけで集計されている．2011年の私営企業と個体企業の中国就業人数合計に占める割合はそれぞれ4.5％と3.6％であった．企業形態別農村における就業人数の平均増加率で示したように，農村においても，この間の雇用がもっとも伸びているのは私営企業であることが明らかである．

表1−13（続） 農村における企業形態別就業者数（1999〜2011年）

単位：万人

区 分	1999 人数 比重	2003 人数 比重	2007 人数 比重	2011 人数 比重	平均増加率
郷鎮企業	12701　17.8	13573　18.2	15090　19.6	−	−
私営企業	969　1.4	1754　2.4	2672　3.5	3442　4.5	11.1
個体企業	3827　5.4	2260　3.0	2187　2.8	2718　3.6	−2.8
農村規模以上合計	17500　24.5	17587　23.6	19949　25.9	6160　8.1	−
農村総合計	48982　68.6	47506　64.8	44368　59.8	40506　53.0	−1.6
都会・農村の総合計	71394　100.0	74432　100.0	76990　100.0	76420　100.0	0.6

資料：『中国統計年鑑』2008年版 pp.110-111，2012年版 pp.126-127により作成．
注：規模以上企業を対象とする．規模以上企業の定義については表1−10の注に同じ．$x=$ 1999年の値，$y=$2011年の値として，「(y/x) の $(1/12)$ 乗から1を引いたもの」の100倍が，1999年から2011年までの期間の「平均増加率」と定義される．

ただし，2007年までは農村では絶対値と割合では私営企業の就業人数がまだまだ郷鎮企業に及ばないことも事実である[42]．

最後に，「都会規模以上合計」，「都会総合計」および「都会・農村の総合計」の欄について，説明しておく．表1−13を例にすれば，「都会規模以上合計」は統計データをとることが可能な都会にある規模以上内資企業と外資系（香港・マカオ・台湾含む）企業の従業員数の合計を指す．「都会総合計」は都会の企業に就職した労働者の総合計を指す．「都会・農村の総合計」は中国全国の都市部と農村部における就業人員数の合計である．表1−13（続）の同じ項目についても同じことを類推できる．例えば，表1−13（続）の「農村規模以上合計」は同じように統計データを取ることが可能な農村にある規模以上企業の従業員数の合計を指す．2011年度において，表1−13と表1−13（続）の両方の規模以上「都会」・「農村」の合計を合わせて，「都会・農村の総合計」に占める割合は42.4％である．すなわち，中国では，半分以上の雇用形態が統計ではとることのできない規模以下の零細な私営・個体企業によ

って，吸収されていることに注意されたい．特に農村地域でこのような状況が顕著である．また本書の検討対象の設定がこのような零細企業を含んだ私営・個体企業であることの意義をもう一度確認されたい．また，「都会・農村の総合計」に占める「都会総合計」の割合は年々増加し，1999年からの31.4％から2011年の47％まで増加した．それを反映した形で，「都会・農村の総合計」に占める「農村総合計」の割合は68.6％から53％まで下がった．それは1992年以降に，中国の都市化が加速したことを反映して，都会私営企業数が私営企業全体に占める比重が急速に増加したためと考えられる．都会私営企業の発展は農村私営企業の発展よりも速いことも私営企業発展の１つの特徴である．

4．ハイテク産業の最も新しい推進力としての私営経済

　私営企業の大多数は伝統的な労働集約型産業と第３次産業に集中しているが，ハイテク産業まで成長した私営企業のほか，高学歴経営者が起業する研究開発型ベンチャー企業も増えている．中国国家特許局が提供したデータと全国工商連合会の調査によると，中国の特許申請案件のうち，私営企業が41％を占め，他の分類より高い．また，全国では７つの省の私営企業の特許申請割合は省全体の50％を超え，６つの省の私営企業の企業発明特許申請は省全体の50％を超えている．2006年に北京市においては，特許を持っている中小企業の数は15万社となり，資産総額と売上総額が１億元以上に達した企業は8000社を超えていた．また，53箇所の国家のハイテク産業開発区のうち，70％の企業は私営のハイテク企業であり，その技術成果も全国ハイテク開発区の70％以上を占めていた[43]．このように私営企業はハイテク産業のもっとも新しい推進役になっている．

おわりに

　以上，改革開放までの国営企業，1980年代の三資企業，郷鎮企業（および

その民営化）を経て，1990年代半ば以降，低賃金労働力の供給を前提とする中国経済の高成長を担った新たな推進力は私営・個体企業となった．同時に国有企業改革によってリストラされた労働者に起業するチャンスを与え，就業の場を提供し，雇用確保を実現したのも私営・個体企業である．一方，私営・個体企業は社会の安定を維持し，社会主義市場経済を推進する原動力となった．他方，私営企業を起業し，発展させる際には，起業資金や運転資金，そして設備投資資金など企業を成長させるための資金確保の問題に直面する．それを考えると私営経済を支える何らかの企業金融システムが存在しているはずである．しかし，山東省での現地調査では，政府や銀行に強い人脈を持っている経営者を除けば，経営者が金融機関からのフォーマルな融資を受けにくいことが窺える．それらの中小企業はインフォーマル融資に頼らざるをえない．資金不足の問題は私営・個体企業に代表される中小企業の最も重要な経営課題の1つである．中国政府にとって中小企業は，経済成長の推進力，雇用確保の基盤なのであり，中小企業に対する資金支援をすることが経済政策における重点課題となっている．また前述のように，2003年1月1日より日本の『中小企業基本法』に相当する『中華人民共和国中小企業促進法』が施行された．これの公布をきっかけに，政府および社会の各グループの中小企業に対する重視度は以前より高まっている．中小企業の資金調達難の問題についても，各界の有識者たちがさまざまな政策提案を行っている．次章では，これらの先行研究を検討し，残された課題を明らかにする．

第1章　中小企業の概念と中国経済における中小企業の重要性

【補論　『促進法』第2章に基づく企業区分方法】

　2003年1月1日より日本の『中小企業基本法』に相当する『中華人民共和国中小企業促進法』[44]（以下『促進法』という）が施行された．『促進法』は7つの章によって構成され，その第2章は，全12条から成り，主として中小企業金融や信用保証問題などの中小企業に対する「資金支援」問題について規定しており，中小企業の育成と健全な経営にとって最も重要な部分である．特に冒頭の第10条では，「中央財政予算に中小企業勘定を設け，中小企業の発展を支援する専用資金を手当てし，地方人民政府も，中小企業に財政支援を提供しなければならない」とされ，今まで欠落していた中央と地方政府の財政支出項目の中に，新たな中小企業支援予算の計上を義務付けることを定めている．この予算は当面，中小企業を育成するための環境整備に支出されるものであって（または具体的な金額も設けず）[45]，中小企業への融資資金として利用できないが，今回初めて中小企業のために財政出動することを決めた意義は大きい．しかし，『促進法』はあくまでも"基本法"であって，この法律が施行されたからといって，法の中にうたわれている内容がすぐに具体化するものではない．

中小企業の基準暫定規定印刷公布に関する通達[46]

（国経貿中小企［2003］143号）

（2003年2月19日）

　現在，中国で施行されている公的分類基準は国経貿中小企【2003】143号令である．

　これは，「中華人民共和国中小企業促進法」に基づき，国家経済貿易委員会，国家発展計画委員会，財務部，国家統計局が中小企業に関する暫定の基準を制定，「中小企業の基準暫定規定印刷公布に関する通達」として2003年2月19日公布し即日実施したものである（これにより，元の国家計画委員会など5つの部・委員会が1988年に公布した「大中小型企業区分基準」及び1992年に

65

公布した当該基準の補足規則は廃止された）．

また，国家統計局はこの基準に基づき，2003年5月に「統計上の大中小型企業区分方法（暫定）」を公布している．

以下にその基準を示す．

表1補－1　◆統計上の大中小型企業区分方法（暫定）

		大型企業	中型企業	小型企業
工　業	従業員数	2000人	300〜2000人	300人
	売上高	30000万元	3000〜30000万元	3000万元
	資産総額	40000万元	4000〜40000万元	4000万元
建設業	従業員数	3000人	600〜3000人	600人
	売上高	30000万元	3000〜30000万元	3000万元
	資産総額	40000万元	4000〜40000万元	4000万元
卸売業	従業員数	200人	100〜200人	100人
	売上高	30000万元	3000〜30000万元	3000万元
小売業	従業員数	500人	100〜500人	100人
	売上高	15000万元	1000〜15000万元	1000万元
交通運輸業	従業員数	3000人	500〜3000人	500人
	売上高	30000万元	3000〜30000万元	3000万元
郵便業	従業員数	1000人	400〜1000人	400人
	売上高	30000万元	3000〜30000万元	3000万元
宿泊飲食業	従業員数	800人	400〜800人	400人
	売上高	15000万元	3000〜15000万元	3000万元

（大型企業：以上，小型企業：以下）

注1：工業には，鉱業，製造業，電力，ガス，水道を含む．
注2：従業員数は現行統計制度の年末従業員数，売上高は同じく年間製品販売収入，建設業の売上高は同じく年間工事決算収入，卸売業の売上高は同じく年間売上高収入，交通運輸及び郵便業と宿泊飲食業の売上高は同じく年間営業収入により代替する．
注3：企業区分の確認は国家統計部門の法定統計データを根拠とし，改めて企業からの申請や政府の審査の方式は採らない．
注4：本基準以外のその他業種の中小企業基準は，別途定める．
出所：「中小企業の基準暫定規定印刷公布に関する通達」国家経済貿易委員会，国家発展計画委員会，財政部，国家統計局，国経貿中小企［2003］143号，03年2月19日．

注

1 王鐵軍（2004），pp.6-7，駒形（2005），pp.20-21を参照.
2 金山権（2000），p.33.
3 『中国経済データハンドブック』2006年版，p.67.
4 前掲書，p.67.
5 「南巡講話」のポイント：「計画経済即社会主義ではなく，資本主義にも計画はある．市場経済即資本主義ではなく，社会主義にも市場がある．計画と市場はともに経済の手段である．」「株式市場は資本主義に特有なものなのかそれとも社会主義が利用できるものなのか．様子を見るのはよいが断固として実験してみよ．実験の結果正しくなかったら是正して止めればよい．」
6 『中国経済データハンドブック』2006年版，p.67.
7 前掲書p.67.
8 前掲書p.67.
9 有限責任公司と股份有限責任公司の相違点に関する内容は，『中国進出企業一覧　非上場会社篇』，2007－2008年版，p.26による.
10 『中国経済データハンドブック』2006年版，p.67.
11 例えば，上海市二軽部門のうち，同年，股份合作制が導入された5社の企業は前年に比べると，生産額は71.6%，売上は65.6%，税引き前利益は26%とそれぞれ増加した．86年，いち早く股份制を取り入れた江蘇省塩城市集団企業（股份合作制）は92年になると，固定資産，所有流動資金，税引き前利益，従業員一人当たり所得はそれぞれ22%，18%，20%，14%増加した（関2006，p.192）.
12 2008年以降に，新しい社会主義市場経済の段階で「新型集団企業」（社区股份合作制）が長江デルタ地域の農村で建設されている（劉国光，2009）.
13 王保樹・崔勤之（1992）を参照.
14 駒形（2005），pp.23-26を参照.
15 「社隊企業」や「校弁企業」の民営化に関しては，関（2008），第4章を参照.
16 中国国家統計局国民経済総合統計司，（1999）.
17 中国の経済界においては，民営経済の定義について様々な観点があるが，近年，非公有制経済であるという考え方が主流となっている．具体的HTTP，MBA知庫百科による参照.

　　http://wiki.mbalib.com/wiki/%E6%B0%91%E8%90%A5%E4%BC%81%E4%B8%9A

ただし，筆者は広義の民営企業が私有企業と三資企業を含む非公有制企業のことを指し，狭義の民営企業が私有企業を指すという観点がより中国の国情に合致していると思う．
18 1992年10月の第14回大会による．
19 国務院研究室個体私営経済調査組（1990）p.337.
20 前掲書，p.337.
21 前掲書，p.300.
22 黒瀬直弘（2004）による参照．また陳玉雄（2001）は，農業の家族経営制と農村部における商工業企業の導入という2つの部分からなる農村改革をはじめとする「改革開放」は，政府が社会低層の変革すなわち「下からの変革」の行動結果を黙認し，あるいは追認してきた性格を持つと指摘している．
23 国務院研究室個体私営経済調査組（1990），p.309.
24 前掲書pp.309-310，第6条～第10条．
25 「波導」の事例は筆者による国際協力銀行の劉群氏（2008年1月の現地調査）へのヒアリングによる．
26 『中国商務年鑑2005』，p.891.
27 『中国農業年鑑2005』，p.226．また，農業部「中国農業信息網」を参照することもできる．http://www.agri.gov.cn/xxfd/t20060105_529790.htm
28 「大上海経済圏を見る⑦郷鎮企業の発祥地－無錫」．
29 「大中型郷鎮企業の現代企業制度を設立する規範」農業部2002年．
30 所有権形式を超え，地域を超え，産業を超える企業も出現している．例えば，「上海高泰貴金属株式有限公司」は，上海有色金属研究所（政府研究機関），上海陸家嘴集団有限公司（上海浦東経済開発区の金融開発グループ），江西華信化学工業冶金公司（化学工業），上海シリコン材料工場（化学工業），上海核電力実業公司（電力事業）の共同出資によって設立された企業である（張浩川2005，p.35）.
31 『中国中小企業発展報告2007』による．また，この統計では，微小企業としての個体零細企業が統計に入っていないことも注意すべきである．
32 筆者2009年5月13日の現地調査による．
33 1988年4月に制定した「大中小型工業企業区分基準」に基づいて企業全体を先ず業種別に分類したうえ，生産能力，設備の規模，年間売上額などの尺度によって企業の大きさを区分した．
34 駒形（2005），pp.27-36を参照．
35 規模以上企業の定義の変更や国際金融危機が2007年から2008年にかけて中国

第1章　中小企業の概念と中国経済における中小企業の重要性

の輸出業に対するダメージなどの影響のため，2007年以降の関連データが見つからなかったので，2006年のデータに基づいて見てみる．
36 『中小企業年鑑2007』，p.67.
37 今のところ，『中国中小企業発展報告』は2007年版までであるが，そのほかの各種の資料から推測すると，私営・個体企業におけるこのような産業分布は2013年の現在までほとんど変わっていない．
38 『中国中小企業年鑑』2011年版，pp.43-44.
39 前掲書，pp.44-45.
40 第一次全国経済普査統計によると，2001〜2005年の中国のGDPの平均増加率は9.5％に対して，規模以上中小企業の同項目は28％である．
41 これは個体企業の倒産率が私営企業より高いこと，個体企業の私営企業へ発展，および，改革路線の推進による私営企業の起業の増加などの原因が考えられる．
42 ただし，前述のように，郷鎮企業は地域上の概念であり，90年代以降に民営企業化が加速され，ここで，農村部の郷鎮企業のうち，どれほどが民営化されたか反映されていない．
43 『中国中小企業発展報告2007』，p.5による．
44 日本語訳，日中経済協会．JETRO提供．中国語原本 http://www.bjrz.cn/zhengce_004.aspによる．
45 かつての「経貿委」職務の中小企業対策部分を継承した「国家発展・改革委員会中小企業司」の政策担当責任者は，2003年9月，中小企業関連として5千万元（日本円に換算し8億円程度）が予算措置されたことを示した．（森田(2004)による）．
46 本文の日本語訳は財団法人日中経済協会，『中国経済データハンドブック』2006年版p.70による（中国語原文「中小企业标准暂行规定」）．

第2章　中小企業の資金調達難

はじめに

　中国では，経済システムの改革の進展とともに，中小企業の発展問題がクローズアップされ始めた．その原因は2つある．1つは，中小企業の発展は中国経済の持続的成長を支える強大な動力となっていること，2つは，中小企業のより一層の発展が深刻な困難に陥りつつあることである．すでに見てきたように，今日の中国経済において中小企業は重要な役割を果たしている．"十五"期間中（2000～2005年）のGDPの年平均成長率は9.5％であったのに対して，一定規模以上の工業中小企業の年平均成長率は28％であり，GDPの成長を遙かに上回っている[1]．この観点から言えば，中小企業を中心とする民営企業は貧富の格差が拡大しつつある中国経済に安定的な要素を提供しているだけではなく，将来の「内需牽引型」の経済成長モデルの達成にも不可欠な推進力である[2]．しかし，中国の私営企業の平均寿命は2.6年と非常に短命であり，3年を超える企業は30％以下，5年を超える企業は10％以下である[3]．中小企業は経営資源不足や人材不足などいろいろな問題に直面しているが，特に，90年代後半から資金調達難の問題は中小企業の発展を束縛する最大の障害となっている[4]．

　中国の経済成長，雇用の創出，新規市場の開拓などにとって，重要な役割を果たしている中小企業に対して，公平，効率的な資金供給環境を作り出すことは，中国の金融セクターにとって重要な課題となっている．このため，中国の学界だけではなく，政府主導の各種の中小企業の資金調達難の原因と処方箋に関する討論も行われている．本章はこれらの先行研究を検討することによって，中国の中小企業の資金調達難問題に対して，これまでに明らかにされた原因を確認し，残された課題を明らかにする．

本章の構成は次のとおりである．第1節では，中小企業金融の現状と特徴を考察する．第2節では，金融制度要因説とその処方箋について，検討する．第3節では，情報の非対称性説とその処方箋について，考察する．第4節では，企業内部要因説とその処方箋について，考察する．最後に諸先行研究の考察から明らかになった課題を指摘する．

第1節　中小企業の資金調達難の現状と特徴

中国では，中小企業に焦点を当てた包括的な経営事情，財務データを入手することは不可能であるため，この節では，中国経済に関わる各種の統計データから中小企業金融に関する断片的資料を取りだし，マクロとミクロの諸側面からできる限りわかりやすく整理し，中国の中小企業金融の現状と特徴を分析する．

1．正規金融は急成長する中小企業の資金需要を満たさない

中小企業の資金調達難は中国に限られたことではない．しかし，とりわけ中国では，商業銀行が国有・大企業を対象に集中融資政策を採っているため，中小企業は商業銀行からの資金調達が非常に困難な状況にある．まず，企業部門のGDPの所有形態別の割合と銀行貸付残高の割合というマクロ的側面を見てみる．表2－1は「2007年度の所有形態別の企業の，GDPシェアと銀行ローンシェアとの対比」を示したものである．GDPに占める国有企業，郷鎮企業（集団企業）および私営企業・外資企業のシェアはそれぞれ40%，36%と24%に対して，銀行貸付に占めるシェアはそれぞれ91%，5.7%と3.8%である．私営企業の急速な成長に，公的金融が対応しえていないことがわかる．

次に，中小企業側の経営状況というミクロ的側面から見てみたい．表2－2「中小企業の年間売上げによる規模別の運転資金の需要度」が参考になる．これは浙江財経学院金融研究所が2007年度に杭州市の中小企業177社を対象

表2－1　制度部門別のGDPと銀行貸付残高に占める割合の対比（2007）

	GDPに占める割合	銀行貸付残高に占める割合
国有企業	40%	91%
集団企業	36%	5.7%
私営と外資	24%	3.8%（私営企業0.82%）

資料：復旦大学データベース．

表2－2　中小企業の規模別の運転資金不足　　　　　　　　　　　単位：%

企業売上げ 運転資金不足	500万元未満	500万元以上 1000万元未満	1000万元以上
企業の数	49社	83社	45社
運転資金の不足が深刻	34.69%	65.06%	46.67%
運転資金が不足している	46.94%	30.12%	51.11%
運転資金不足がなし	18.37%	4.82%	2.22%

資料：浙江財経学院金融研究所，虞群娥など（2007），p.220．

に実施したアンケート調査を整理したものである．調査結果によれば，全般的に調査企業のすべては運転資金不足の問題が大きく存在している．「運転資金不足が深刻」と「運転資金が不足している」企業の合計割合においては，年間売上げ500万元未満の企業では80%以上となっている．年間売上げ500万元以上の企業では95%強を示している．そのうち，年間売上げ500万元以上1000万元未満の企業の65.06%は「運転資金不足が深刻」と示している．運転資金不足は中小企業の経営上の常態であることを反映している．

2．中小企業の資金調達ルート

このように，公的金融セクターから企業の成長と発展に十分な資金を調達できない中小企業は，常に資金不足に悩まされており，その分，金利の高い民間の融資ルートに頼るしかない．本項では2005年に人民銀行広州支店が広東省における700社の民営企業を対象に行った融資構造に関するアンケート

表2－3　2005年度における企業規模別の資金調達（フロー）　　　　　　　単位：％

資産規模	銀行借入	〈自己資金〉 個人資本	内部留保	〈民間金融〉 民間貸借	民間集金
500万元未満	26.3	40.3	13.5	17.8	2.0
500万元以上1000万元未満	17.8	38.0	14.2	28.3	1.8
1000万元以上3000万元未満	14.3	33.7	25.9	24.6	1.4
3000万元以上5000万元未満	22.3	36.6	16.9	21.3	2.7
5000万元以上1億元未満	19.5	26.7	28.8	23.6	1.8
1億元以上	38.7	20.8	19.8	20.1	0.6

資料：人民銀行広州支店　林平ほか（2005），p.176により作成．
注：（1）企業の資産規模別に，資金調達総額に占める銀行借入，自己資金，民間金融の割合が示してある．
　　（2）個人資本は経営者が個人で出資した資金のことを指す．

　調査の結果を用いて，中小企業の資金調達ルートの特徴を把握する．

　企業規模別の資金調達の結果は表2－3に示されている．調査の結果によると，自己資金は民営企業の主要な資金調達ルートである．その次に多いのは民間金融である．資産規模500万元以下の企業（19.8％）を除けば，企業の民間金融からの資金調達は全体の20％以上を占めている．民間金融の次が銀行借入による資金調達である．最初に，資金調達総額に占める銀行借入の割合（銀行借入依存度）を企業規模別に見てみよう．資産規模が500万元未満の企業では26.3％，資産規模が500万元以上1000万元未満の企業では17.8％，資産規模が1000万元以上3000万元未満の企業では14.3％，資産規模が3000万元以上5000万元未満の企業では22.3％，資産規模が5000万元以上1億元未満の企業では19.5％，資産規模1億元以上の企業では38.7％である．銀行借入依存度はこの区分で見れば，資産規模が500万元以上～1億元未満の企業は銀行融資の割合が資産規模1億元以上の企業より低い[6]．この部分の企業は「一

般的に拡張期にあり，資金の需要量は増大する一方，企業の信用力がまだ比較的低く，銀行融資に使える有効な抵当物（資産）が限られているため，企業名義で銀行から資金を借りることはとても困難である．経営者の個人信用に頼っても，銀行から十分な与信を獲得しにくく，銀行からの融資難問題が突出している．」[7]状況である．

　次に，資金調達総額に占める民間金融の比重を企業規模別に見る．民間金融は「国家の金融に関する法律などの保護以外の，かつ政府の金融監督当局のコントロールを受けない金融活動」[8]であると定義づけられている．インフォーマル金融とも言う．民間金融依存度は，上記の資産規模の順にそれぞれ，19.8％，30.1％，26.0％，24.0％，25.4％，20.7％である．ここからわかるように，資産規模500万元以上1000万元未満の企業は民間金融の割合が一番高い．その次に高いのは，資産規模1000万元以上3000万元未満，と5000万元以上1億元未満の企業である．全体的にみた場合に，資産規模500万元以上1億元未満の企業は民間金融のシェアが高い．また，民間金融のうち民間貸借は平均95％以上のシェアを占めている．民間貸借は民間における直接貸借の一種である．貸借双方がお互いの信頼関係に基づいて，金融機関の仲介なしで行われる金融取引関係である．民間集金は企業が個人や企業などを対象に行うインフォーマルな資金集めを指す．銀行から資金を調達することが困難な企業ほど民間のルートから資金調達することによって，資金不足を補っている．中小企業が民間金融に大きく依存する理由は，中小企業が自己資金に頼る拡大再生産ができないからである．国家信用を媒介する正規の金融機関からの安価な貸付応援策も予測通りの結果に繋がらない．また，中小企業の借入は短期流動資金の借入を中心に，金額が少ない，期間が短い（緊急性），頻度が高い，有効な担保物が少ないなどの特徴があることから，手っ取り早く，経営が柔軟な民間金融を利用しやすいなどの理由が考えられる．

　このように，規模の異なる民営企業の融資構造には明らかな差異が存在している．小企業と大企業は自己資金と銀行借入に対する依存度が高く，資産規模が500万元以上〜1億元未満の企業は銀行借入より民間金融のシェアが

高い．実際に，こうした中小企業の民間金融市場における旺盛な資金需要があるため，そもそも高い民間金融の金利がリスクプレミアムを超える水準まで上昇している[9]．このことは民間金融市場に需給ギャップが存在することを示す．つまり，民間金融によっても，経済の高度成長に伴う私営企業の旺盛な資金需要に十分な資金を供給することができていないことを示す（このことについては，第5章第3節で詳しく述べる）．

3．資金不足が中小企業の発展に与える影響

上述のような資金不足は中小企業の経営発展に大きなマイナスの影響を及ぼしている．表2－4は2010年3月に中国全国工商連合会（中国語：全国工商聯）による私営・個体企業の発展に影響する要素ランキングに関するアンケート調査[10]の結果である．民営企業の発展に影響するもっとも重要な要素は融資ルート，税負担および法律を執行する環境整備である．その次に業種への参入基準，企業自身の素質，土地使用，行政干渉および市場秩序などである．そのうち，融資ルートはもっとも突出している．75.7%の民営企業は融資ルートが企業の経営・発展に一番影響していると判断している．

また，2002年にIFOなど（ドイツIFO経済研究所，中国国家情報センター中経網，国務院発展研究センター企業家調査システムおよび国経中小企業発展研究センター）による中小企業経営状況に関する共同プロジェクトが行われた[11]．図2－1はその「資金不足のため中小企業が放棄した経営活動」を示したものである．それによれば，影響の大きな順に生産規模の拡大（61.83%），技術・設備のレベルアップ（47.10%），新市場の開拓（35.62%），新たな経営目標の実現（35.41%），新製品研究開発（34.80%）などである．つまり，IFOによると，中小企業にとって，資金不足による生産規模の拡大不能の影響が一番深刻である．その次に，技術・設備のレベルアップと市場の開拓などがある．

以上の事情から，民営中小企業の資金調達の現状と特徴を以下の3点にまとめることができる．

第1に，中小企業は内部資金に対する依存度が高く，資産規模500万元以

表2－4　私営・個体企業の発展に影響する要素ランキング（2010年）

要素	割合（％）	要素	割合（％）	要素	割合（％）
融資ルート	75.7	自身素質	35.3	権益保護	29.7
税負担	53.9	土地使用	33.2	労使関係	26.1
法整備	43.4	行政干渉	32.8	地方保護	20.1
参入基準	37.3	市場秩序	32.3	世論環境	12.6

資料：『中国私営経済年鑑』（2008.6～2010.6）年版，p.6により作成．

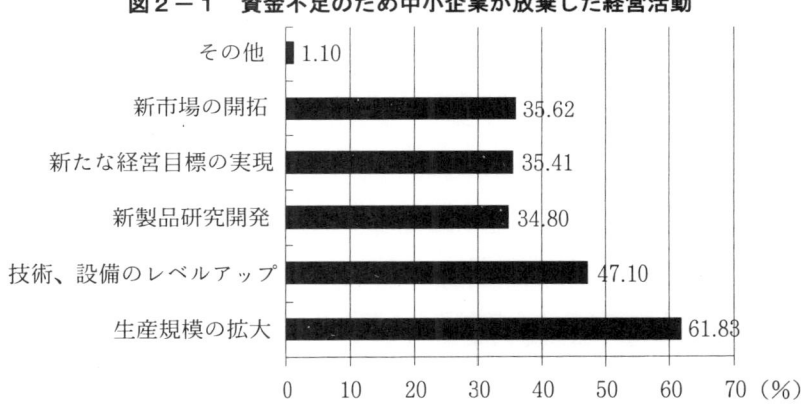

図2－1　資金不足のため中小企業が放棄した経営活動

- その他　1.10
- 新市場の開拓　35.62
- 新たな経営目標の実現　35.41
- 新製品研究開発　34.80
- 技術、設備のレベルアップ　47.10
- 生産規模の拡大　61.83

資料：IFOなどによる共同プロジェクト，「中国中小企業の融資現状と問題」，2002．

上～1億元未満の中小企業は銀行融資の割合が比較的低く，銀行からの資金調達難問題が突出している．年間売上げ500万元以上（3000万元未満）の中小企業の95％以上は運転資金不足に悩まされている．

　第2に，銀行から資金を調達することが困難な企業は，金利の高い民間の資金調達ルートに頼るしかない．

　第3に，資金不足が中小企業に与えるもっとも深刻な影響は，生産規模の拡大をあきらめざるを得ないことである．

第2節　金融制度要因説とその処方箋

中国国内で中小企業の資金調達難に関する原因については，これまで3つの見解が示されてきた．第1は，金融制度要因説である．主に金融制度の歴史的形成プロセスから発生した諸問題に視点を置き，中小企業の資金調達難を銀行システム内部による諸制約条件に求める観点である．第2は，情報の非対称性説である．情報の不完全性から中小企業の金融問題の原因を求める観点である．第3は，企業内部要因説である．中小企業の資金調達を市場経済における中小企業自身による経営上の諸問題として扱う．本節では，金融制度要因説とその処方箋について検討する．

1．金融制度要因説

金融制度要因説の主張は，中小企業が資金を調達する際に直面する諸制約条件を主に銀行の所有形態，組織構造および信用決定システムなどの側面において，銀行と中小企業の融資業務との整合性がとれないことを強調する観点である．その代表的な議論は人民銀行の各支店グループによるものなどがある．人民銀行瀋陽支店の張（2005），済南支店の王（2003，2006），辛樹人・向珂（2004），懐化市中心支店の毛（2002）及び南京師範大学中国金融研究センターの許崇正，官秀黎（2004）などの研究をまとめると，金融制度要因説については主に以下の3点に整理することができる．

第1は，所有制の非対称性である．中国の社会主義建設の初期段階において，所有制問題については，様々な領域ですでに「公有制を主体とし，多種の経済構成要素が共存する」[12]ことを提唱し，非国有経済，私営経済の発展も促進してきたが，金融領域だけは国家所有の銀行は依然として独占局面の状況にある．現在の中国の金融システムは改革開放初期に創立したものであり，基本的に国有経済を中心にサービスを提供する国有銀行を主とするものである[13]．

1995年までに，国有銀行は市場経済のメカニズムに基づいて経済効率を追

求するよりは，中国の国有企業の漸進的な改革に必要な資金を供給することを最優先としていた．すなわち，国有企業の破綻や，それによる失業人数を社会が受容できる範囲内に収めて，バランスのとれた経済移行を保証することは国有銀行に課された最優先課題であった．95年以降の'大を摑み，小を放す'[14]という国有企業改革促進政策は，政府仲介の商業銀行と大企業との間のこのような関係をより一層強化した」（毛2002, p.132）．WTO加盟後，金融セクターに適用する国内のルールを国際的な基準に沿って改め，国際競争力を持つ中国の地場金融機関を育成することに重点をおいた改革が進められた[15]．国有4大商業銀行に関しては不良債権処理，自己資本比率向上，株式会社化が，小規模金融機関に関しても整理・統合が進められている．不良債権処理や自己資本比率を守ることは銀行にとって最重要課題となった．国有商業銀行は「重点業種，重点項目，重点取引先，重点地区」の"四重"戦略を打ちだして，比較的収益の良い国有大企業や国有企業集団を対象に集中融資政策を採っている．

　株式市場や社債市場などの直接金融市場も，そもそも国有企業改革のために設置されており，計画経済的な色彩を強く残している．発行企業は直轄国有企業と一部の地方政府所管企業が大半となっている[16]．中小企業にとって，証券市場での上場による直接金融を利用する資金調達機能はほとんど働かないのである．「実際に資本市場における制度上の障碍は中小企業自身の努力で突破できるものではない」[17]．2004年5月に深圳証券取引所で設立された中小企業ボードもメインボードと同じように，少なくとも，現段階の中小企業ボードの運用上は国有企業の資金調達と密接に関係し，上場企業の多くは国有企業によって占められている．また，2009年8月に「創業板（ボード）」が創設され，効果が発揮できることが期待されるが，いずれにしても時間がかかるだけではなく，中小企業ボードと同じように結局のところ，実質的に国有・大企業の資金調達の場となる恐れもある．

　第2は，国有商業銀行の組織構造は中小企業の資金需要と深刻なズレがある．大量の不良債権の発生などの金融体系の混乱状態を改善するため，1995

年に通った『商業銀行法』では，国有銀行は中央総行による垂直管理，二級支店を基本的経営・計算単位とする等級化管理制度を導入した．等級化制度は銀行システム全体を行政区分にしたがって，5等級に分ける．総行（北京）は一級支店（省レベル）と直属支店（直轄市レベル）に資金運営，貸付，担保，短期融資などの8つの業務経営権を授与し，さらに一級支店は二級支店（市レベル）に相応の経営権を与える．一級と二級行は受け取った経営管理権の範囲内で法律に基づいて経営活動に従事する．それによって国有銀行の支店網は大中都市に集中し，サービス対象は大中企業向けに移行し，さらに貸出管理権限は上級行，特に本部，あるいは省級レベルの支店に集中される．それに対して，中小企業は数量が多く，県，市級レベル以下の地域を中心に分布している．そのため国有商業銀行の県，市級レベルの支店により多くの貸付自主権を要求するが，国有銀行の下級行，特に県レベルの支店は貸付の自由度はきわめて小さい．そのため，支店行は中小企業へ貸出する際に上級行への申請報告などの手続きが煩雑であり，融資決済までに時間がかかる．さらに最下級行は貸付けの余地がとても少なく，貸付けの審査許可権をほとんど持てない．「単純な預金吸収機関として退化した支店もある[18]」．「金融体制の改革は中小企業に対する融資差別を除去してないだけではなく，かえって政策上の差別を強めた[19]」．

　中小商業銀行は独立的な一級法人であり，管理構造は比較的柔軟性があるため，私営中小企業向け融資の担い手となることを期待されているが，株式制商業銀行は，ほとんど国有商業銀行のように公的な金融機関であり，行政と企業経営の分離が実現されず，しかも国有4大商業銀行のように大口案件に取り組む能力を持っていることも多いため，サービス対象は大都会の大企業に設定する傾向が強いので，手間のかかる私営中小企業向け融資を敬遠する傾向がある[20]．都市商業銀行については，そもそも中小企業向け融資が主体であった都市信用社が前身であることや，地元に密着しているため，地元企業の情報を収集しやすく，審査に優位性があることが多いこと，組織が小さいため，融資決済までの時間が短いことなどの強みを持っているが[21]，都市商

業銀行も国家所有の地方銀行であるため，サービス対象は地元政府が重要と考えている企業を中心に，しかも都会に限定している．また，不良債権比率が高く，体力的に問題がある銀行も多いため，大銀行と「信用力が高いと思われる大企業を巡って奪い合って，貸付を幾つかの大企業に集中しようという傾向がある」[22]．農村信用社は現在中国の農村金融における主要な公的金融機関である．県レベルの信用社に付属し，「県レベルの信用社─農村信用社」という縦方向の管理パターンを取っている．表では合作性の金融機関であるが，実際のところは国家所有であり，商業銀行と同様に個体・私営企業や農民に所有制上の差別を行っている．貸付条件も資産抵当や信用担保などの厳しい条件を出している．更に，国家行政による経営上の不当な干渉は貸付の質を悪くし，資金の使用効率を低下させ，大量の資金流失を引き起こしている．

　第3は，社会の信用決定システムが政府保証によって支配されていることである．于珊萍，姜子叶（2003），許崇正，官秀黎（2004）の研究によると，先進資本主義国では，企業の信用力に対しての企業研究はほとんど企業の財務能力の分析に基づいている[23]．1990s以降，神経ファジーシステム（Neuro-fuzzy system）を使って，企業信用を研究する際に企業家の年齢，学歴，経験などの非財務的要素も導入されているが，分析の基本的な骨組は変わっていない[24]．中国では，長い間にわたり，信用力の創造主体は銀行ではなく，企業でもなく，政府である．つまり，銀行が企業宛てに貸出する際のリスク審査基準は，企業自身の信用力ではなく，所有制と企業規模が一番重要な要素となっている．また中国では，国有企業は大企業と見なす，私営企業は中小企業と見なすという「伝統」はほとんど変わっていないのが現状である．国有企業は失敗すれば国が保証してくれるが，中小企業は誰も保証してくれない．政府の信用力が決定的な支配力を持つ信用審査システムの下では，中小企業は全般的に信用力が欠乏していると判断される．このことは中小企業，私営経済の資金調達難を激化させた．

2．金融制度要因説の処方箋

処方箋その1：新しい中小銀行の設立と現存の地域中小銀行の改革

この観点は人民銀行の各支店グループによって代表される．その中心的な内容とは，4大国有商業銀行を中心とする現在の金融システムが基本的に国有経済を中心にサービスを提供するものであり，中小企業金融専門機関が不足していることから，新しい中小金融機関を増設する提案である[25]．また，現存の中小金融機関は国有商業銀行と大企業を奪い合うのではなく，中小企業への金融サービスを提供する金融機関であると位置づけしなければならない．そして，新しい中小金融機関の増設と現存の地域中小金融機関の改革によって，中小企業の発展を支えることが可能な銀行システムを設立する．言い換えれば，国有大銀行は所有制と規模の経済に制約され，「国有銀行―国有・大企業」という組み合わせはあるが，これに加えて中小企業とセットにする「中小銀行―中小企業」という組み合わせも構築する．人民銀行の各支店グループによって代表されるこの観点は，基本的に「国有」の範疇内で中小銀行を増やすことを支持する[26]．

その具体的なやり方をまとめると，次の6点になる．第1は，地方の中小銀行（民営銀行も含む）を増設することである．第2に，地方銀行は中小企業の発展と投資を積極的に支持することを経営目標にする．金融サービスの提供範囲を拡大し，市場需要に沿って新しい金融商品を開拓する．第3に，現存の地方銀行は融資効率を改善し，貸付権や審査権を下級行に与えるなどの分権化の管理体制の改革を試みる．第4に，銀行と企業との間の協調関係とコミュニケーションを強化し，中小企業の貸付条件を緩和し，担保・審査手続きを簡略化することによって，資金の配置効率を高める．第5に，融資担当者，特に下級行の営業マンや職員の積極性を引き出すよう，融資担当者に対する適切な奨励とペナルティ制度を完全なものにする．第6に，財政収入を重んじて，企業蓄積を軽視する現状を改善し，財政支出から中小企業により多い資金を支援する．

第 2 章　中小企業の資金調達難

　処方箋その 2：国有銀行の末端支店の貸付機能を回復させること．
　この観点は県，市級レベル以下の地域を中心に分布している中小企業の融資需要に対応できる国有商業銀行の市，県レベル以下の支店に焦点をあてる．商業銀行改革が始まった95年以降に貸付自由権を撤廃されたこれらの末端支店の貸付自主権を回復させることを要求する主張である．銀監会の王(2006) の論文では，次のように指摘している．「通常，人々は中小企業への金融支持を単純に中小企業にサービスを供給する専門機関の設立として理解する．しかし，金融システムの発展は本国の経済体制の進化レベルと経済発展，経済政策の変化の軌道の高度と関わっている．アメリカ，日本などの発達した資本主義諸国と韓国などの新興工業国では，中小企業専門金融機関を設置している．中国の金融システムの現状では，現在，有している金融機関の組織システム及びそのネットシステムは現段階の経済社会の発展水準と比べて，機関の数量は少ないのではなく，超過している」(2003, p.95)．そのため「小企業融資難の問題は新しい融資構造のため著しく緩和されることはあり得ない」，「金融システム全体を最適化する」有効な方法としては，「国有銀行ネットワークの末端配置の調整と中小金融機関の制度上の障碍を克服することとを有機的に結合する」(2003, p.95) ことを強調する．
　その具体的なやり方をまとめると，次の 3 点になる．第 1 に，大都会や大中型の企業が多く集まる都市において，国有銀行の支店を残す．中小企業が多く集中している市や県では，そこの銀行支店は本来所属する国有銀行の一定の株式持ち合いのもとで，単独で，あるいはM&Aなどの手法を通して共同で独立することができる．また，民間資金が豊富な地域では，地元の企業や住民の一定の資金を吸収し，株式制の銀行として独立することもできる．第 2 に，できるだけ預金保険制度や地域の金融合作規範と監督規範を制定する．不良な民間金融活動を整理整頓し，地元の企業や住民に有益な民間金融組織を支援する．第 3 に，都市商業銀行は中小企業への貸付額が貸付総額の85％以下になってはならない．農村信用社の業務対象は農村地域の個体・私営企業と農村の発展に関わる主体でなければならない．氏は民間の有益な金

融組織の役割を認めるが，国有銀行の末端支店の貸付機能を回復させることを強調する．

以上からわかるように，金融制度要因説は中小企業の資金調達難の要因を企業の外部環境としての金融体制の欠陥に求める．つまり，前述の諸論者によって指摘されたように，現在の中国の金融システムは基本的に国有企業を中心にサービスを提供する国有大銀行を主とするものであり，中小企業の資金需要に対応できる中小銀行の数が少ない．そのため，処方箋としては，同じ公的金融市場での中小銀行の数を増やすことを強調する．中小銀行の数が足りないという要因判断については，肯定的な評価を下すべきだが，大企業と中小企業では，中国の中小企業の特徴からして，同じ金融市場と見なせるのかどうかが問題となる．中小企業金融の特殊性に焦点を与えたのが，情報の非対称説と企業内部要因説である．

第3節　情報の非対称性説とその処方箋

情報の非対称性説は，中小銀行と中小企業との間の貸付関係に視点を置き，中小企業の金融問題を貸し手と借り手との間の情報の非対称性問題として理解する．近年，1980年代に発展したミクロ経済学の不完全情報の経済学の基本的考え方に基づき，人民銀行瀋陽支店の張 (2005) は，Mayer (1988) 及び Sharpe (1990)．Diamond (1991)．Rajan (1992, 1994) などの研究に基づいて，銀行が取引先に対して有する情報の優位性という観点から，下記のように中国の銀行の貸出先選択モデルを解釈している．

　　中国の場合，大企業は所有権と経営権の分離に基づき，比較的整った階層式の管理構造を持っており，財務会計制度や財務データの管理制度，そして企業情報の公開，伝達構造が比較的整っているため，投資者あるいは銀行は大企業の情報に対する収集，整理，分析は比較的便利に，素早くできる．これと比べて，中小企業の内部管理構造はトップダウン方式がとら

れている．財務会計制度や財務データの管理制度も欠如している．そして企業情報の透明度は非常に低く，投資者あるいは銀行は中小企業の経営情報を獲得するための難度とコストが非常に高いため，中小企業の金融市場への進入を排斥せざるを得ない（張2005，p.165）．

つまり，市場経済において，貸付市場は典型的な情報の非対称性の存在する市場である．この市場の借り手においては，大企業は比較的に知名度があり，比較的に標準化される財務データなどに基づく'ハード情報'を提供しやすい．それに対して，小企業は閉鎖的な経営モデルに基づく家族経営や，個体企業などが多く，社会に財務情報を公開する資料を欠いている．そのため，中国の商業銀行は中小企業への貸付業務において，情報の優位性を持たない．銀行は情報の非対称性による逆選択とモラルハザードの発生を防ぐために，貸付金利を上げる措置をとるよりは，貸付の信用割当を実行することをとる[28]．すなわち，借り手の資金需要に対して差別化を行い，十分な企業規模や，情報の公開，規模の経済性などが実現できない借り手を拒否する措置をとることによって，リスクの回避と利潤の確保に努める．こうした，銀行の中小企業に対する選別行動を信用割当と表現し，その要因は貸し手が借り手の情報を十分に持たない，あるいは，銀行が中小企業の経営情報を獲得するための難度とコストが非常に高いという情報問題に求められる．

それを解決するために，情報の非対称性説は現存の都市商業銀行と信用社とをリレーションシップ・バンキングとして発展させることを強調する．人民銀行瀋陽支店の張文滙（2005）は次のように述べる．

　　長期リレーションシップの維持は中小企業の資金調達難を解決する根本策である．銀行と企業との間にはトランザクション・レンディングとリレーションシップ・レンディングがある．前者は主に銀行の企業の財務比率に対する分析に基づくものであり，後者は銀行が企業の様々な情報を収集することによるものであり，企業と銀行との間の親密なリレーションシッ

プに基づく．中小企業は信頼のできる財務データが欠如しているため，トランザクション・レンディングの条件を満たさないことが多い．この場合にリレーションシップ・レンディングは良い選択となる．（省略）リレーションシップ・バンキングの性質を持っている中小金融機関は地元の状況をよく知っているため，情報の収集コストが低く，中小企業との間にリレーションシップ・レンディングを行う優位性があり，民営中小企業の資金調達難問題を解決する突破口になれる．そのため，リレーションシップ・バンキングシステムの構築を加速すべきである．現段階では，主に都市商業銀行と信用社にリレーションシップ・バンキングのようなサービス機能を増強し，それらの大多数のリレーションシップ・バンキングとしての発展を推進することである（p.170）．

以上，わかるように，情報の非対称性説は，中小企業の金融問題に対する解決方法が中小銀行を増設し，リレーションシップ・バンキングの構築に求めるという点では評価できる．しかし，同説はリレーションシップ・バンキングが中小企業に有する情報の優位性を意識しながら，金融制度要因説の論者と同じような発想を見せる．つまり，公的セクターの内部で，現存の都市商業銀行と信用社を改革することを通して，リレーションシップ・バンキングのようなサービス機能を増強し，リレーションシップ・バンキングとして発展させることを強調する．果たして，公的セクターの内部で，国有体制の派生物としての現存の中小商業銀行や信用社は中小企業とこのようなリレーションシップを維持することができるのか，その根拠が問われる．情報の非対称性説と同じ状況判断に立ちながら，それと異なった改革案を示したのは，以下の企業内部要因説である．

第4節　企業内部要因説とその処方箋

　企業内部要因説は中小企業の金融問題を企業側の内部要因による企業側の

信用力の欠乏に求める．小企業自身の管理制度などの欠陥およびその故に発生した不良行為が，資金調達難の境地に陥った本質的な原因であると指摘する．その代表的な論点は張聖平，徐濤（2002）[29]によって，下記のように述べられる．

　　資金調達難を解決するために，中小企業資金調達難の本質的な原因を分析しなければならない．理論界での研究はほとんど中小企業が直面している外部環境から原因を探る．つまり，現在の金融システムは中小企業の資金需要を満たすことができない（張杰［2000］，林毅夫，李永軍［2000］，王鵬濤［2002］）．実際には，これは問題の一側面でしかない．現実の外部環境は中小企業融資に対する制約をもちろん否認できないが，それより，我が国（中国）の中小企業自身の制度上の欠陥及びそれによって発生した規範に合わないあるいは市場経済に反する行為は現在の中小企業資金調達難の最重要要因である．
　　我が国の中小企業は普遍的に信用意識が薄い，情報のディスクローズ意識が悪い，財務情報が偽りであり…借金の踏み倒しも多く…商業銀行の中小企業に対する金融サービスを供給する積極性を大きくくじいた．特に国有商業銀行の企業化改革が行われた今日においては，中小企業が直面している資金調達難はある意味では，企業自身の信用欠乏の必然たる結果である（張聖平，徐濤2002, p.3）．

以上のような中小企業の経営上の欠陥と不良行為は，主に次の4点から求められる．第1は，中小企業自身の経営の不確定性，高い倒産率である．特に借金の踏み倒し行為は銀行から敬遠される主因となる．第2は，中小企業の財務管理と財務の透明度が弱く，たくさんの企業は財務情報に関する資料を欠いているだけではなく，複数の財務諸表を持つことが多いため，金融機関の中小企業への貸付の抑制を招いた．上記の引用文からは第1点と第2点だけを読み取れるが，さらに別の箇所では次の2点も指摘されている．第3

は，中小企業は規模が小さく，技術力などの無形資産を持たず，また銀行に適当な抵当物や担保条件を提供することができない．第4は，中小企業一回あたりの借入金額が少なく，申請，情報収集などの手続きが煩雑であるため，中小企業への貸出は銀行にとって高コストな業務となっている[30]．

企業内部要因説は現存の金融システムの欠陥を否認しないが，銀行の中小企業への貸出の抑制行為を中小企業固有の特性から発生する中小企業の信用情報に対する審査の難しさとして理解することから，その解決方法を先進諸国が採用しているリレーションシップ・バンキングの構築に求める．つまり，中小企業の信用審査をできるような金融機関を作ることである．企業内部要因説は政府主導の中小金融機関の設立ではなく，中小企業の経済環境の内部で資金の需要に応じて，「自主的・自発的」に発生した民間金融の発展を通[31]してしか解決できないと強調する．張聖平，徐濤（2002）によって代表される企業内部要因説は下記のように説明する．

> 先進諸国の学者たちは，1980年代以来注目されている中小銀行と小企業との間の新しい合作関係—リレーションシップ・レンディング—について，詳しい研究と分析を行った．（省略）リレーションシップ・レンディングは我が国の中小企業資金調達難の問題および中小金融機関の発展問題にとても良い手本になる．現在，我が国の市場経済の移行期において，経済発展の重要なインフラの1つとしての社会信用制度がまだとても脆弱であるため，中小企業の信用制度の建設も言うまでもなく極めて困難な仕事である．（省略）リレーションシップ・レンディングの参考意義は貸付市場の弱いグループとしての中小企業に資金を獲得する新しいルートを提供することである．明らかなように，中小企業とこのようなリレーションシップを維持することができるのは国有大商業銀行ではない—国有商業銀行は多くの支店機関と営業所があるにも関わらず．国有体制の派生物としての現存の中小商業銀行も明らかにこの条件を持っていない．そのため，中小企業の資金需要に適応できる金融仲介機関は中小企業の経済環境の内部で生

まれるものでなければならない．これが民間金融である．民間金融の国有あるいは地方の金融機関との最大の区別はその内生性である．この内生性があるがゆえに，民間金融は中小企業の様々な情報を最大限に獲得できる要素を持っている．このことは，民間金融の中小企業の資金需要との間の適応性を規定し，民間金融の発展の潜在力を決定する（張聖平ほか2002, pp. 7-8）．

企業内部要因説の論者は，情報の非対称性説と同じように中小企業の金融問題を中小企業の固有の特性―信用情報の不透明性―に焦点を置き，中小企業の金融問題を考察している．そして，中小銀行と小企業との間の新しい合作関係―リレーションシップ・レンディング―についての先進諸国の学者の研究を踏まえ，国有商業銀行が社会的に弱いグループとしての民営の中小企業との間にリレーションシップを維持することができないということを指摘した上，民間金融の中小企業金融市場における情報の優位性に注目し，その生存と発展を容認し，促進することを強調する．企業内部要因説は，公的セクターの内部で中小企業の金融問題が解決できないことを認識し，民間金融の役割を重視するところでは評価すべきである．しかし，この場合に，一体なぜ，公的金融は問題を解決することができないのか，また民間金融はどのようにリレーションシップを形成し，どのように問題を解決しうるのかが問われることとなる．

おわりに

本章は中国の中小企業の金融問題の現状と特徴を論じた上で，資金調達難の原因に関する諸先行研究を金融制度要因説，情報の非対称性説および企業内部要因説という3つの観点に分けて検討した．金融制度要因説は，中小企業の資金調達難の要因を銀行の所有形態，組織構造および信用決定システムなどにおける中小企業への融資差別に求める．情報の非対称性説は，中小銀

行と中小企業との間の情報の不完全性に中小企業の金融問題の原因を求める．企業内部要因説は，中小企業の資金調達難を市場経済における中小企業自身による経営上の諸問題に起因する信用審査の難しさとして扱う．以上の諸先行研究に対する比較分析から，中小企業の資金調達難の原因を以下の2点にまとめることができる．

　第1に，現存の金融システムは中小銀行の数が足りず，中小企業の資金需要に対応できない．

　第2に，現存の金融システムにおいて，中小銀行と中小企業との間に深刻な情報問題がある．

　その処方箋においては，各論点は中小企業の資金需要に対応できる中小銀行の改革と増設という点では，共通している．議論の分岐点は具体的な実施方法にある．金融制度要因説は情報の非対称性説と同じように，公的金融セクターの内部で中小銀行の改革と増設を行うことを主張する．企業内部要因説は，民間金融の合理的な発展を推進することによって，民営のリレーションシップ・バンキングの性質を有する中小銀行を設立することを強調する．本書は後者の立場に立つ．しかし，その主張はなお未解決の課題を残す．すなわち，第1に，公的金融セクターの改革で，果たして中小企業金融問題が解決できるのか．第2に，民間金融は具体的にどのように運営され，それによって，中小企業金融問題を解決できるのかどうか．これら2点である．

　中小企業金融において，国家政策，業務内容，運営システムおよび企業文化などの諸側面から中国の公的金融と民間金融に対して，より一層立ち入った理論的・実証的分析が必要である．上記の2つの課題は第3章，第4章と第5章でそれぞれ論じられる．

第2章 中小企業の資金調達難

【補論　金融危機による一時的資金難に陥る輸出製造業と政府の救済政策】

　改革開放以来，中国では，外資導入という戦略的経済発展方針の下で，対外輸出，委託加工型の製造業における私営・個体企業の発展が目立っている．そして2007年下半期に，アメリカから発した金融危機は2008年に入って，対外輸出，委託加工型経済モデルの南部珠江デルタ，長江デルタ地域に与えた影響が表面化し，輸出産業の注文減，輸出減が段々と露呈していると同時に，これら輸出企業の資金繰りが困難になっている．こうした金融危機を原因として資金難に陥るケースは2つが考えられる．

　第1に，危機が発生した時に，追加投資過程がまだ終わっていない企業である．このような企業は投資している最中であり，投下資本の回収過程にまだ入っていないだけではなく，危機の発生により，資金の継続性が中断され，前期の資金を投下したが，後期の資金の調達が中断され，投下資本の回収もできず，究極の資金難の境地に陥っている．

　第2に，危機が発生した時に，拡大再生産の投資過程がすでに終わり，投下資本に対する回収周期の始まりの時期にある企業である．このような企業は市場の需要を予測し，投下資本の回収を期待しているが，危機の発生をきっかけに，商品注文数量の縮小や，消費需要の低迷により，「商品の実現」が困難となり，投下資金の回収が期限を過ぎても実現の見込みが立たず，場合によっては倒産に繋がることとなる．

　このような国際金融危機のマイナス効果に対応して，中央政府，銀監会は金融緩和政策を中心に一連の救済政策を発動し，内資の対外輸出製造業を中心に中小企業の発展を後押ししている．同時に全国レベルで「内需拡大」という基本政策方針の下で，「輸出主導型」の経済構造から「内需牽引式」の成長方式に変えようという試みが行われている．

　実際に，2007年下半期から実施し始めた一連の輸出税還付の調整政策は，比較的技術力の高い商品と比較的付加価値の高い商品の輸出税還付率を高めることによって，輸出構造をより合理的なものに導くだけではなく，産業構

造の高度化も同時に図っている．さらに，2008年に輸出企業の経営圧力を軽減し，金融危機への対応能力を高めることを狙って，政府によって4回の輸出税還付率調整が行われた．また2009年に入って，金融機関に対して，中小企業融資の専門機構の設立を要求し，対外輸出企業を中心に，中小企業への融資支援政策を積極的に取り入れている．実際の運用を見るところ，金融危機をきっかけに，上述のような資金繰り難に陥っている対外輸出製造業の中堅企業を対象とする救済政策と思われる．例えば，「興業銀行」の青島支店では，政府の誘導政策に応じて，輸出企業を対象に，「輸出入為替手形担保」や「輸入貨物担保」，「信用状割合融資」などの「特色のある方案」という新しい融資方法を開発した．つまり，金融危機の打撃を直接に受けている輸出企業は何らかの形で，国家や地方政府の各種の迅速な支援政策，及びそれに対応する金融機関の恩恵を受けられる立場にある．正規の金融機関に手が届かない中小の私営，零細企業の資金難とはまったく異なったレベルの話である．

　さらに，製造業，特に対外輸出産業の企業は工場や品物，輸出の為替証明書など比較的信用力の高い抵当，担保物になれるものを持つことが多いため，人民銀行，銀監会による緩和的な金融政策の下で，比較的に，何らかの形で融資を獲得する機会が多い．それは，抵当物を持てない，あるいは信用力の低い抵当物しか持てない中小の私営，零細企業，特に流通業の中小私営，零細企業の融資環境とは異なるものである．

　個体・私営企業は規模が小さく，各地域の内需に依存しているため，金融危機が世界各国の経済に大きな打撃を与えた中，中国の個体・私営経済は各種のマイナス要素に影響されているにも関わらず，比較的安定した発展を遂げている．また，私営，零細企業の経営方針についての筆者の現地調査によると，銀行から資金調達困難な中小型の個体・私営企業の資本蓄積の様式は[32]自己資金の内部循環によるものである．つまり，金融危機の影響を直接的に受けることなく，拡大投資に必要な資金は銀行から借りるのではなく，利潤の一部を追加投資するか，内部留保として一定の量まで貯めてから，拡大投

資の形で投資するかである．この循環がうまく行われる限りでは，ほとんどの経営者の話では，できれば，信用ルートを通らずに（通りたくても，できないため）自己負担能力の範囲内で企業を維持し，徐々に拡大したいと言う．どうしてもという場合には，短期運転資金の調達は高金利の民間金融を利用するしかない．

注
1 年間売上げ500万元以上の企業の事を指す．実際先述のように，それ以下の規模の零細企業は中小企業の90％以上を占めている．例えば，青島市では，こうした規模の零細企業は中小企業の約93％を占めている．
2 『中国中小企業発展報告2007』「代序」による．
3 青島市中小企業発展局融資所所長の胡淑桂氏の話によれば，「中国はまず何よりも雇用を維持しなければならないので，個体私営企業の質までカバーする余裕がない」（2009/05/13の聞き取り調査による）．個体・私営企業の成長は大量起業と大量倒産の循環の中で，13億以上（農村人口9億以上）という人口を有する中国では，敗退者を上回る参入者が現れたことが，この主体が安定的に成長している原因と考えられる．
4 李箐ほか（2000）によると，中国では80％の民営企業のマネージャーは民営企業の発展のプロセスで直面する最大な障害は融資難であると指摘する．また張捷（2003），第9章を参照．
5 700社のうち，491社から返答があった．491社のうち，製造業197社（40.1％），商業，サービス業82社（16.7％），農業，建築業，不動産業，採掘業及びその他の業種はそれぞれ45社，39社，40社，10社と78社である．企業規模別で見ると，中小企業の数が多数を占めており，大企業は7社しかなく，全体の1.4％を占めている．
6 資産規模500万元未満の企業の銀行融資比率が資産規模500万元〜1億元の企業より高い理由として，人民銀行広州支店の林氏ほかは「個人借金，企業用」として説明している．つまり，「微小企業の資金需要量は少ないため，企業主の個人信用によって，銀行から資金調達する可能性が高い．金融機関にとって，微小企業に融資するよりも経営者に直接融資したほうが，取引先の財務状況を把握しやすい，または債務不履行されたときに，催促するのに比較的容易であり，場合によっては強硬な手段を取ることもできる」．
7 林平ほか（2005），pp.176-77を参照．

8 張捷（2003），p.197. またWorld Bank（1997）を参照．
9 例えば，南部の杭州市の民間金融の貸付利子率は，「一般的に，10日間を単位にして金利の支払いが行われる．1日の金利は2～3％である」（浙江財経学院金融研究所（2007），p.220）．
10 『中国私営経済年鑑』（2008.6～2010.6）年版，p.1による．第6章補論1を参照．
11 調査対象は中国の27の地域における雇用者500人以下，年間売上げ5000万元以下の工業中小企業1500社である．
12 中共中央第15回全国代表大会（1997年9月12日～18日）．
13 2001年前までに国有4大商業銀行の「資産額」は金融システム全体の80％以上のシェアを占めている．「預金額」，「貸付額」における国有4大商業銀行の集中度もいずれも60％以上を占めている．「利潤額」も50％以上という半分以上のシェアである．その後，集中度がやや下がったが，相変わらず半分以上の水準である．2008年6月までに中国の銀行資産総額（外貨資産と人民元資産）に占める国有4大商業銀行のシェアは全体の半分以上の52.2％である．その次に順番として，株式性銀行の14.0％，農村合作機構の11.1％，政策性銀行の8.8％，都市商業銀行・都市信用社の6.5％，郵便貯金3.4％，外資銀行2.3％，そして最後に，ノンバンクの1.8％である．国有4大商業銀行と中小商業銀行（株式制商業銀行＋都市商業銀行）が合わせて，銀行資産総額の7割強を占めるようになっている（『中国金融年鑑』各年版と中国銀監委ホームページによる）．
14 1992年「南巡講話」以降から，国有企業の改革ステップが早まった．93年の「大を摑み，小を放す」という方針に基づき，国有大企業に対して，国有資産の一定の比率によって，銀行融資の優先順位を決めた．民営企業と関連して，小型の国有企業に対しては売却と破綻などの方法で非国有化が推進された．ほとんどの国有中小企業は，市や県などの地方所管となっていたため，非国有化による改革も地方の行政機関が中心となっていった．
15 玉置知己・山澤光太郎（2005）pp.16-18．
16 2006年末時点での発行株式のうち約3分の2以上（72％）の「非流通株」を中国政府がコントロールしている．また，2007年版の『中国金融年鑑』の統計編の「銀行間債券市場公開発行人民幣債券統計」（p.370～384）の欄の「債券名称」の項目を見ると，ここで載っている発券企業はほとんど全部国有及び国有持ち株の企業である．
17 辛樹人・向珂（2004），p.69．

18 王（2003），p.92．
19 王（2003），p.93．
20 株式制商業銀行の貸出全体に占める中小企業向け融資の割合は，わずか13％に留まっている．国際協力銀行中堅・中小企業支援室p.23，中国銀行業監督管理委員会からの聞き取り調査による．数値は2004年末の実績．
21 株式制商業銀行と比べて，中小企業向け融資の割合は高く，都市商業銀行の貸出全体の50％程度を占めている．ただし，この数値のうち，地方の（旧）国有中小企業への貸出の比率が分らないため，実際は，私営中小企業への貸出の比重はそれよりもっと低いことが推測できる（国際協力銀行中堅・中小企業支援室2006，p.24）．
22 王（2003），p.93．
23 Lyn，2000，pp.149-172を参照．
24 Malhotra et al，2002，pp.190-211を参照．
25 辛樹人，向珂［2004］は山東省のJ市での中小企業向け貸出先の金融機関の統計（2003年末，中小企業150社の調査）では，国有商業銀行が全体の62.5％を占めており，圧倒的な存在であるという統計結果をまとめている．それに続けて都市商業銀行・農村信用社の25.8％，株式制商業銀行の11.7％の順であった．中小企業向け貸出の最大の金融機関は国有商業銀行の支店組織であると考えてよい．杭州市とJ市の事例は，本当に中小企業向けの貸付業務を行う中小銀行の数が非常に不足していることを大きく反映している．J市の事例については，唐成［2005］，p.175においても引用されている．
26 ただし，この主張において一部の学者は下記のように民営銀行の増設を強調する．「現在，公的な中小銀行の数は明らかに不足している．公的な金融機関は所有制などの原因による差別があるため，数が足りても民営企業に有効なサービスを提供することができない．そのため，当面の急務は民間の中小金融機関を発展させることである」（許崇正ほか，2004，p.89）．
27 1995年前までの銀行のむやみな貸出行動の結果として，大量な不良債権が生まれることとなった．銀行システムの混乱を是正するための95年の商業銀行改革をきっかけに，市レベル以下の支店の貸付権を上級行に集中させた．
28 Stiglitz, J.E. and Weiss, A.（1981）を参照．
29 張聖平：北京大学光華管理学院，徐濤：山東大学経済学院．
30 また，楊宗昌 田高良（2001），張立新（2007），「蕪湖日報」（2009/9/7），徐洪水（2001）などを参照．
31 中国人民銀行広州分行課題組（2002, p.104）

32 青島中小企業発展局，創業サービス処及び融資指導処の2つの役割を背負っている重要部門の処長の胡淑桂氏へのインタビューおよび，企業協力処の責任者に対する聞き取り調査と当該地域における36社の企業に対する企業訪問（2009年5月）による．

第3章　中小企業金融と中国のリレーションシップ・バンキング形成の失敗

はじめに

　市場経済において貸付市場は，典型的な情報の非対称性が存在する市場である．金融市場における情報問題に対応すべく，銀行は情報問題の種類によって様々な貸付手法を開発している．Berger and Udell（2002）はこれらの貸付手法を主に下記の4種類に分けてまとめている．①財務諸表準拠貸付（Financial Statement Lending），②資産担保融資（Asset-based Lending），③クレジット・スコアリング（Credit Scoring），④リレーションシップ・レンディング（Relationship Lending）である[1]．そのうち，前の3種類は主に，コード化や定量化をしやすい，そして伝達便利な'ハード情報'（Hard Information）の生産に関わる技術である．このような人格化の特徴をもたないハード情報に基づくトランザクション取引（Transactions-based Lending）は，比較的標準化された財務データなどを提供できる大企業に適している．それに対して，リレーションシップ・レンディングは，中小企業向けの貸付市場で有効である．なぜならば，小企業は閉鎖的な経営モデルに基づく家族経営などが多く，財務管理と財務の透明度が弱く，有効な担保・抵当物を提供することも困難である．そのため，銀行との間に情報問題が発生しやすい．リレーションシップ・レンディングは貸し手と借り手の長期的に継続する関係の中から，外部からは通常は入手しにくい借り手の経営能力や事業の成長性，返済能力，返済意欲などの定量化が困難な'ソフト情報'を獲得し，この情報を基に金融サービスの提供を行うことで展開するビジネスモデルである．これによって，銀行と中小企業との間の情報の非対称性問題を緩和することができる．また，借り手の取引コスト[2]と銀行の負う信用リスクが軽減されることが多い．リレーションシップ・レンディングは中小企業向けの貸付市場では有効であ

るため，先進国においても，発展途上国においても，中小企業の金融問題を解決するための重要な手段として重視されている．

中国では，リレーションシップに依存した貸付モデルを展開しているのはインフォーマル金融機関である．大銀行の支店組織，中小銀行，そして信用社を含め，公的セクターが採っている主要な融資方式は日本のメガバンクと同様に，財務諸表準拠貸付（Financial Statement Lending）と資産担保融資（Asset-based Lending）である．先進諸国と同様に情報問題に悩まされる中小企業金融問題が深刻化しているにもかかわらず，公的セクターはリレーションシップ・バンキングを形成していない．それに関する今までの研究では，公的セクターの複雑な組織構造にその要因を求める観点が主流となっている．つまり，2000年代以降，中国の銀行はリレーションシップ・バンキングの中小企業金融市場における有効性を認識しているが，銀行の膨大で複雑な組織構造はリレーションシップ・レンディングのビジネスモデルにおいて優位性を持っていないというのが従来の主流の説明である．しかし，そのような組織構造だけでは説明しきれない現象が存在している．農村の零細企業を中心に業務を展開するもっとも組織の小さい農村信用合作社こそ，有効なリレーションシップ・レンディングを展開できないが故に，極端な不良債権に悩まされているのが現状であるからである．

なぜ，公的金融セクターではリレーションシップ・バンキングの形成ができないのか．本章の課題は銀行経営の官僚主義という視点から上記の問いを明らかにすることである．本章の焦点は信用合作社（以下「信用社」）に代表される中小企業への貸付業務を中心とする中小金融機関である．国有大銀行については，次の章でより詳しく考察するが，ここで国有大銀行と信用社を一緒に論じる理由としては，信用社の改革は銀行システムの改革と緊密に関連していること．また公的金融セクターの資産規模全体の5割弱を占めている国有大銀行の支店組織は地方の各地域に分布しており，基本的に中小銀行や信用社と同じような役割を果たしてきただけではなく，その経営の仕組みも似ているからである．また，中国の中小企業金融に関する統計データが非

第3章　中小企業金融と中国のリレーションシップ・バンキング形成の失敗

常に不完全なため，本章では，中国人民銀行の各支店が作成した一部の地域中小銀行の資料および筆者が独自に入手した資料を加えて分析を行う．

第1節　分権化経営と不良債権

　新中国建国後，中国の金融セクターは3つの時期を経験している．第1は，1949～1984年までの高度集中的な管理制度の時代である．第2は，1985～1993年までの，権力を分権化し，経営を活性化することを中心とする企業化改革の段階である．第3は，1994年以降～現在までの，権力を法人に集中し，支店を等級化して管理する商業化改革の段階である．本節ではこのうち第2段階まで遡って，分権化の管理体制の下での中小企業金融の状況と問題点を考察する．

　改革開放初期の1980年代から90年代半ばまでに，民営経済は社会主義市場経済の不可欠な部分として認められ[7]，民営企業は飛躍的な発展を遂げた．同時に金融セクターでは，分権化の管理体制を実施した．1985年9月，中央政府は「七五」計画の中に専業銀行の企業化改革の方針を明確に提起した．その目的は金融機関の各支店を「自主経営，損益に自ら責任を負うことができる」経済主体として建設することであった．この要求に沿って，金融機関は権力を分権化し，経営の活性化を中心とする企業化改革を推進し始めた．その基本的なやり方は都会の支店を基本的な経営・計算単位とし，それに「業務経営権」，「貸付資金の割当権」，「利子率調節権」，「内部で留保する利潤の支配権」，「人員の割当と任免権」，「内部機関の設置権」という6項目の経営自主権を与えるものであった[8]．同時に，「銀行長責任制」を実施し，支店の銀行長は権限範囲内のすべての経営権力を有するようにした．その後，市レベルまで与えていた経営諸権利を県レベルの支店にまで与えた．さらに，表3－1で示したように，この時期に銀行の総資産収益率は預金利子率を下回る状況が続いており[9]，そういう状態のもとで銀行システム内部では，利益を増やすことをめざし，「多く稼ぎ，多く残す」[10]という原則が掲げられ，それ

表3－1　国有4大商業銀行の収益性（%）

項　目	1995年	1998年	2000年	2008年
預金金利	10.98	5.57	2.25	2.25
総資産収益率	10.93	5.35	2.41	－

資料：渡辺（2003）の補表による．2008年の預金金利は中国人民銀行「金融機関人民元預金金利」（2008年12月発表，同行ホームページ）による．

が各級支店の経営の積極性を引き出し，各支店は金融市場の潜在力の発掘や貸付規模の拡張のために積極的に動き出した．この背景の下で，当時の銀行の貸出し先は国有企業だけではなくなり，貸付の半分強は中小の民営企業へも流れていた．当時の中小企業の規模区分は非常に曖昧なものであり，国有・集団企業とは言っても所有制が不明確な郷鎮企業や，あるいは郷鎮企業の看板を使った個人企業なども多く含まれていたため，明白な統計を把握することは困難であるが[11]，中国金融年鑑（2002）[12]によると，1999年末時点では，銀行の中小企業への貸付は貸付総額の51%を占めていた．また，1995年の全国の15業種の2546社の私営企業に対するアンケート調査では，「融資が非常に困難」と答える企業は調査企業総数の24.4%を占めている．「困難がない」と答える企業は29.5%，「やや困難」と答える企業は46.1%を占めている[13]．つまり，そのときには中小企業の数が少なかったことも加わって，資金調達難の問題は目立たなかったのである．

　しかし，後述のように，そのときの銀行の貸付行動はいずれも大量の不良債権を生むこととなった．表3－2は国有4大銀行の不良債権率の推移を示したものである．1999年末における不良債権比率は39%であり，その後，低下傾向に向かって2002年末に26.12%，2004年末15.57%，2007年末に8.05%，2010年末に1.3%まで減少したのである．ここからわかるように1999年に4大国有銀行の平均不良債権率はピークに達し，その後徐々に低下している．2000年代前までの高い不良債権率の原因は，後述のように，政府介入の国有企業への政治融資と信用情報を無視する中小企業への非正常な手法――「人情貸付」や「リベート貸付」などによるむやみな貸出行動にあったと考えら

第3章　中小企業金融と中国のリレーションシップ・バンキング形成の失敗

表3-2　国有4大銀行の貸付残高・自己資本・不良債権比率

単位：億元，％

年　度	貸付残高	自己資本	不良債権の推定額	不良債権比率
1997	84242	2738	20218	24.0
1998	96602	5587	33811	35.0
1999	89270	5697	－	39.0
2000	95933	5998	27993	29.2
2001	122077	6629	30971	25.4
2002	80399	6984	21000	26.1
2004	－	6111		15.6
2007	225396	－	18145	8.1
2010	240385	－	3125	1.3

資料：1997〜2002年の数値は施華強・彭興韵（2003），p.4による．2004〜2010年の数値は『中国金融年鑑』，各年版における「国有商業銀行資産負債表」と「主要商業銀行不良債権情況」による．

注：（1）貸付残高と自己資本の金額は，『中国人民銀行統計季報』，『中国金融年鑑』1997〜2002年の各年版による．2001年12月までの不良債権の計算方法は旧来の四級分類法（延滞，停滞，破綻など）による．2002年以降の統計は五級分類法（次級，可疑，損失など）による．

（2）国内外において，2003までの中国の不良債権に対する推測は大体20％〜50％の間にある．表の1997年の不良債権率は元中国人民銀行の戴相龍行長の推測値である（『国際金融消息報』1998年1月19日による）．ただし，国家統計局の邱暁華氏が2003年3月14日に『国際金融時報』で公表した数値によれば，1997年の中国商業銀行の不良債権率は25％〜26％の間にある．王艶娟が『中国経済時報』で公表した数値によれば，この数値は30％以上の水準となる．1998年の不良債権率の数値は信達金融資産管理公司による．2000年の数値は王艶娟（2003）による．1999年の数値は2000年の数値による推測値である．2001年の数値は元中国人民銀行戴相龍行長の"中国発展高層論壇"での講演による（2002年3月）．2002年の数値は中国銀行業管理監督委員会主席劉明康による（2003年5月29日のジャーナリストの質問に対する答え）．2008年以降，2012年現在まで不良債権率は5％ぐらいまで上昇したと推測する学者もいる．

れる．これは銀行経営の行き詰まりの原因となっていた．「実際に現在の不良債権の多くは分権化管理のこの時期の貸付拡大があとに残した後遺症である」．そのため，「中国の国有商業銀行は実質的に'技術的破綻'の状態にあ

る」（謝平・焦瑾璞2002）と指摘する学者もいる．

　商業銀行の支店組織だけではなく，中小・零細企業向けの貸付を専業とする小銀行と農村信用社の経営は，それ以上に深刻な状況にある．表3－3は2001年度に中国人民銀行Ｓ市中心支店が行ったＳ市地域の農村信用社の2000年度の経営状況についての調査表である．そのうち，表〈3－3－1〉は不良債権についての調査である．そこで示されるように2000年度のＳ市地域の農村信用社における帳簿上の貸付総額は9.5億元弱であり，不良債権金額は6.6億元弱であり，貸付総額の69.5％という非常に高い割合を占めている．しかし，監督部門による調査済みの不良債権率はさらに71.4％まで上昇した．それに加えて，再調査済みの不良債権は調査済みの金額と1.2億元以上の差額があり，不良債権率も82.6％まで上昇した．つまり，当該地域の農村信用社の貸付資産のうち8割以上は不良債権であり，誤ったリスク判断の下での貸付である．不良債権のうち，再調査済みの返済停滞額は貸付総額の47.3％，破綻に当たる不良債権は貸付総額の8.7％を占め，併せて，返済不能の不良債権は貸付総額の56％を占めている．これらの貸付は金融機関に利益を生まないだけではなく，信用リスクの対価としてコストを払わなければならないことになる．また，再調査済みの結果と帳簿上の金額と調査済み金額との間の差も後述のような金融機関における財務情報の正確度とモニタリングの有効性の問題をそのまま反映している．

　そして，表〈3－3－2〉は損益状況についての調査である．実際の調査済み金額で見ていくと，営業収入は6497.04万元であり，そのうちの利子収入は4873.74万元である．それに対して，営業支出は1億3331.8万元であり，そのうちの利子支出は5776.38万元である．営業支出は営業収入より6834.76万元上回る．そのうちの利子支出は利子収入より902.64万元上回ることとなる．同じように営業外支出も営業外収入を超えている．更に，停滞不良債権と破綻不良債権に対する準備金はそれぞれ329.84万元と0.8万元であり，表〈3－3－1〉で示された停滞不良債権の金額4億4733.17万元，倒産不良債権の金額8187.25万元と比べ，わずかな金額でしかないため，不良債権への処理

第3章　中小企業金融と中国のリレーションシップ・バンキング形成の失敗

表3－3　S市地域の農村信用社の経営状況についての調査表（2001年度実施）

〈3－3－1〉：不良債権についての調査　　　　　　　　　　　　　単位：万元，％

分類		2000年帳簿金額(a)	調査済み資産額(b)	2000年再調査済み額(c)	c－a	c－b	1997年以降に形成された不良債権
貸付総額		94530.79	88304.66	94530.79	—	6226.13	—
不良債権	金額	65728.47	63020.50	78061.99	12333.52	15041.49	31543.11
	比率	69.5	71.4	82.6	13.1	11.2	
延滞	金額	16733.34	18858.12	25141.57	8408.28	6283.45	21860.85
	比率	17.7	21.4	26.6	8.9	5.2	
停滞	金額	40705.18	36289.27	44733.17	4027.99	7903.90	9682.26
	比率	43.0	41.7	47.3	4.3	5.6	
破綻	金額	8289.95	7333.11	8187.25	－102.70	854.14	—
	比率	8.8	8.3	8.7	－0.1	0.4	

〈3－3－2〉：損益状況に対する調査　　　　　　　　　　　　　　　単位：万元

項目／内容	帳簿金額(a)	実際の調査済み金額(b)	b－a
一．営業収入	6044.50	6497.04	452.54
利子収入	4421.20	4873.74	452.54
二．営業支出	12110.40	13331.80	1221.40
利子支出	4735.70	5776.38	1040.68
三．営業外収入	85.30	85.30	0.00
四．営業外支出	235.30	235.30	0.00
五．（停滞）準備金	149.92	329.84	179.92
六．（破綻）準備金	—	0.80	0.80
当年度損益合計	－3532.20	－4271.86	－739.66

資料：中国人民銀行S市中心支店（2002），p.109，p.110により整理．

の必要額にとても対応できるとは思われない．そして，最後の当年度の損益合計の欄については，具体的な算出方法が示されていないが[16]，それだけを見ても，2000年度の当該地域の農村信用社の収益は（－4271.86）万元という深刻な赤字経営であることがわかる．

次に，不良債権の発生の時期を見てみる．表〈3－3－1〉の最後の欄を見るとわかるように，不良債権の40.4％は1997年以降に発生したものである．1997年以降に発生した不良債権の増加原因については後述するが，さしあたり，1997年以前，つまり分権化の時代によって形成されたものは59.6％の推計となる．4大国有銀行の支店と同じようにこの時期の中小金融機関の業務規模の拡張は，経済の発展に一定の積極的な役割を果たしていたが，それと同時に，中小企業貸付業務に相応しい情報の獲得手法とリスクの評価制度などが認識されないまま，むやみな貸付による平均60％弱の不良債権を生み出していた．

以上からわかるように，改革開放初期の1980年代から90年代半ばまでは，その当時の中小企業の数が少なかったこともあって，目立った民営経済の融資難の問題は発生しなかった．しかし，当時の銀行は企業の信用情報を正確に把握できなかったが故に，当時の融資は有効な貸付に繋がらず，政策融資にかかわる国有大企業だけではなく，民営企業への貸出も大量の不良債権を生むこととなった．

第2節　授権経営とリレーションシップ・バンキング形成の失敗

分権化の時代のむやみな貸付行動と不良債権の増加を停止させるために，1990年代の後期から，金融当局が採った措置とは，授権経営に基づく中小企業への厳しい抵当・担当物の請求と信用割当であった[17]．そこで，本節では金融当局が銀行経営を改善するために実施した授権経営と，それによる中小企業金融問題への影響について検討する．

第3章　中小企業金融と中国のリレーションシップ・バンキング形成の失敗

1．授権経営に基づく等級化の組織管理と中小企業への金融抑制

　分権化管理の時期における乱暴な貸付行動による大量の不良債権の発生などの金融体系の混乱状態は政府の重大な関心を引き起こした．中国工商銀行北京総行の銀行長（当時）姜建清（2001）は，分権化の管理時代の経営問題を次のようにまとめている．「分権管理と銀行長責任制のプロセスにおいて，一級法人制度を確立できず，さらに情報の非対称問題が加わって上級銀行がモニタリング機能を発揮できなかった．各地域と各部門とがそれぞれ利益に駆られる行動をし，上級行がモニタリング機能を発揮できない状況の下では，各支店の銀行長の権力が膨張しすぎて，支店内部でモラルハザードを引き起こしやすい．その結果は，盲目的な投資活動，むやみな貸出行動などによる国有資産の深刻な流失である」(p. 3)．このことからわかるように，金融当局は不良債権発生の主要な原因を下記の2つに求めている．第1は，分権管理による上級行のモニタリング機能の喪失である．第2は，銀行内部の融資担当者によるモラルハザードの発生である．この2点を是正するために政府が採った措置とは，授権経営と貸付の終身責任制度である．

　授権経営とは，法人授権に基づいて，国有銀行は中央総行による垂直管理，二級支店を基本的経営・計算単位とする等級化管理制度である．1993年12月，「金融体制改革に関する国務院の決定」を発表し，金融セクター改革に着手した．94年には政策制銀行が設立された．95年に通った『商業銀行法』では，国有銀行を商業銀行に変えることを明確にし，国有銀行に一律に法人制度を導入した．ただし，国有銀行の支店機関は法人資格を有しない．それによって，銀行システム全体を5等級に分けた．すなわち，総行（北京）は一級支店（省レベル）と直属支店（直轄市レベル）に資金運営，貸付，担保，短期融資などの8つの業務経営権を授与する．一級支店は二級支店（市レベル）に相応の経営権を与える．一級と二級行は受け取った経営管理権の範囲内で法律に基づいて経営活動に従事する．つまり，国有銀行の支店網は大中都市に集約化し，サービス対象は大中企業向けに移行し，そして貸付管理権限などの経営管理についての各種の権力を総行と一級支店，二級支店に集中する，

表3-4 中国建設銀行の支店機関数の統計　　　　　　　　　　単位：個

項目＼年度	2001年〈a〉	2002年〈b〉	b-a
合　計	23917	21608	-2309
総　行	1	1	0
一級分行	38	38	0
市級分行（支店）	294	291	-3
県級支店	1422	1393	-29
区級支店	1465	1776	311
専業支店	151	140	-11
事務所	8842	8503	-339
貯蓄所	11010	9027	-1983
営業部	429	222	-207
トレーニングセンター	14	27	13
各種の子会社	231	176	-55
その他	20	14	-6

資料：『中国金融年鑑2003』，「統計篇」，p.612により作成．

というような経営管理体制となっていた．

　表3-4は中国建設銀行の支店機関数の統計である．2002年度の支店機関数の合計は2001年度より2309行減少していた．そのうち，市級支店は3行，県級支店以下は2306行の減少であった．さらに，県級支店以下のうち，最も収縮しているのは，事務所以下の農村地域の支店機関であった[21]．農業銀行も同じ傾向を示している．中国人民銀行F市中心支店研究チーム（2001）の統計によると，農業銀行はF市における郷鎮級の営業所のうち105行を2000～2001年間に撤廃した．農業銀行はF市の全市205個の郷鎮のうち支店機関を設置しているものは49％に過ぎず，その資金を吸い上げて都会に移す発展戦略がはっきり示されている[22]．

　以上からわかるように，不良債権の増加を防ぎ，金融秩序の混乱を是正す

第3章　中小企業金融と中国のリレーションシップ・バンキング形成の失敗

るための金融システム改革の主要な内容は，今まで各支店に与えていた貸付自主権を再び上級行へ集中することであった．それだけではなく，県レベル以下の支店を中心に整理整頓し，支店数を大幅に削減することも行われた．下級行，特に県レベルの支店は貸付の自由度が非常に小さく，長期貸付と技術改革用資金の貸付権限を全て省級レベル支店に移譲しなければならなかった．最下級行は貸付けの審査許可権をほとんど持てず，単純な預金吸収機関に退化した支店も多かった[23]．一方，この時期に中小企業の数は急速に増加し[24]，しかもそれらは県，市級レベル以下の地域を中心に分布しており，したがって，それらへの国有商業銀行からの貸付はほぼ不可能となっていた．

リスク管理においては，新規融資の「ゼロリスク目標」を実行した．銀行員に対する貸付のモラル審査が厳しくなり，貸付業務を担当する営業マンを対象に「貸付の終身責任制度」を導入し，各営業マンが担当する業務の返済結果は個人の業績評価に反映され，場合によっては刑事責任を負ってもらう，という非常に厳しいものになった．それによって，銀行は情報の透明度の低い私営・個体企業への貸付にはますます消極的になっていた．1999年末〜2001年末の間に，銀行の中小企業（国有＋私営）への貸付が貸付総額に占める割合は51％から50％へと下がった．湖南省銀行登記諮問システムの統計によると，省の中小企業への貸付の省全体の貸付に占める割合は60％から47％まで下がった．また54.5％の中小企業は銀行からの借入難度がその前の2年間よりもっと高くなっていると認識していた[25]．

さらに，WTO加盟後，金融セクターに適用する国内のルールを国際的な基準に沿わせ，国際競争力を持つ中国の地場金融機関を育成することに重点をおいた改革が進められた[26]．国有4大商業銀行に関しては不良債権処理，自己資本比率向上，株式会社化が，小規模金融機関に関しても整理・統合が，進められている．特に国有4大商業銀行の改革において，不良債権処理や自己資本比率を守ることは銀行にとって最重要課題となった．それに対して，国有商業銀行は「重点業種，重点項目，重点取引先，重点地区」の"四重"戦略を打ちだして，比較的収益の良い国有大企業や国有企業集団を対象に集中

融資政策を採った．「このような改革戦略は政府仲介の国有商業銀行と大企業との間のこのような盛衰を共にする堅固な関係をより一層強化した[27]」．前述のように，2007年GDPに占める公的セクター，郷鎮企業（集団企業）および私営企業・外資企業のシェアはそれぞれ40％，36％と24％であるが，それに対して，銀行貸付に占めるシェアはそれぞれ91％，5.7％と3.8％である．私営企業の急速な成長に，公的金融が対応しえていないことがわかる．

このように，「金融体制の改革は中小企業に対する融資差別を除去していないだけではなく，かえって政策上の差別を強めた[28]」．前述の表3－2で示したように，2002年以降，銀行の不良債権率が26.12％から2010年末に1.3％まで減少したのは，政府の公的資金による援助以外に[29]，銀行経営レベルではまさに中小企業への貸付の抑制によって生じたものにほかならなかったのであった．実際，90年代末から金利収益でコストとリスクをカバーできない金融機関の赤字経営を是正し，中小企業向けの融資を促進するために，人民銀行の主導のもとで，（貸付金利の引き下げ以上の）預金金利の引き下げと貸付金利の自由化を進めたが[30]，金融機関は政府の政策動向や，中小企業の不安定性，貸倒れのリスク評価の難しさが原因で，中小企業向けの資金供給に積極的にならなかった．

2．組織構造とリレーションシップ・バンキング

授権経営は中小企業の資金調達難の問題を深刻化しただけではなく，公的金融セクター（銀行）におけるリレーションシップ・バンキングの形成を妨げている．中国では，銀行が採っている主要な融資方式は財務諸表準拠貸付（Financial Statement Lending）と抵当・担保型融資（Asset-based Lending）である．クレジット・スコアリングがごくわずかな領域で参考として考慮される場合もあるが，この種類の貸付は複雑な統計技術と顧客に関する情報の統計システムに対する要求が高いので，応用範囲が非常に限られている．政策研究分野では，1995年頃からリレーションシップ・レンディングの有効性が次第に認識されるようになった[31]．これらの研究成果によれば[32]，4大国有商

第3章　中小企業金融と中国のリレーションシップ・バンキング形成の失敗

業銀行がリレーションシップ・バンキングの形成ができない要因としては，まず銀行の組織構造にその理由が求められている．この観点は基本的に外国の諸研究のあとを追い，外国の諸研究の見解を支持しているものである，といえる．

　つまり，一般的に貸し手としての銀行側から見れば，銀行は借り手に対する情報の収集と処理に優位性を持っているだけではなく，異なった銀行組織構造は異なった種類の取引先の情報に対する収集と処理の能力に大きな差異を生じさせるといえる．'ハード情報'に関わる貸付業務を行う時に，大銀行は優位性を持つと思われる[33]．なぜならば，大銀行は規模が大きく，大口に対する貸付能力を持っており，プロフェッショナルな人材と設備や技術なども整えており，さらに，その膨大な組織構造は標準化されている大企業の信用情報を効率的に収集，処理することができるからである．また公開化されている大企業の財務情報は複雑な組織構造を有する大銀行の内部で正確に貸付決定権を有する者の手に伝達されることもできる．しかし，逆に，中小企業向けの業務においては，大銀行の複雑な組織構造は組織の非経済性を生じさせる．つまり，中小企業向けの'ソフト情報'は定量化と標準化のできない情報であるため，大銀行の複雑な組織の内部で正確に伝達・処理することが困難であるだけではなく，組織の底辺にいる営業マンの'ソフト情報'に対する収集意欲を把握することも難しく，情報収集を奨励する制度に欠けることも多い．仮に貸付決定権を底辺にいる営業マンに与えるならば，膨大で複雑な組織構造内部でかかるエージェンシーコストが大きく増えることとなる．他方，このような大銀行に対して，管理者層の少ない，規模の小さい銀行は，'ソフト情報'の生産，伝達及び処理に優位性を持つ．小銀行は，ほとんど地元に密着しており，地域における情報に関しての優位性がある．しかも，融資担当者は同時に営業マンであることも多く，内部のエージェンシーコスト問題は目立たない．すなわち，貸付決定権を持っている営業マンは中小企業との間に長期のリレーションシップを維持することにより，信用評価に必要とする'ソフト情報'を蓄積する．それに基づいて情報の収集者は直接に貸付の

決定を下すことができる．

　中国では，前述のように，1995年以降，5等級の授権経営を実施している商業銀行の組織構造において，きわめて長い縦方向のチェーン式の管理状況と複雑な横方向の利益競争関係とを呈している．縦方向には，総行（北京），一級支店（省），二級支店（市），支店（県），営業所，貯蓄所などの多級の経営管理機構がある．横方向には，各級の支店機関の内部に同じ縦方向の順に部，処，科，股などの部門がある．それだけではなく，縦方向と横方向の両方の管理において，混乱が生じている．縦方向では，銀行の管理効率も依然として低いままである．中小企業は数が多く，県，市級レベル以下の地域を中心に分布しているため，一般的に市以下のレベルで中小企業向けの貸付け業務を取扱する際に上級行へ申請報告，さらに担保，抵当，登記，価値評価，保険公証などの手続きを含むと少なくとも3ヶ月ぐらいの時間がかかる．2006年，河南省の統計では，中小企業における公的な金融機関での借入手続きの所要時間は6ヶ月以上の場合の割合が71.5％となっている[34]．横方向では，同業間のたくさんの市場規則が統一できず，各商業銀行の各部門における会計制度や，会計政策及び統計制度はそれぞれ相違がある．人民銀行の各部門はそれぞれ金融機関に対して検査を行い，多数の部門は金融機関の下級支店に同じ項目の資料を請求し，同時に基準の異なる様々な改善の意見を提出する．これらの意見は重複することもあれば，欠落していることもある[35]．このような複雑な組織構造における非効率的なモニタリングの管理体制のもとで，銀行は大企業向けの'ハード情報'に対する処理と監督機能を果たすのに精一杯である一方，定量化のできない'ソフト情報'に対する処理と監督機能を果たすことが不可能である．それだけではなく，国有銀行はその膨大で複雑な内部システムの改善，不良債権の処理および収益性の確保に迫られているため，中小企業向けの貸付業務を改善したくても，その高いコストを支払う余力がない．

第3章　中小企業金融と中国のリレーションシップ・バンキング形成の失敗

第3節　信用社とリレーションシップ・バンキング形成の失敗

　授権経営は国有銀行支店の都会への集中と中小企業への貸付抑制をもたらし，特に，県レベル以下の農村地域への資金投入額は年年に減少し，それらの支店は農村地域への金融支援の主導的地位を失っている．中央政府は県レベル以下に中心的に分布している中小企業の融資業務を信用社に任せ，信用社をリレーションシップ・バンキングとして建設しようという動きを見せたことがあったが，いずれも失敗している．本節では，官僚主義という視点から信用社におけるリレーションシップ・バンキングの形成ができない原因を検討する．

1．信用社の融資審査の困難とリレーションシップ・バンキング形成の失敗

　国有銀行の支店網が大中都市に集約化する中，1997年の中央金融工作会議により金融当局は「各国有商業銀行は県レベル以下の支店組織を収縮，撤廃し，中小金融機関が地域経済の発展を支えるモデルを発展させる」という基本方策を確定した．以降，県レベル以下の地域では，中小企業向けの融資業務の主要な担い手は国有大銀行の支店組織から信用社に移りつつある．同年，人民銀行は県レベル以下に分布し，中小・零細企業を中心に業務を行う信用社に対して，『農村信用合作社における農村を支援するサービスの強化と改良に対する十条の意見[36]』の中で，信用社は銀行と分離して，貸付の管理方式を改良し，地元の小口貸付の条件と基準を緩和し，信用記録のよい借り手には信用貸付も可能になるよう要求した．また信用社の参加者への貸付は50％以下になってはならないなどの規定も定めた．このこと，つまり，人民銀行が信用社の地元にいるその参加者に50％以上の貸付を規定し，しかも，地元の信用記録のよい借り手に貸付条件の緩和を要求することは，リレーションシップ・バンキングの推進とまではならないが，実質的に人民銀行が中小企業金融における情報問題に関心をもち，地域に根をおいた信用社の地元における情報の優位性を認め，それをリレーションシップ・バンキングとして形

成することをめざそうとする発端と言えよう．国有大銀行は中小企業に信用割当を実施している一方，信用社はその貸付条件が緩和される背景の下で，中小・零細企業向けの融資業務を拡大せざるを得なかった．

しかし，実際には，現場の仕事においては，前述の表〈3－3－1〉で確認されるように，農村信用社における不良債権率は相変わらず82.6％の水準にあり，しかも，不良債権の40.4％は1997年以降に発生したものである．地元に密着している信用社はその情報の優位性が発揮できず，依然として情報問題に起因する融資審査の困難に悩まされている．

表3－5は1997年以降の農村信用社における不良債権増加の内部形成原因を示したものである．ここに示した通り，1997年～2000年の4年間の間にS市の農村信用社の不良債権増加の内部形成原因は主に7つの項目によって構成されている．そのうち，「正常貸付」以外の項目は全部非正常な手法での貸付である．すなわち，農村信用社の不良債権増加要因のうち，非正常の貸付は91.6％の割合（金額ベース）を占めている．非正常の貸付のうちには，「権限外貸付」，「審査制度の不履行」，「保証無効」，「抵当物無効」，「利息返済貸付」及び「その他」の項目が含まれているが，基本的には全部何らかの理由での融資審査のミスに属すると考えられる．そして，「審査制度の不履行」は件数ベースで25％を占める一方，金額ベースではわずか8％のシェアである．それは小口であればあるほど情報の非対称性が深刻になり，融資審査の材料が少ないことを表している．「保証無効」と「抵当物無効」は件数ベースでのシェアは少ないが，金額ベースでは比較的高い割合を占めている．つまり，この項目に属するのは一件あたりの金額が多い案件である．それはそもそも比較的大口の案件の場合は，比較的安全な経営者の個人資産で十分な額を借り入れることができず，それ以外の抵当物と保証人を作って借りることが多いからと考えられる．いずれにしても，上述の分析から農村信用社における不良債権の増加は主に非正常な手法の下での融資審査の困難によるものであることがわかる．

そのため，信用社は国有銀行の支店機関と同じように抵当物の欠如とリス

第3章　中小企業金融と中国のリレーションシップ・バンキング形成の失敗

表3－5　農村信用社における不良債権増加の内部形成原因

単位：件，万元

年 項　目	1997 件数　金額	1998 件数　金額	1999 件数　金額	2000 件数　金額	合　計* 件数　金額	比率（％） 件数　金額
正常貸付	174　17.4	472　319	768　468	324　343	1738　1147	16.8　8.4
権限外貸付	7　37.9	49　164	55　255	65　486	176　942.9	1.7　6.9
審査制度の不履行	338　86	640　218	1018　386	582　393	2578　1083	25.0　8.0
保証無効	14　233	24　487	38　244	40　791	116　1755	1.1　12.9
抵当物無効	55　241	110　172	92　854	76　1275	333　2542	3.2　18.7
利息返済貸付	305　36	394　679	567　663	431　510	1697　1888	16.4　13.9
その他	286　257	972　710	1835　926	592　2339	3685　4232	35.7　31.7
合　計	1179　908.3	2661　2749	4373　3796	2110　6137	10323　13590	100.0　100.0

資料：中国人民銀行S市中心支店（2002）．p.114により整理．

クの高さなどを理由にして，いくつか比較的収益の良い法人社員に限定して融資活動を拡大することを通して，50％以上の基準を達成した．しかし，その後，大量の不良債権が信用社の貸付規模を縮小させ，中小企業の信用社からの資金調達はよりいっそう難しくなった．[37]

以上からわかるように，1997年以降，金融当局は国有大銀行の支店組織を大・中都市に集中し，県レベル以下の中小・零細企業向けの貸付を地域に密着している信用社に任せようとする措置を採っていた．人民銀行は，信用社の地元における情報の優位性を引き出すことをめざす方案を提出したが，信用社はその優位性が発揮できず，いずれも先進国のような地域密着型のリレーションシップ・バンキングの形成に失敗している．

2．信用社と官僚主義

前節では，銀行の組織構造のリレーションシップ・バンキングの形成に対する影響を述べた．しかし，信用社の場合は違う．なぜならば，信用社は県レベル以下の地域に密着し，地理的に個体・零細企業を中心に業務を展開す

ることができ，組織構造の面では，'ソフト情報'を取り扱う優位性を有することを期待されていたからである．特に，1997年以降，「中小金融機関が県レベル以下の地域経済の発展を支えるモデルを発展させる」という中央政府の基本方策の下で，県レベル以下の地域に密着している信用社は，地理的，組織規模的に中小企業向けのリレーションシップ・バンキングとしての優位性を中央政府によって認められている．しかし，前述のように，銀行から分離して，独立した信用社は分権化の時代と同じように大量な不良債権を生んでいる[38]．従って，リレーションシップ・バンキングの形成が失敗した原因は単なる金融機関の組織設置の仕方が情報の伝達についての合理性を損なっているのではないか，ということだけではなく，もっと根本的に金融機関と借り手の中小企業との間に質の高いリレーションシップを築く経営環境があるのか否かということ，またそれを規定するものとして，権力設置の非合理性から生まれる膨張し過ぎた官僚主義が存在しているのではないか，ということにも求めなければならない．

官僚主義は，「行政のプロセスの'受信端'にいる人達の方で遠隔感とたよりなさを感じるといつでも生まれるものであり，そういった感じの中には，単にそのプロセスがどう構成されているかを理解していなかった所に起因するものがある」[39]．そして，官僚主義に対する思考は，「'権限をもつ人達'——全能の'かれら'——が，常に苦しみつつある'われわれ'の困難や苦境をはっきりととらえているかどうか」[40]を疑うことから始まる．官僚主義という用語は様々な分野で使われているが，以下本章では，信用社を取り上げ，中国の中小企業金融，特に官僚主義がリレーションシップ・バンキングの形成に与える影響という特定の分野に限定して，それを論じる．なぜ，官僚主義に求めるのか．それは，信用社の金融業務は中央政府，地方政府，及び地方金融監督機関という3つの官僚機関とのリレーションシップの絡み合いの中で，営まれており，その業務内容がこれらの関係の仕組みによって，決定的に影響されるからである．さらに，上記の3つの官僚機関のうち，直接に信用社と密接な関係を持ち，その経営業務を主導するものは地方政府である．

第3章　中小企業金融と中国のリレーションシップ・バンキング形成の失敗

中央政府は金融システム全体の構造，政策を主導する．地方金融監督機関，例えば地方の人民銀行は本来リスク管理・審査を主導するが，人民銀行自身も地方政府によって干渉されることが多く，地方政府主導のもとでの信用社のリスク審査に関しては曖昧な態度をとることが多い．従って，信用社と官僚機関との間の関係は主に信用社と地方政府との間の支配関係によって代表される．この支配関係とこの関係が信用社のリレーションシップ・バンキング形成に与える影響は主に以下の2点から現れる．

　第1は，信用社における経営目標と経営手法の分離である．本来，信用社は地方の信用合作社であり，地元の参加者が共同に出資して，参加者を中心に信用サービスを供給する金融機関である．しかし，実際，信用社は行政上では，国家銀行の末端組織として扱われ，実質的に「国有化」されている．そのため，信用社の制度的機能（例えば，合作性，組織内部のメンバーの成長と利益を促すなど）が歪曲され，国有銀行の支店組織と類似的な問題を生じている[41]．信用社の経営者は内部の理事会によって管理されるが，通常，経営者と理事長は同じ人によって兼任されることが多い．現行の規定によれば，信用社の理事長はまず，社員代表大会によって認められる理事メンバーにならなければならない．その後，県聯社によって推薦される者を地域の人民銀行に申告し，人民銀行はその職に就く資格について審査する．合格した者は最後に，また理事会に戻って，それによって選出されなければならない．しかし，このような「民主的な選挙」では上級機関が推薦した者が選ばれない可能性がある．実際，このような厄介な事態を防ぐため，関係機関は事前に社員代表と理事会メンバーに結果を知らせ，指示通りに投票させるのが一般的である．また，経営者に対する監督機能を発揮する監督会の監事長はほとんど地元政府の幹部によって兼任される[42]．このような監事長は信用社の地元への貸付総額だけに興味をもっており，信用社の資産の質，経営管理および財務問題に関心を持たない．そのため，地方政府の幹部の業績と緊密にかかわる数字で表す地方経済発展を理由に，地方官僚は信用社の貸付業務に干渉することがしばしば見られる．それより深刻なのは，信用社の参加者の利益を

大きく損なう行政干渉に対して，経営者は従順に従うしかないことである．また，信用社の経営者幹部も政府の行政干渉を利用して，自分の地位向上に有利な融資意図をスムーズに達成することができる．

　人民銀行F市中心支店課題組（2001）によれば，地方政府の信用社経営に対する干渉行為とその被害は主に以下の3種類である．第1は，信用社に対し，地元の有力な郷鎮企業への融資を強制したことである．「郷鎮の幹部たちは，投資案の内容と有益性，および，市場に対する有効な調査が不十分な状況においても，無条件に融資をするように信用社に要求する．その結果として，農村信用社に巨額な不良債権が累積した．例えば，広昌県聯社の報告によれば，2001年時点で当該県の90％の郷鎮企業が倒産し，1000万元余りの資金が回収不能に陥っていた．」[43]．第2は，地方の経済発展を無条件に楽観視し，信用社に対して，地方の経済発展への全面的協力を強制したことである．「南豊県聯社の報告によれば，1994年から1996年までの間に，当該県は農家によるスッポンの養殖業を積極的に推進した．それをきっかけに農村信用社はスッポンの養殖業に1200万元の融資をした．1997年になって，市場の需給環境が急激に変化し，2001年現在でも，600万元の資金が回収不能な状況にある」[44]．第3は，地方政府が年央年末の歳入任務（納入割当額）の不足分を信用社からの融資によって補ったことである．以上の3つの事例のうち，第1と第2の事例は広く見られる現象であるが，第3の事例はきわめて悪質な行為である．このような膨張し過ぎた官僚主義に支配されている経営システムのもとで，信用社は，完全な自主経営権を持っておらず，各種の行政干渉に起因するさまざまな不利益を被っているため，信用社への参加者の利益が損なわれるだけでなく，信用社の本来の経営目標と，その目標を実現するための運行システムとが乖離する結果になっている．

　つまり，信用社の本来の経営目標はその地元における情報の優位性に基づく，地元の零細・個体企業の起業，発展のために金融サービスを提供することであるはずである．そのために，採るべき融資モデルとは，本来は地元の顧客としての中小企業に向けてのリレーションシップ・レンディングである

第3章　中小企業金融と中国のリレーションシップ・バンキング形成の失敗

べきである．ところが実際には，信用社は国有銀行の支店組織と同じように政策に大きく左右され，地元政府やあるいは経営者の自分の地位向上に有利ないくつかの企業に集中して，融資する運営システムとなっている．そのため，結局のところは，中央政府の中小企業金融政策の現実化が困難になる．つまり，中央政府の正しい政策でも，予定通りには地方で実行できない．同時に信用社（中小金融機関全般を含む）の経営も本来の中小企業向けの経営目標から離脱し，リレーションシップ・バンキングの形成に失敗している．上記のような現象は信用社に限られず，国有大銀行の支店組織と地方の中小金融機関も同じ問題を抱えている．

　第2は，借り手としての中小企業と貸し手としての信用社との間での遠隔感の発生である．信用社の経営者の選出方法からわかるように，行政主導の信用社の「国有化」が出現し，それは結局のところ，労働者による組織管理ではなくて，官僚による組織と労働者の管理を意味することになる．こういう状態のもとでは行政任務と昇進しか考えない地方政府の官僚達が，金融と産業発展との関係，また信用社の中小企業にとっての重要性について真剣に考えるとは思われない．同じように地方政府によって推薦される信用社の経営者達は政府に手足を縛られ，官僚行政の一部を形成するだけの存在になり，信用社の業務においては何よりも地方政府の指令や自分自身の地位の上昇に役立つことに優先的に従う．一度それが膨張した形をとると，「役人は官僚であり，官僚とは権力を持って，他人を突き除ける人間だ」[45]という信念となって現れる．現実に，金融機関における官僚主義の大部分は「態度の問題」[46]として現れている．一方では，貸付決定権を有する人が官僚として威張る．他方，行政のプロセスの受信端にいる中小企業の方では，行政プロセスの不透明さとコミュニケーションの不公平さのため，金融機関に遠隔感とたよりなさを感じる．このこと（官僚主義の膨張）は公的セクターにおけるリレーションシップ・バンキングの形成を根本から不可能にする．

　つまり，こういう状態のもとでは，リレーションシップは貸付決定権を有する人が官僚として威張る一方で，その受難者としての中小企業が官僚の機

嫌を取るという形で現れる。[47] 今，例えば，中小企業の融資業務の場合を例にとって考えてみれば，そういう融資業務の場合には，そもそも中小企業の財務情報などの情報が不透明なため，中小企業への貸付を行う際の信用度に対する評価は金融機関と地元企業との間の長期的なリレーションシップに基づく有効な情報収集によるのが普通である．この場合に，発生する交際コストは銀行によって負担されるか，それとも企業によって負担されるかが，正確な情報収集にとって決定的に重要な問題になる．銀行側が負担する場合には，交際コストが発生する分，外部からは通常は入手しにくい借り手の経営能力や事業の成長性，返済能力，返済意欲などの定量化が困難な信用情報が得られることにより，リスクの削減に繋がると思われる．なぜならば，借り手はつきあい費用まで出してくれる地元の親切な銀行マンに対して，親密な信頼関係を築く可能性が高く，従ってこのような貸し手に対しては一般に開示したくない情報についても提供しやすいと考えられるからである．しかし，前述のように，中国の公的金融機関は国有部門であり，業務内容より行政等級を優先に考え，自分の上級機関あるいは同じ国有企業にしか交際コストを払わない．中小企業は，サービス機関ではなく，「管理機関」としての金融機関に，逆に交際コストを支払って，お願いするしかない。[48] 銀行行政と業務のプロセスがよくわからない中小企業にとって，自分より権力のある銀行官僚の機嫌をとるためにいろいろな方法を考える．その関係維持のために体力的に，精神的に非常に疲れることが想像できる．このように，借り手の企業は，金融機関とリレーションシップを構築するどころか，むしろ遠隔感とたよりなさを強く感じさせられる結果になる．企業がリレーションシップの構築と維持に交際コストを払う動機づけは下記の2つである．1つは，資金の獲得可能性（金額の数量を含む），2つ目は，リスクプレミアムコストの削減である．そして，自ら付き合い費用まで出している企業は，金融機関に対しては，如何に自社の良好な経営状況だけをアピールし，それによって，低いリスクプレミアムをつけられる資金を獲得するかしか考えないはずである．結果としては，貸し手側の銀行はリレーションシップの構築と維持に必要とするコス

第3章　中小企業金融と中国のリレーションシップ・バンキング形成の失敗

ト以上のリスク管理コストを払わなければならないこととなる．

　以上からわかるように，行政主導による金融機関の官僚主義の膨張は，金融機関と中小企業との間に，平等かつ公平な形でのリレーションシップの構築を不可能にする．従って，リレーションシップ・バンキングの形成が失敗してしまうことも当然のことであろう．

おわりに

　リレーションシップ・バンキングの構築について最も重要なのは，現場の銀行マンの中小企業に対する対応の仕方である．つまり，地元に密着している銀行マンは積極的に地元の中小企業の発展のために金融サービスを提供しようとする責務意欲を持つことが必要である．貸し手の中小金融機関が借り手の中小企業との間に，質の高い好意的なコミュニケーションを構築する意欲を引き出すために，企業ときりはなされた行政プロセスを中心とする官僚的なやり方ではなく，平等と公平に基づく経営環境を作らなければならない．そのため，中長期的には金融機関経営の官僚文化を根本から見直す必要がある．

　また，すでに分析したように，農村信用社による地域に分布している中小企業への貸出が不良債権の増大をもたらし，農村信用社自体も究極的な経営難に陥った．こうした中，2003年以降，地域に分布している国有商業銀行の地方支店の中小企業金融市場における役割が重視されるようになり，中小企業金融向けの諸施策が実施されるようになった．次の第4章では，このような国有商業銀行の中小企業金融向けの政策対応を検討する．

　注
1　Berger, Udell, 2002, pp.36-38，または張捷（2003），第2章，第3節を参照．
2　貸付金利や抵当物などを指す．
3　Berger and Udell（1995），Berger and Udell（2002），多胡秀人（2007）などを参照．

4 人民銀行済南支店の王（2003），辛樹人・向珂（2004）を参照．
5 張捷（2003），第2章，呉元波（2007）を参照．この観点は基本的に外国の諸研究を支持する形で論じられている．
6 信用合作社のことである．組合組織金融機関で，都市信用合作社と農村信用合作社がある．都市信用合作社は地元密着型の互助的な金融機関で，日本の信用金庫や信用組合に相当する金融機関と言える．全国に700社あまり存在しているが，実際に業務を行っている都市信用合作社は400社あまりともいわれている．総資産額も少なく，中国の金融セクターの中で0.5％のシェアを占めている．農村信用合作社は，農村部で金融サービスを提供している組合組織機関であり，農業向け貸出の60％のシェアを占め，農村金融の中心的な存在となっている．農村信用社は，全国に約3万5000社，職員数約35万人を擁している．
7 1981年共産党第11期6中全会がはじめて「社会主義初級段階」という見方を提出し，その後，87年10月の共産党第13回大会において，この理論を明確な概念として確立し，私営企業や株式配当を合法化した．
8 中国語では「六権下放」という．六権とは「业务经营权」（業務経営権），「信贷资金调配权」（貸付資金の配分権），「利率浮动权」（利子率変動権），「留成利润支配权」（内部留保支配権），「人员调配和任免权」（人事権），「内部机构设置权」（内部部門設置権）である．
9 1995年の商業銀行の場合は，年間10.98％の預金金利に対して，総資産収益率は預金利子率を下回る10.93％だった．1998年の同じ項目の数値はそれぞれ5.57％と5.35％であり，総資産収益率が預金利子率を下回る状況が続いている．それに対して，商業銀行の利益を確保するために，中央政府は預金基準金利を総資産収益率以下に引き下げ，2000年における同項目の数値はそれぞれ，預金利子率の2.25％と総資産収益率の2.42％となり，ようやくのことで総資産収益率は預金利子率より上回る水準になっていた．
10 中国語原語は「超収多留」である．これは今までの銀行の利潤は全額上級機関に収めなければならなかったのに対して，銀行は利潤の一定の比率を銀行の内部に留めることができることを意味する．つまり，より多く稼いだら，より多くを内部留保として銀行の内部に留められることである．
11 中国人民銀行の調査統計によると，2000年末まで，4大国有商業銀行及び交通銀行に口座を持っている所有制再編企業（国によって所有形態あるいは所属を再編された企業）62656社のうち，金融債権管理機関によって「借金逃れ企業」（逃廃債）として認定された企業が51.29％あった．さらに，そのうち，

第 3 章　中小企業金融と中国のリレーションシップ・バンキング形成の失敗

国有企業は22296社あり，「借金逃れ企業」の70％を占めていた．金額ベースでは，国有企業の借金逃れの金額は全体の69％を占めていた（人民銀行1999．また施華強・彭興韵，2003, p.7, 注 2 を参照）．
12　p.724.
13　張文潅（2005），p.166．原資料は『中国私営経済年鑑（1996）』，『1995年中国第二次私営企業抽様調査及数据分析』（李路路）を参照．
14　張文潅（2005），p.166.
15　2000年代以降，国有大銀行はシステム末端の支店の閉鎖，再編を行い，農村地域の銀行支店はほとんど撤廃されるか，あるいは単なる預金取扱機関となって退化した．農村信用社は農村地域における唯一の公的金融機関となっている．
16　不良債権の数値などを見ると，赤字の金額はもっと大きいと推測できる．
17　国有大企業への貸付において発生した不良債権については，公的資金の注入や国有資産管理会社などの受け皿の設立を通じて，処理した．
18　ここでのモラルハザードは政府の監督部門と融資担当者との間に情報の非対称性が存在しているため，融資担当者が政府の利益にかなうような行動をとらないことを指す．
19　1995年 5 月10日第 8 期全国人民代表大会常務委員会第13回会議で採択．2003年12月27日の第10期全人代常務委第 6 回会議の「『中華人民共和国商業銀行法』改正に関する決定」に基づいて修正．
20　1995年以降，国有銀行，国有商業銀行，商業銀行と言えば，同じ内容（銀行セクターのこと）を指す．
21　区級支店の増加については，各地域内部の行政区分の再区分により，事務所以下の支店の一部は区級支店に昇格したことがその大きな原因と考えられる．
22　中国人民銀行 F 市中心支行課題組（2001），p.26
23　王朝弟（2003），p.92を参照．
24　1995年の国有企業の民営化改革の加速と1999年 3 月の憲法改正（私営経済は社会主義初期段階の中国において，国民経済を支える 1 つの重要な柱であると，私有制の地位を認めた）によって，95年以降，私営企業の数が急速に増えた．
25　中国金融年鑑（2002），p.724．また，《財经时报》2002年 7 月12日号で，私営企業を対象に行ったアンケート調査では「一年の流動資金は企業の資金需要を満たさない」と答える企業は81％，「中長期の借入はなし」と答える企業は60.5％であり，または企業の借入期限を長く要求すればするほど，借入がで

きる確率が低くなるということであった．2002年に上海城市合作銀行が2700社の中小企業を対象に実施したサンプリング調査によると，「生産経営において，融資が難しい」と答える企業は68%，「とても難しい」と答える企業は14%，「難しくない」と答えた企業はわずか14％であった．

26 玉置知己・山澤光太郎（2005），pp.16-18.
27 毛晋生（2002），p.132.
28 王朝弟（2003），p.93.
29 2003年末に中央匯金投資有限公司を通じ，「テスト行」としての中国建設銀行と中国銀行の2銀に公的資金である外貨準備から両行合計で450億ドルの資本注入がなされた．これをきっかけとして改革が急速に進められている．2005年10月，建設銀行は国有4大商業銀行としてはじめて株式を海外上場させ（香港証券取引所），2006年に中国銀行と中国工商銀行も香港市場に株式を上場させた．
30 中国の金利自由化の経緯については，玉置知己・山澤光太郎（2005）を参照．
31 張捷（2003）では，アメリカのリレーションシップ・バンキングの融資モデルを具体的に紹介している．
32 張捷（2003），呉元波（2007）による．
33 Philip & James (1998), Berger and Udell (1995), (2002)は銀行の貸し付け方式を分析し，また銀行の規模，業務の多様性および銀行間の合併が中小企業向けのリレーションシップ・レンディングに与える影響を理論的・実証的に分析した．組織の非経済性の仮説によると，第1に，銀行組織の多様化は小口貸付を減少させるではなく，大口，小口の両方とも増加させる，第2に，小さい支店を多く持つ銀行の小口融資は1つあるいは2つの大支店を持つ銀行より少ないとしている．
34 『中国中小企業年鑑2007』，p.330による．ただし，沿岸地域ではその所要時間は1ヶ月～3ヶ月の間に収まっている．
35 張捷（2003），呉元波（2007）及び人民銀行の各支店の資料による．
36 1997年末に発布された．中国語原語『農村信用合作社改进和加強支农服务的十条意見』．
37 その後，経営の悪い信用社を整理整頓し，その一部を一定の規模とリスクへの対応を持つ農村商業銀行と都市商業銀行として改制する動きが行われた．農村信用社は「三農」支持'政策に応じて，貸付業務は農民を対象とする小口業務に移りつつある．都市信用社における2008年の貸付総額は435億元であり，2007年の847億元の約半分弱まで減少した（『中国金融年鑑』2009年版）．

38 2000年代初めから順次に設立された都市商業銀行は独立的な一級法人であり，そもそも中小企業向けの融資が主体であった都市信用社が前身であることや，地元に密着しているため，地元企業の情報を収集しやすく，審査に優位性があることが多いこと，組織が小さいため，融資決済までの時間が短いことなどの強みを持っており，私営中小企業向け融資の担い手となることを期待されているが，農村信用社と同じように不良債権比率が高く，体力的に問題がある銀行も多い．
39 W.H.Morris.Jones（1952，川島芳郎訳），p.9．
40 前掲書，pp.1-2．
41 中国では合法的な預金取扱金融機関は，実質的に全部国有である．
42 信用社における選挙制度については，1997年〜2002年の間の人民銀行の各支店研究グループの資料による．
43 人民銀行F市中心支店課題組（2001），p.27．
44 前掲書，p.27．
45 地方の役人に対する評価は，地方経済のGDP，や納税額などの数値に基づいて行われる．地方役人のキャリア形成のあり方も重要であるが，ここで問い直さなければならないのは，このような役人に対する評価の仕方である．金融業に限定して言うならば，金融に関する知識をどのくらい豊富に持っているかという観点よりも，本当に資金繰りに困っている企業のために仕事をするのか，それとも，自分の業績づくりのために仕事をするのか，というように仕事のインセンティブの所在こそが重要である．本文で「役人は官僚であり，官僚とは権力を持って，他人を突きのける人間だ」という文章を引用したのは，上記のような役人に対する評価の仕方のもとでは，自己の業績づくりと昇進をインセンティブとして仕事をする官僚は，権力を利用して，自己の利益と対立する（あるいは無関係な）他人を突きのけて，自己の目的を達成することを何よりも優先して仕事をするという意味で引用した．上記のようなことはまず，「態度の問題」として現れる．つまり，自己の利益に有利な人間にしか平等，親近感のある態度，あるいは謙遜した態度を出さない．
46 W.H.Morris.Jones（1952，川島芳郎訳）では，官僚主義の「大部分がわれわれの態度——官僚としての，あるいは官僚主義の受難者としてのわれわれの態度——の問題である」(p.7) と指摘する．
47 もちろん，それは中小企業の憤懣と不平を含んでいる．
48 もちろん，歴史的，行政的諸原因による信用社の資金不足もその一因であることは否定できない．

第4章　中小企業金融における
中国の商業銀行の政策対応とその限界

はじめに

　中国の中小企業金融の問題については，前述のように，金融当局は信用社に対する改革や中小企業信用保証制度の構築・整備などの政策措置を採るものの，(1995年の銀行システム改革以来) 2003年以前には，国有商業銀行の中小企業金融市場における役割が重視されていなかった．しかし2003年に『中華人民共和国中小企業促進法』が公布され，その第2章で中小企業に対する資金支援が規定された．その中では，それまで国有大企業向けの銀行として認識されてきた国有商業銀行による中小企業金融市場での役割を明確にし，国有商業銀行の中小企業への資金支援を呼び掛けていた．以降，国有商業銀行の支店組織を中心とする国有商業銀行による中小企業金融の政策対応が展開された．2003年以降の商業銀行の中小企業金融の展開を追っていくと，もっとも代表的な政策対応は工商銀行からスタートした分権型の「三包一掛」貸出責任制度である．本章はこの「三包一掛」貸出責任制度を取り上げ，商業銀行の中小企業向けの政策対応の実情と特徴を分析し，その効果と問題点を考察した後，信用審査にかかわるリレーションシップ・レンディングという視点から「三包一掛」貸出制度が，今まで予定通りの役割を果たせなかった理由を明らかにする．さらに，むすびにおいて，問題を解決するための1つの方策を提起したい．

　本章の節構成は下記の通りである．第1節は，金融機関の中小企業に対する貸出状況を分析し，国有大銀行の中小企業金融市場における役割を明らかにする．第2節は，金融当局が商業銀行に中小企業金融への支援措置を要求しはじめた経緯を考察する．第3節は，分権型の「三包一掛」貸出責任制度を取り上げ，商業銀行の中小企業金融への政策対応とその限界を検討する．

最後に「三包一掛」貸出責任制度の限界を踏まえて，中小企業金融問題の打開に向けた政策提言を行う．

第1節　中小企業金融に向けての金融機関の貸出状況と特徴

　中国では現段階において，中小企業は直接金融市場からの資金調達はほぼ不可能である．そのため，中小企業の外部からの資金調達は銀行借入と民間借入に依存している．この節では，中国の中小企業金融に向けての金融機関の貸出状況を分析することによって，中小企業金融における金融機関の貸出の特徴を考察する．中国の中小企業金融に関しては，『中国金融年鑑』を中心に，銀監会の調査資料，『中国私営企業年鑑』および『中国中小企業年鑑』を使い，公的金融機関の各グループのそれぞれの中小企業金融市場における状況を把握する．

　表4－1は2006年から2010年までの中国の金融機関の企業向けの貸出状況を示したものである．大型企業向け貸出において，2008年まで金融機関の貸出総額に占める割合は上昇傾向にあり，2006年の31.4%から2008年の33.4%となっている．しかし，2010年になると，27.4%まで下がった．中型企業向け貸出においては，僅かながら減少傾向が見られ，2006年の23.1%から2008年の22.9%，そして2010年の20.6%まで下がった．同じく小型企業貸出が2008年末までに金融機関の貸出総額に占める比率は13.1%であり，2006年のシェア（16.3%）より3.2%減少しているが，その後，2010年まで15.2%まで回復した．私営・個体企業貸出が金融機関の貸出総額に占める割合は2006年の1.2%から2009年の1.8%までわずかな上昇が見られる中，2010年に同数値は8.6%まで飛び上がり，小型企業貸出の半分強となった．わかるように，銀行の企業向け貸出のうち，中小企業の割合が一番低い．特に，2009年までは，銀行から資金を調達することができる中小企業のうちのほとんどが，国有中小企業であることを示している．その後，2010年に私営企業向け貸出の割合が増加し，私営企業の資金調達難をある程度緩和する方向へと向かっている

第4章　中小企業金融における中国の商業銀行の政策対応とその限界

表4－1　中国の金融機関の企業向けの貸出状況　　　　　　　　単位：億元

項目／年	2006年	2007年	2008年	2009年	2010年
大型企業貸出	70827 (31.4)	83504 (31.9)	101189 (33.4)	－	131525 (27.4)
中型企業貸出	51979 (23.1)	60198 (23.0)	69468 (22.9)	－	98657 (20.6)
小型企業貸出	36639 (16.3)	41622 (15.9)	39697 (13.1)	－	72732 (15.2)
私営企業貸出	2668 (1.2)	3508 (1.3)	4224 (1.4)	7117 (1.8)	41255 (8.6)
貸出総額	225347 (100.0)	261691 (100.0)	303468 (100.0)	399685 (100.0)	479196 (100.0)

資料：『中国金融年鑑』2009年版p.628，2010年版p.429，2011年版p.311．p.322により作成．
注：（　）内は（各項目／貸出総額）の比率である．私営企業は個体企業も含む．金融機関の範囲について，2009年までは中国にある金融機関全般のデータを取っている．2010年のデータにおいて，金融機関は財務公司，信託公司，リース会社，自動車金融会社および村鎮銀行を含まない．ただし，2010年の貸出総額は金融機関全般の数値である．

ように見えるが，依然として低い水準にある現状は変わっていない．2010年の私営企業向け貸出増の原因については，2008年に中国で影響が拡大した（2007年下半期にアメリカ発の）世界金融危機をきっかけに，資金繰り難に陥っている対外輸出製造業の中堅企業を対象とする救援政策や（第2章補論を参照），中小企業金融向けの各種の措置がある程度は奏功したと言えよう．これについては，次節（中小企業向けの金融政策）で見てみる．

　表4－2は2008年と2009年の各金融機関の小企業向け貸出の貸出総額に占める割合を示したものである．中小金融機関は原則として中小企業を主な貸出対象としている．特に，都市信用社，農村合作金融機関[3]，都市商業銀行の小企業貸出がそれぞれの貸出総額に占める割合は，それぞれ2008年の32.7％，32.6％，23.6％から2009年の49.7％，36.2％，27.3％まで上昇している．政策性銀行[4]，国有商業銀行，株式制商業銀行の小企業向け貸出のシェアも僅かながら増加しているが，主に大企業を業務の対象としている．また，外資系の

表4－2　（各金融機関の小企業貸出/各金融機関の貸出総額）の割合

項　目	2008年	2009年
政策性銀行	17.2	17.6
国有商業銀行	6.6	8.5
株式制商業銀行	10.3	12.3
都市商業銀行	23.6	27.3
農村合作金融機関	32.6	36.2
都市信用社	32.7	49.7
郵政貯蓄銀行	6.1	4.9
外資金融機関	20.1	30.0

資料：『中国金融年鑑』2009年版p.629．および2010年版p.654より作成．

　金融機関における小企業貸出のシェアは2008年の20.1％から2009年の30％まで上昇し，中小企業金融市場へのシェア拡大の経営戦略の動きが覗える．

　しかし，図4－1を見ると，中小企業をサービスの主要対象とする中小金融機関は必ずしも中小企業の貸出市場で高い占有率を占めているわけではない．2008年末に，各金融機関の中小企業向けの貸出残高が中小企業向け貸出総額に占める割合はそれぞれ，国有商業銀行36.8％，株式制商業銀行20.1％，農村合作金融機関16.3％，政策性銀行13.9％，都市商業銀行10％，外資金融機関2.1％，郵政貯蓄銀行0.6％，そして都市信用社0.3％であった．中小企業金融市場での貸出占有率がもっとも高いのは国有商業銀行で，もっとも低いのは都市信用社である．主要金融機関と言われる国有商業銀行，株式制商業銀行および政策性銀行の比率が合わせて70.8％であり，中小企業貸付市場の7割強を占める．つまり，中小金融機関では貸出総額に占める中小企業向け貸出の割合は高いが，資産規模が小さいため中小企業貸付市場での占有率が低いのである．国有商業銀行は大企業の貸付市場においても，中小企業金融市場においても高い占有率を占めている．その理由としては国有銀行の資産規模が大きい点とともに，膨大な組織構造を有する国有商業銀行が各地域に

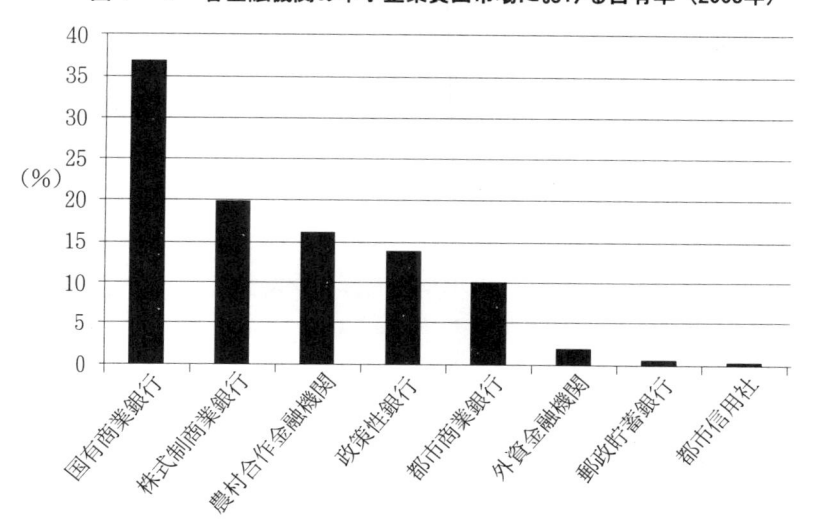

第4章　中小企業金融における中国の商業銀行の政策対応とその限界

図4－1　各金融機関の中小企業貸出市場における占有率（2008年）

[棒グラフ：国有商業銀行 約37%、株式制商業銀行 約20%、農村合作金融機関 約16%、政策性銀行 約14%、都市商業銀行 約10%、外資金融機関 約2%、郵政貯蓄銀行 約0.5%、都市信用社 約0.3%]

資料：『中国金融年鑑』2009年版　人民銀行調査統計司「2008年中小企業融資調査報告」p.629により作成.
注：各金融機関の中小企業貸付市場における占有率＝各金融機関の中小企業向け貸出残高/金融機関全般の中小企業向け貸出総額.

数多くの支店網を有する点もあげられる．『中国金融年鑑2010』によると，2009年末で，全国における国有商業銀行の支店組織は，農業銀行だけで3万行以上がある．それに対して，株式制商業銀行は13行，地域性の都市商業銀行は123行である．また，県レベル以下の地域に設置されている国有商業銀行の支店組織は，中小企業と直接接触できる金融組織であり，企業の金融サービスに対する需要状況や市場価格の変動を確実に把握する潜在能力を持っている．そのため，国有銀行の支店組織は中小企業金融における銀行改革の重要な推進者と執行者であると考えられる．

上記の表4－1，表4－2および図4－1は，中小金融機関の資金シェアが小さい点，さらにこうした状況下で大きな資金シェアを持つ国有商業銀行，株式制商業銀行が対中小企業金融に相応の役割を果たしていない点が問題であることを示している．これも2003年以降，金融当局が国有商業銀行の対中

小企業金融の役割の再認識，中小企業金融への支援を要求しはじめたことの根本原因である．これは同時に，本書が中小企業金融政策における国有商業銀行の支店組織に対する改革の問題を取り上げる重要な理由である．次節では，中小企業金融の支援政策の一環として，政府は商業銀行に対して，どのような政策対応を展開してきたのかを考察する．

第2節　商業銀行に対する中小企業向けの金融政策

　当初，中小企業の資金調達難に関して，政府は下記の2点に原因を求めてきた．1つは，中小銀行が不足していること，もう1つは，中小銀行と中小企業との間の情報の非対称性の問題が深刻なことである．前述のように，上記の中小企業金融の問題を解決するため，2003年までに，金融当局は県レベル以下の地域を中心に分布している信用社に対する改革や中小企業信用保証制度の構築・整備などの政策措置を採っていた．しかし，いずれも金融組織内部の経営問題や地方政府との調和をはかる課題などのために，予想通りの効果を得られなかった．他方この間に，中小企業金融における国有商業銀行の地域支店の役割が重視されるようになり，2003年以降，商業銀行による中小企業金融の展開が進むに至る．

　2003年1月1日，国務院の許可を得て，国家経貿委[5]，国家計委[6]，財政部および国家統計局により『促進法』が施行された．『促進法』は7章で構成され，第2章は中小企業に対する資金支援を規定している．その第14条では，人民銀行が中小企業の融資環境の改善に努めるべきと提起した．引き続き第15条では，「各金融機関が中小企業に金融支援を提供すべき，金融サービスを改良し，中小企業に対する態度を改善し，サービスの質を高めるべき」と規定し，「各商業銀行と信用社は金融支援の領域を拡大し，中小企業の発展に適応できる金融商品と貸出体制を構築するよう」に求めている．これらの規定では，初めて中小企業金融への支援を人民銀行の政策課題の1つとして提起し，さらに中小企業金融において，信用社と並んで商業銀行の役割を明記し

第4章　中小企業金融における中国の商業銀行の政策対応とその限界

たという点で，意義が大きい．具体的には，促進法の制定によって，経済貿易委員会，財政部，人民銀行，建設銀行，工商銀行，中国銀行などの12の機関からなる「全国中小企業発展推進工作指導グループ」の決定による指導方針に基づいて，中小企業を横断的に指導できる体制が整ったことである．以降，民営経済の発達している浙江省温州市を金融改革のテスト地区とし，そこで中小企業金融改革の試みがスタートした．

その後，2005年2月，国務院により「国務院による個体・私営などの非公有制経済の発展を支援することに関する若干の意見」（非公経済36条）[7]が公布された．その第10条では，中小企業金融向け金利緩和政策が有効に活かされるように，政府と各部門は各金融機関の非公有制経済の特徴に見合う金融商品の開発，金融機関の内部に設立されたリテール部門機能の発揮および融資審査制度，奨励制度，ペナルティ制度の改善に努めるよう要求した．その目的は「非公有制経済への貸出の比重を増加させる」ことである．同年には，中国銀監会により「銀行による小企業向け貸出業務の展開に関する指導意見」が公布された．その中では，小企業への貸出業務の増大につながるように，銀行における経営理念の更新，経営体制の改革，新しい金融商品の開発が強調された．以降，全国規模で商業銀行は中小企業向けの貸出制度と貸出手法の構築を経営事項に正式に取り入れた．このプロセスで，各銀行は貸出総額に占める中小企業貸出の割合の上昇という政策指標を達成するように，自行の特徴に見合う措置と商品を採用する動きが見られる．ほとんどの商業銀行はリテール部門を設立した．しかしこれらの措置と部門がすべて機能したわけではなく，書面上の計画項目として留まるものも多い．また，銀行の中小企業金融向けの政策対応は統計上の比率関係では，それなりの効果を果たしたものと捉えられる（表4－1を参考）が，中小企業の定義の曖昧さ，私営・個体企業への融資審査の非効率性もあって，銀行は有力な中型企業への融資比率の上昇を通じて，リスク管理と政策目標の達成に努める実態が多かった．

それまでの商業銀行による小型企業向けの貸出業務の展開と経験に基づいて，銀監会は2007年7月，上記の2005年の「指導意見」を修正した．修正後

の「指導意見」では第2条で，小型企業金融の範疇を「一件あたりの与信金額は500万元以下，しかも借手企業の資産総額は1000万元以下の業務，あるいは一件あたりの与信金額は500万元以下，しかも借手企業の年間売上額は3000万元以下の融資業務」と定めた．第10条では，リスク管理をコントロールできることを前提に，銀行が貸出自主権の授与を合理的に設定し，融資審査システムの効率化を図るべきと提起している．さらに，「各銀行，各地域は自分の銀行，地域支店の経営状況と特徴により，差別化された授権管理を実行し，独自な中小企業向けの貸出措置を制定することが可能」というふうに銀行経営の規制を緩和した．つまり，1995年の『商業銀行法』により導入された授権経営の下での国有商業銀行の支店網の都市への集中によって貸出自主権を喪失した県レベル以下の銀行支店にリスク管理の強化という条件付きで，再び貸出自主権を授与することが可能になった．このことは，中小企業金融の改善という目的を通して，中小企業金融の効率化だけではなく，銀行の経営管理体制の分権化という金融改革に結実したところにも，大きな意義があった．

　実は，2007年のこの規制緩和の背景，根拠は，最初の金融改革のテスト地区としての浙江省温州市で初めて試みられた小型企業向けの「三包一掛」貸出制度の実績にある[8]．以下第3節では，「三包一掛」貸出責任制度を中心に，中小企業向け金融政策への商業銀行の対応とその意義および問題点について検討する．

第3節　「三包一掛」の貸出責任制度―その意義と問題点

　2003年以降，中国商業銀行（国有4大商業銀行（の地域支店）と中小商業銀行）は中小企業金融の非効率性と不良債権の発生の克服を目指してきた．その典型的な試み，つまり制度改革が，差別的に地域支店に貸出自由権を与えることを前提とする「三包一掛」貸出責任制度である．以下，国有大銀行が実施している小企業向けの「三包一掛」貸出責任制度を中心に，中小企業金融向

第 4 章　中小企業金融における中国の商業銀行の政策対応とその限界

け政策への商業銀行の対応を検討する．

1．「三包一掛」貸出責任制度と分権化管理の傾向

　小企業向けの「三包一掛」貸出責任制度は，中国工商銀行台州市支店の「包収包貸」[9]貸出制度によって始まったものである．2003年2月，人民銀行の許可により，中国最初の金融体制改革の実験が温州市で始まった．改革プロジェクトは6つの項目によって構成されるが[10]，そのうち，小企業向けの「三包一掛」貸出制度の構築が第1項目として重点的に実験が進められている．「三包一掛」貸出責任制度は銀行支店（特に，県レベル以下の支店）に貸出自主権を与えることを前提にしている．「三包」とは，銀行の融資担当者が一定金額以下の貸出業務に対して，第1に，信用審査に責任を持ち，貸出条件を決め，貸出を実行する．第2に，信用審査に基づいて，その後のモニタリングを行う．第3に，責任をもって貸出債権の回収を実行する．最後に，「一掛」とは，融資担当者の収入は貸出収益の一部との歩合制となって決められることを意味する．

　第4－2図は[11]，以下で詳しく説明する中小企業金融向けの「三包一掛」貸出制度の仕組みを示したものである．第1に，一定金額以下の小口貸出業務の場合は，借入企業は借入申請を銀行支店に提出した後，銀行は専門の融資担当者を派遣する．「三包一掛」貸出を担当する融資担当者は協議に基づいて，予め銀行に一定のリスク保証金を納めなければならない．現実に銀行員の収入状況によって，銀行は（貸出金額と比べて）きわめて少量の形式的なリスク保証金しかもらえない（あるいはリスク保証金がない）．派遣された融資担当者は借入企業の信用情報を収集し，審査した上，借入企業のニーズに合わせて取引形態を決め，融資を実行する．形式上では取引形態は財務諸表貸出，不動産担保貸出，動産担保貸出，および連帯保証人貸出の形態がある．財務諸表貸出，不動産担保貸出，動産所有権担保貸出は，企業の財務情報や工場・設備および商品在庫などの定量的かつ認証可能な「ハード」情報に基づいて与信判断がなされる従来型の担保中心の金融である．

図4－2　中小企業金融向けの「三包一掛」の貸出制度の仕組み

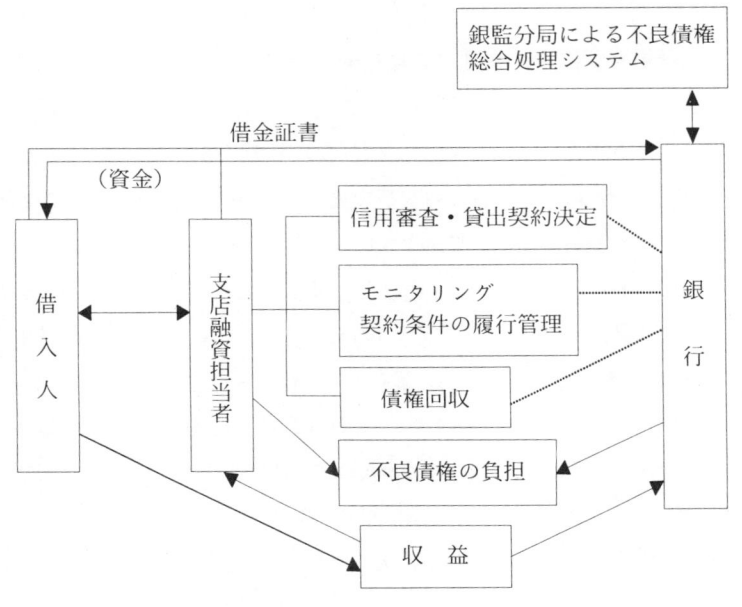

```
                                    ┌──────────────────┐
                                    │ 銀監分局による不良債権 │
                                    │ 総合処理システム      │
                                    └──────────────────┘
                                               ↕
            借金証書
   ┌──────────────────────────────────────────────┐
   │                                              ↓
   │   （資金）        ┌──────────────────┐
   │  ┌─────┐        │ 信用審査・貸出契約決定 │
   │  │     │        └──────────────────┘
 ┌──┴┐ ┌──┴─┐      ┌──────────────────┐    ┌────┐
 │借入│ │支店 │      │ モニタリング       │    │銀 │
 │人 │⇄│融資 │─────│ 契約条件の履行管理 │────│   │
 │   │ │担当者│      └──────────────────┘    │行 │
 └───┘ └─┬──┘      ┌──────────────────┐    └────┘
          │          │ 債権回収           │
          │          └──────────────────┘
          │          ┌──────────────────┐
          └─────────│ 不良債権の負担     │
                     └──────────────────┘
                     ┌──────────────────┐
                     │    収　益          │
                     └──────────────────┘
```

資料：各種資料により筆者が作成した．

　第2に，「三包一掛」貸出の場合には，融資担当者は借入企業の経営者の人柄と個人の信用度も何らかのルートによって調べることを要求され，従来の担保金融だけではなく，リレーションシップ・レンディング[12]も謳われている．連帯保証人貸出は，基本的に銀行に1年以上の預金口座を持ち，かつ銀行と良好なリレーションシップを有する顧客だけに適用される．その上，借入企業の預金状況，経営者の個人信用および担保人の財務状況と個人信用情報を考察し，合格した企業に融資を実行する．つまり，銀行は「三包一掛」の貸出制度を通して，地域支店にリレーションシップ型の貸出を容認しただけではなく，むしろ，推進しようとする姿勢を見せている．しかし，実際に「三包一掛」の貸出が適用される顧客は主に融資額が50万元以下の，かつ担保の全額を良質の不動産で提供できる企業であり，不動産担保以外の上記のような貸出手法は（現段階では）業務内容の書面上の計画規定として書かれ

ていることが多い．これについては，後述する．

　第3に，融資が実行された後，貸出金が返済されるまでに融資担当者は，引き続き借入企業に対してモニタリングをすることによって，貸出金の運用状況を把握する．例えば，借入企業の経営者の婚姻関係が好ましくない状況にあるとき，企業の経営管理が混乱し，生産が止まったとき，経営者と連絡が取れないとき等の場合に，予め貸借契約を中止させ，債権を回収することがある．いずれにしても，融資担当者は自分が担当する「三包一掛」貸出債権を無事に回収する責任を負い，不良債権が発生した場合には相応のペナルティを受ける．

　第4に，融資担当者は自分が担当する「三包一掛」貸出業務が実行された後，貸出基準金利を上回る金利収益の一定比率を融資担当者の奨励金として受け取ることができる．例えば，2003年に，W市の工商銀行の貸出金利は貸出基準金利の35％まで上昇させることを許可されている．当該市が所属している省の一級支店の規定によれば，貸出基準金利の10％以上を超える部分の金利収入の40％は，当該融資担当者の「人力費奨励金」として，融資担当者に与えられる．仮に，「三包一掛」貸出金額をWとし，貸出基準金利をRとし，貸出金利を$R(1+i)$，(i)を基準金利を超える金利部分とする場合に，融資担当者の「人力費奨励金」Cの金額は下記の通りとなる．

$$C = WR(i-0.1)\times 0.4 \ (0.1 \leq i \leq 0.35)$$

　つまり，6％の基準金利の35％を上回る貸出金利で，50万元の融資業務1件を行う場合，（W市の工商銀行の）融資担当者は最大3000元（約3万8000円）の「人力費奨励金」を取得できる．

　第5に，銀行は規定に従い，中国銀監会およびその地方支店に対して定期的に小口融資に関する情報，つまり，与信金額，件数，資産の質などの情報を報告しなければならない．政府は銀行に小口融資の貸し倒れ基金を設置することを要求している．同時に政府も銀行の小口融資金額の増加に正比例して補助金を出す．さらに，小口融資業務で発生した不良債権による銀行の損

失に適度なリスク補償金を給付する．そのほか，各地域の銀監分局に小口融資の不良債権総合処理システムを設立し，銀行が小口融資業務で不良債権を発生させた場合に，銀行と（政府）銀監会が一緒に処理することも多い．

2．「三包一掛」貸出制度の意義

　上述のように，「三包一掛」貸出制度は，銀行支店に貸出自主権を与え，支店の融資担当者に貸出債権の管理，回収まで責任を負わせ，同時に貸出収益と不良債権の発生に対応する奨励金とペナルティ制度のセットによる銀行支店への中小企業向けのリレーションシップ・レンディング拡大と不良債権抑制の提起を最大の特徴とする，国有銀行の中小企業向け貸出業務における新しい試みである．こうした新しい中小企業向けの貸出制度の導入は中小企業金融における以下の2点の改善を目指すものである．

　第1に，銀行経営の分権化管理の実施によって，ある程度中小企業への融資のチャンスが増加した．1995年の『商業銀行法』以降の銀行の授権経営の下で，国有大銀行の二級支店レベル（市レベル）以下の支店の貸出自主権は都市にある一級（省レベル），二級支店に集中した．その後，郷・鎮地域にある国有大銀行の支店の多くは撤退した．そのため，県レベルの支店の融資業務の場合（図4-3），借入人から融資申請を受けた後，まず支店銀行員は支店の融資グループに報告する．その後，担保，抵当，登記，価値評価，保険公証などの手続きを行う．これに平均2～3ヶ月かかる．その後，信用審査の情報を上級行に報告し，上級行の判断結果を待つ．実際，上級行の内部でも横関係と縦関係の部門があり，1つの貸付けを決定する際に7つのプロセスを通して，ようやく融資が実行できる．合わせて，県レベル以下の支店での融資業務の所要時間は平均3ヶ月ぐらいである[13]．こうした貸出制度の下では，県や郷・鎮地域にある大量の中小企業は銀行から資金を調達することがほとんど不可能となり，必要な資金の調達には，金利の高い民間金融を利用するしかない．分権化管理に基づく「三包一掛」貸出制度はこうした県レベル以下の銀行支店に貸出自主権を与えて，貸出決定権を有する融資担当

第4章　中小企業金融における中国の商業銀行の政策対応とその限界

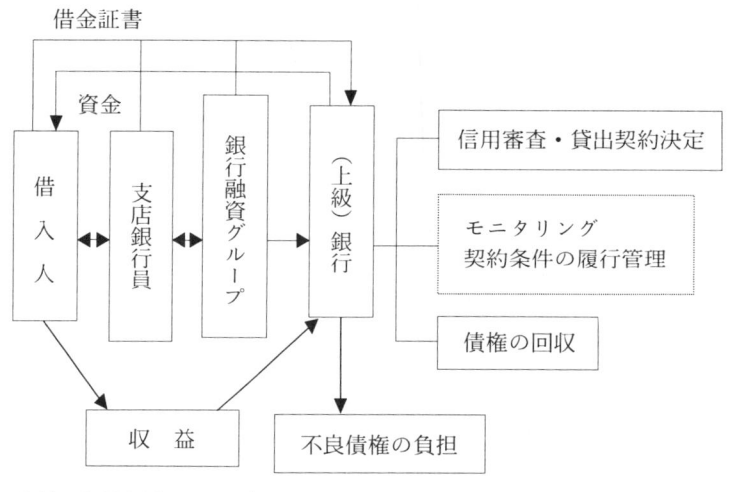

図4－3　従来の中小企業向けの貸出制度の仕組み

資料：各種資料により筆者が作成した．

者が借入人に対して，直接信用審査を行い，融資を実行することで，今までの国有大銀行の複雑な管理組織による複雑な審査・融資手続きを簡略化し，小口貸出の効率性を上昇させ，中小企業の融資チャンスの増大につながる．「三包一掛」貸出の一件あたりの所要時間は1ヶ月から1週間ぐらいといわれている[14]．

　第2に，銀行支店の融資担当者に債権回収の責任を負わせ，収益による奨励金を授与することで，銀行員の業務促進意欲を引き出すと同時に，不良債権を生み出す責任者が不明確という事態を避けることができた．図4－3で分かるように従来の貸出制度では，借入人が借入申請を提出した後，支店銀行員を通じて，支店の融資グループが借入人に対して情報収集と信用審査を行う．その後，借入人の各種の情報を上級行の集団グループに提出し，上級行の融資グループが融資判断を下し，下級支店の融資グループが作業を進める．したがって，当該貸出業務に対する責任も集団グループが負う．「三包一掛」貸出制度の下では，銀行と融資担当者が協議に基づいて，融資担当

に貸出債権の管理，回収まで責任を負わせる．不良債権が発生した場合，金額に応じて融資担当者が納めた「リスク保証金」を没収する．場合によっては，刑事的手段を採ることもありうる．これによって，不良債権の責任者が見つからないという厄介な事態を避けることができ，理論的には不良債権の発生を抑制する効果がある．さらに，業務の展開と融資担当者の収入とをリンクさせることで，小口向け融資担当者の業務展開意欲を上昇させ，「三包一掛」貸出制度が実施された一部の地域で銀行経営の活力を増強させた[15]．

3．「三包一掛」貸出制度の限界―リレーションシップ・レンディングへの課題

　分権型の管理制度である「三包一掛」貸出責任制度は上記のメリットがあるにもかかわらず，国有大銀行すべてで採用されているわけではなく，浙江省の工商銀行を中心にいくつかの地域に限定的に採用されるに止まっている．その理由は（現段階で），まだ解決できていないこの管理制度の限界があるからである．それについて，中国の金融関係者は主に以下の2点を指摘している[16]．

　第1は，奨励金とペナルティ制度をセットにする管理方法の限界である．「三包一掛」貸出制度は融資担当者に人力奨励金を与えることによって，業務を展開する担当者の積極性を引き出そうとする．しかもその判断は全くの量的基準に基づくものである．つまり，「三包一掛」貸出業務を行えば，奨励金をもらえる，行わなければもらえないという単純な量的評価である．利益追求を目的とする経済人としての融資担当者は，十分な審査能力を持たない状況下でも，「三包一掛」貸出業務を行いたがる．このような業務は不良債権に繋がる確率が上昇する．それを防ぐためのペナルティ制度もあるが[17]，実際，不良債権が発生したときに融資担当者が責任をとれないだけではなく，このようなペナルティ制度は逆に小口融資業務の展開を抑制することになる場合も多い．

　第2は，「三包一掛」貸出責任制度は担保によらないリレーションシップ・

第4章　中小企業金融における中国の商業銀行の政策対応とその限界

レンディングを謳うものの，相変わらず厳格な抵当・担保型の貸出手法に基づくケースがほとんどであり，中小企業の担保物件不足という問題を解決するには至らなかった．例えば，「三包一掛」貸出責任制度を最初から提唱している浙江省の工商銀行の場合でも，「三包一掛」貸出制度の主な対象は貸出金額が50万元以下，貸出期限が1年以内の顧客である．しかも，全額担保付で，担保物が合法的で，現金になりやすいものでなければならない．中小企業の抵当・担保不足の問題が解消できていないわりに，小口融資業務のリスクを削減するために，企業資産担保と企業経営者個人の不動産担保の一体化を図る金融商品を開発した銀行支店も出てきている[18]．

　上記の銀行関係者が提起した2つの問題点は，結局，中小企業金融に特有な貸し手側の審査能力不足と借り手側の担保物件不足の問題に帰着する．つまり，相変わらず，貸し手と借り手の情報の非対称性問題は根本から未解決のままである[19]．前述のようにこの非対称性を克服する1つの手法が，リレーションシップ・レンディングである．このリレーションシップ・レンディングは，ある限定された（狭い）地域にある金融機関のその地域における情報収集の優位性に基づくものであり，その地域の金融機関が同地域の中小企業との継続的で良好なリレーションシップを構築することを前提とするものである．そのため，リレーションシップ・レンディングも地域金融の研究と深く関わっている．実際，国有商業銀行は「三包一掛」貸出責任制度を実行している（県レベル以下の）地域支店の融資担当者に，借り手としての地域の中小企業のハード情報だけではなく，経営者の人柄，家庭状況，企業の管理経営状況などのソフト情報の収集も要求している．銀行は「三包一掛」貸出制度を通して，地域支店にリレーションシップ型の貸出を推進しようとする姿勢を見せている．しかし，結局のところ，上に見たように「三包一掛」貸出責任制度においても，融資審査する際，借手の中小企業の抵当・担保物の審査ばかりに力を注入しているのが実情である．つまり，不良債権の発生率が低い「三包一掛」の貸出モデルは，厳格な担保付の小口融資としてしか展開することができていない．このような業務ならば融資担当者にとって，

「奨励金」の獲得と「ペナルティ」の回避の両方を実現することができるからである．それだけではなく，このような業務を通して，限られた範囲ではあるが，ある程度中小企業の融資チャンスを増大し，形の上では政府や上級部門の方針に沿った業績を報告することもできる．このような商業銀行の地域支店が地理的な情報収集の優位性を持っているにも関わらず，「三包一掛」貸出責任制度をリレーションシップ・レンディングまで展開できない理由としては，以下の2点が考えられる．

　第1は，商業銀行の地域支店はその地域に限定して利益を上げないと存続できない，という死活問題に直面していない．国有銀行の地域支店は一所懸命地元の中小企業を顧客として確保しなくても，経営破たんに繋がることがほとんどないのである．むしろ，地域支店の支店長の能力評価や昇進に直接影響する業績を挙げるために，コストの高い小型企業より，地域の国有企業への貸出を好む．現実に，「三包一掛」の貸出責任制度においても，本当に中小企業の資金難を解決するために銀行員の融資審査能力を引き上げ，中小企業向け貸出を拡大しようとする銀行より，中央当局の中小企業金融政策に応じて，自行の貸出総額に占める中小企業向け貸出額の比率—単なる比率—を上昇させたい銀行が多い[20]というのが，現状である．

　第2は，第3章でも詳しく分析したが，中国の場合，信用社と同様，商業銀行と中小企業とのリレーションシップは貸し手の銀行の信用審査のための情報収集の基礎としてのリレーションシップではなく，借手の中小企業側の資金獲得のためのリレーションシップであることが多い．現在，中国の中小企業金融市場は貸し手市場である．つまり，中小企業への資金供給より中小企業の発展に伴う旺盛な資金需要のほうが遥かに多い．このような貸し手市場では，企業が実力のある国有商業銀行と良好なリレーションシップを有することは，企業にとって資金の獲得可能性（金額の数量を含む）を維持するための1つの重要な条件であるだけではなく，企業評価する場合のブランド効果にもなる．従って，企業はそのリレーションシップの構築と維持費用を払う．そして，自ら付き合い費用まで出している企業は，金融機関に対して

第4章　中小企業金融における中国の商業銀行の政策対応とその限界

は，如何に自社の良好な経営状況だけをアピールし，それによって，低いリスクプレミアムをつけられる資金を獲得するかしか考えない[21]．一方，「三包一掛」貸出責任制度を導入し，中小企業への支援政策に答えを出さなければならない政策課題を背負っている銀行側は，中小企業とのこのようなリレーションシップを歓迎する反面，中小企業金融のリスク管理の視点から見れば，このリレーションシップがあっても企業の正確な情報を獲得することが困難なため，厳格な抵当・担保物を要求することとなる[22]．したがって，「三包一掛」貸出責任制度は本格的なリレーションシップ・レンディングに至らず，従来の抵当・担保型貸出に止まることになる．このことは「三包一掛」貸出責任制度の限界であると同時に，国有商業銀行の中小企業金融における経営・管理理念の弊害をも示し，今後，改善しなければならない問題である．

おわりに

　本章では中国の中小企業金融の現状を考察し，中小企業の資金調達難を解決する目的での金融当局による商業銀行への政策要求を整理した．さらに，中国工商銀行などで展開されている「三包一掛」貸出責任制度を中心に，中小企業金融向けの商業銀行の政策対応を検討した．商業銀行の地域支店で実行している「三包一掛」貸出責任制度は奨励金とペナルティ制度をセットにし，銀行支店への中小企業向けのリレーションシップ・レンディング拡大と不良債権の抑制を同時に図ることに最大の特徴がある．また中小企業金融における商業銀行の地域支店の役割を明確にし，地域支店に貸出自主権を与え，中小企業の資金調達のチャンスを増加させた点では，高く評価できる．しかし，それはリレーションシップ・レンディングに繋がらず，いずれも地元における情報収集の優位性を発揮できず，依然として伝統的な担保型融資に依存し，中小企業金融の根本問題―銀行の審査能力不足と企業の担保物不足―といった問題は解決できていない．現段階では，政府としては国有銀行の地域支店の融資担当者に，専門知識だけではなく，定期的に地域支店の中小企

業金融における役割と経営理念，中小企業金融サービスの重要性に関する教育を強化することによって，現場の融資担当者のサービス精神を高めることが当面の急務である．

　その一方で，中国で，中小企業金融市場における情報の優位性に依存したリレーションシップ・レンディングをすでに実現し，運用しているのが民間金融機関である．公的金融と民営中小企業との間の所有制上の差別は長年にわたって蓄積された経営慣行となっている．公的セクターだけでは，民営企業に有効な金融サービスを満たすことが難しい．地域に密着している民間の金融機関は地縁に基づく情報の優位性を有するだけではなく，民間の資金需要に応じて，自発的・自主的な民間の金融組織であるからこそ，その運営手法が民営企業の需要を満たす方向へと努力する．このような民間金融機関は民営企業の発展とともに，リレーションシップ・レンディングを展開するスキルを蓄積しており，地域密着型のリレーションシップ・バンキングとして形成する潜在力が高いと考えられる．また近年，リレーションシップ・レンディングの貸出手法をうまく運用し，担保なしでも，素早く中小企業に融資する外資銀行が，中国の中小企業金融市場で徐々に頭角を現している（前述表4－2を参照）．これは中国の中小企業金融市場にとって新しい貸出主体であって，中国の金融機関にとって新しい競争相手であり，金融当局に貴重な示唆を与えるものである．政府としては，国有商業銀行の中小企業金融市場における役割を重視しながら，民間金融を中小企業金融専門機関として，いかに育て制度化していくかを検討していくべき時期であると考える．次章では，このような民間金融の仕組みと限界を検討する．

第4章　中小企業金融における中国の商業銀行の政策対応とその限界

【補論1　金融セクターの概観と国有4大商業銀行の優位性】

　1978年の改革開放政策の導入を契機に，中国は，「社会主義計画経済」から「社会主義市場経済」への移行を進めている．金融セクターにおいては，改革が進むにつれ，政府に代わって家計が資金供給部門となり，家計から企業への資金の流れが中心となった．したがって，現在の金融セクターは，多様な金融機関によって構成されている[23]．

　まず，銀行セクターでは，国の産業政策や地域発展政策，対外経済政策を金融面からサポートする政策性銀行として，1994年に国家開発銀行，中国輸出入銀行，中国農業発展銀行が設立されている．また，1995年の商業銀行法の施行により，国有4大専業銀行は融資対象の制限を外され，自由に顧客を選ぶことのできる商業銀行へと改組された．その後，国有4大商業銀行の主な貸付先としての国有企業の経営悪化が，国有商業銀行の経営を圧迫し，収益力が落ちたため，1998年には，国有4大商業銀行の資産負債管理が認められるようになり，資産運営の自主権が与えられた．資産負債管理とは，銀行に対する政府の規制の主眼を，預金を主とする負債と貸付を主とする資産の間のバランスがとれているかどうかに置き，個々の預金や貸付の条件については規制の対象としない方針を意味する[24]．国有4大商業銀行の次に，株式制商業銀行，都市商業銀行，農村商業銀行などの商業銀行が存在する．株式制商業銀行と都市商業銀行を合わせて，中小商業銀行という．国有4大商業銀行，政策性銀行などでは，企業内党委員会や政府から委任されたメンバーで構成される監事会が設置され，党や政府の方針と各銀行の経営戦略との整合性などがチェックされるシステムとなっている．現在でも国有4大商業銀行，政策性銀行，株式制銀行，都市商業銀行などの主要な役員人事（董事長，会長，行長・頭取）は，実質的に党・政府，あるいは地方政府によって決められていることが多い．株式制商業銀行（股份制商業銀行）は，企業や地方政府などの出資によって設立・運営された株式会社組織の銀行である．株式制商業銀行は全国主要都市に支店を構える全国銀行であって，2003年時点で13行

を数える．その中で最初に設立されたのが，1986年に上海を本店として再建された交通銀行である[25]．交通銀行は現在最大手の株式制商業銀行で，近年，総資産は国有商業銀行に匹敵する規模まで拡大し，2012年6月末時点で51522.1億元に達した．その後，株式制商業銀行の設立は，1990年まで5行，1995年まで3行，2000年まで1行がなされ，さらに，2004年8月に浙商銀行，2005年に渤海銀行が設立されている．資産規模は国有4大商業銀行に比べると小さいが，後述のように，最近急成長を遂げている銀行群である．前述のように株式制銀行も基本的に中央や地方政府によって管理されるが，その中には民生銀行の総株式に占める民間株の比率が約70％であり，2004年に設立された浙商銀行が株主として参加した15社のうち，13社を民営企業が占めている（出資比率で85％）など，民間資本の割合が高いものもある．都市商業銀行は，政府が1995年に，それまで小規模な形で存在していた協同組織（合作制）の都市信用組合を，一定の規模とリスクへの対応力を持った金融機関としての「都市合作銀行」に転換させたことが起源となっており，1998年に名称を変更して都市商業銀行となった．都市商業銀行は，株式制商業銀行と同様に，地元政府や地元企業の資本参加によって設立，運営されているが，同時に地元の経済発展のための金融サービスを提供することを目的として設立されるため，営業地域に制限があり，株式制商業銀行と違って全国展開は行っていない．2008年末まで，主要都市を基盤として124行がある（2010年末，123行となる）[26]．農村商業銀行は都市商業銀行と地域区分は異なるが，同じような性質を持ち，それまで農村で存在する小規模な形で存在していた協同組織（合作制）の農村信用組合を，一定の規模とリスクへの対応力を持った金融機関としての農村商業銀行に改制したことによって設立された．地域の農民，農業及び農村の経済発展に必要な金融サービスを提供し，都会と農村の経済発展を調和させることを主要な役割としている．2005年末まで，全国12行が設立され，そのうち，2001年に3行，2004年に4行，2005年に5行が設立された．

　このような政策性銀行，商業銀行のほかに，中国の銀行セクターには信用社（都市信用社と農村信用社），郵便貯蓄機関，ノンバンク（非銀行金融機関）

第4章 中小企業金融における中国の商業銀行の政策対応とその限界

表4補-1 国有4大商業銀行の優位性　　　　　　　　　　　　　単位：%

項　目	1999	2000	2001	2006	2007
預金額	63.73	70.70	67.79	69.8	73.4
貸付額	61.32	64.75	62.84	—	—
資産額	88.72	83.99	82.58	55.15	54.48
利潤額	59.58	61.72	55.55	56.7	—

資料：『中国金融年鑑』2000, 2001, 2002, 2007, 2008, の「金融機関業務統計」の欄により計算, 作成.
注：分母は相関項目における『中国金融年鑑』に載せられている銀行全体の数値. 分子は国有4大商業銀行の相関項目の数値. 2001までの数値は羅珺（2003）, p.75からの引用.

がある．信用社は個人事業主（農民）や都市部の集団企業（農村部の企業など）が出資して設立した組合組織の金融機関である．農村商業銀行，農村信用社及び農村信用聯合社などを合わせて，農村合作機構という．日本の郵貯に相当する郵便貯蓄機関（更に，2007年3月に，新しい郵便貯蓄銀行（PSBC）も設立した）は中国の農村部などで個人の貯蓄を吸収する重要な役割を果たしている．ノンバンクは，企業集団財務会社，ファイナンス・リース会社，信託投資会社，自動車金融会社，さらに国有4大商業銀行などから不良債権の移管を受け，その処理を担当する金融資産管理会社（AMC）がある．

表4補-1は預金額，貸付額，資産額，そして利潤額の側面からみる国有4大商業銀行の金融システム全体における優位性を現すものである．ここに見られるように，2001年前まで預金額，貸付額における国有4大商業銀行の集中度はいずれにしても60％以上を占めている．利潤額も半分以上のシェアである．中国の歴史的，制度的要因のため，国有商業銀行は中国の銀行システムの中で，比較的に規模が大きく，預金額，資産額などにおいて市場の集中度も高いといった優位性を占めている．

また，図4補-1は2012年10月時点における銀行の資産規模の業態別比較である．ここに示されたように，中国の銀行セクターで中心的な地位を占めているのは国有4大商業銀行である．2012年10月までに中国の銀行資産総額

図4補−1　銀行の資産規模の業態別比較（2012年10月時点）

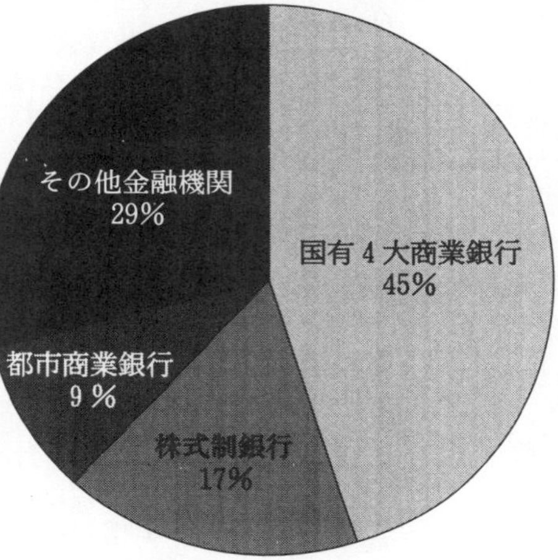

- 国有4大商業銀行 45%
- 株式制銀行 17%
- 都市商業銀行 9%
- その他金融機関 29%

資料：中国銀行業監督管理委員会による．

（外貨資産と人民元資産）は125兆7510億元に達している．そのうち，国有4大商業銀行は全体の半分近くの45%（2008年52.2%）を占めている．その次に順番として，株式性銀行の17%（2008年14%），都市商業銀行の9.1%（2008年6.5%），その他金融機関の29%である．その他金融機関は政策性銀行，農村合作機構，郵便貯金，外資銀行，ノンバンクなどを含む．国有4大商業銀行と中小商業銀行（株式制商業銀行＋都市商業銀行）が合わせて，銀行資産総額の7割強を占めるようになっている．

　証券セクターでは，上海と深圳に開設されている証券取引所で，株式，債券，投資信託などの金融商品が取り引きされている．

　保険セクターも，中国経済の急成長などを背景に大きく発展している分野である．

　以上のような銀行セクター，証券セクター，保険セクターの監督管理は，それぞれ銀行業監督管理委員会（China Banking Regulatory Commission：CBRC，2003年3月設立），証券監督管理委員会（CSRC），保険監督管理委員会（CIRC）が担当している．

第4章　中小企業金融における中国の商業銀行の政策対応とその限界

【補論2　人民銀行による金利自由化の進展】[27]

図4補-2　基準金利と銀行の利ざやの推移（1990～2012年）

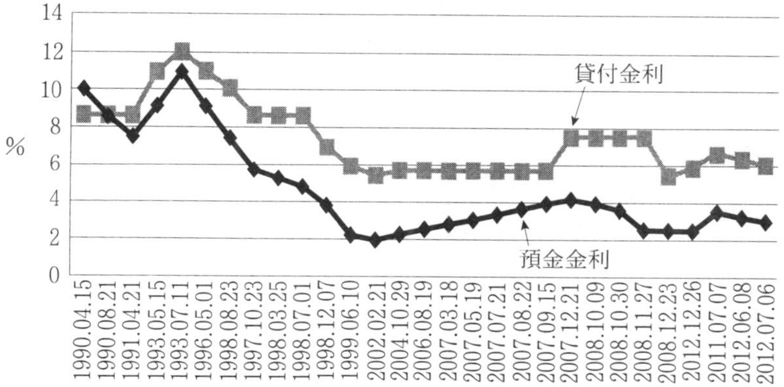

資料：人民銀行ホームページ，金利の「歴史数値」により作成．
注：預金金利は1年の定期金利，貸付金利は半年から1年の貸付金利である．

　図4補-2は1990年～2012年の人民銀行による基準金利及び銀行の利ざやの推移である．実際に，1990年代以前には，社会主義市場経済の建設や，国有企業改革などによる深刻な資金不足のため，預金金利が貸出金利より上回る状況が続いており，銀行の利ざやがマイナスであった．1995年以降には，多額の不良債権を処理する原資を確保するため収益を上げなくてはならない地場銀行の実情に配慮して，人民銀行によって金利自由化が進められて，人民元については厚い利ざやが確保されている．

　中国が金利自由化を進めている要因としては，第1に，金利を市場で決定することにより資金の効率的な配分が可能となること，第2に，人民銀行が直接的な数量規制に代えて，市場を経由した先進国型の金融政策を実施する前提として金利の自由化が必要なこと，第3に，WTO加盟に伴い2006年末以降外国銀行に対して内国民待遇を与えることを義務付けられている中で，国内の金融機関に金利が変動する環境下での資産・負債管理能力を身に付け

147

表4補−2　中国のこれまでの金利自由化の歩み

時　期	金利自由化の実施内容
1996年6月	銀行間コール市場における上限金利の規制撤廃により，市場の資金需給に基づく自主的なコール金利（CHIBOR）を実現．
1997年6月	銀行間債券市場スタート，債券市場での債券レポ取引と現物債取引の金利を自由化．
1998年3月	再割引金利及び割引金利の形成メカニズムを改革し，割引と再割引金利を自由化．
1998年9月	政策性金融債発行金利を自由化．
1998年	金融機関の小企業向け貸出金利変動幅を10％〜20％へ拡大，農村信用合作社の貸出金利最高変動率を40％〜50％に拡大．
1999年9月	国債の銀行間債権市場金利の入札発行を実現．
1999年10月	保険会社の大口定期預金に対し，保険会社と商業銀行の合意金利を適用．
1999年	県レベル以下の金融機関の貸出金利について貸出基準金利に最高30％の上乗せが認められる．
2000年9月	外貨金利の一部自由化を実施，300万ドル以上の大口外貨預金金利は，預金者と金融機関との交渉によって決定できるようになる．
2004年1月	商業銀行と都市信用合作社について貸出金利の上限を基準金利の1.7倍まで拡大．農村信用合作社の貸出金利については，基準金利の2倍まで拡大．
2004年10月	商業銀行と都市信用合作社について貸出金利の上限の規制を撤廃．農村信用合作社の貸出金利については，基準金利の2.3倍まで拡大．

資料：玉置知己・山澤光太郎（2005），p.163，〈図表4−7〉から引用．

させる必要があること，などが挙げられる．

　人民銀行は，金利自由化の進め方に関して，①外貨金利の自由化が人民元金利の自由化に先行する，②貸出金利の自由化が預金金利の自由化に先行する，③長期・大口取引の金利自由化が短期・小口取引の金利自由化に先行する，という基本的な考え方を示している．表4補−2は中国の2004年までの金利自由化の歩みを示したものである．

　このような金利の自由化の進展を背景に，銀行業監督管理委員会も銀行に

対して，企業規模や企業の所有制によって貸出対象の選別をしないよう指導を行っている．国有商業銀行の貸出のうち，半分近くが基準金利を上回る貸出金利で貸出しされていると言われる[28]．

【補論3　金融機関の民営企業への貸出の内訳：S市の事例（2004年）】

　S市の民営経済は改革開放の初期の1980年代からスタートしたが，本格的な発展は90年代の末期からである．統計によると[29]，1998～2004年の間に，S市の民営経済がGDPに占める割合は1998年の42％（400億元）から2004年の57％（1080億元）まで上昇した．そして民営企業の数は表4補-3で示したように，2004年時点で27万社であり，年間売上げ500万元以上の企業は2000社ぐらい，1000万元を超える企業は400社，そして1億元を超える企業は100社，残りの98％強は年間売上げ500万元未満の零細企業である．民営経済の素早い成長は地域経済の活力を引きおこしただけではなく，地域外の民営経済の域内投資をも導入している．貸付資金という重要な金融資源においても，民営経済はその経済貢献度に相応しい比率を獲得したように見える．2001～2004年6月末までに，全市の金融機関の民営企業への貸出残高は665.7（39％）億元から1108（46％）億元まで増加した．つまり，銀行貸出の半分弱は民営企業へ流れていることになる．民営企業の経済成長への貢献率は57％ということを考慮しても，金融は民営経済への支持度がやや不足している程度に見える．しかし，表4補-4で示されている民営企業への貸出の内訳を見ると様子が変わってくる．2004年6月末までに，金融機関が民営企業へ発行した「貸付カード」[30]は1.8万枚である．言い換えれば，商業銀行と取引関係を築くことが可能な民営企業数は1.8万社であり，全体の6.67％を占めている．そのうち，AAA級の企業は432社（1.8万社の2.4％），AA級とA級の企業数合計は2610社（14.5％），BBB級以下の企業数は14958社（83.1％）である．銀行はA以下の企業への貸出を基本的に考慮しないので，実際に「貸付カード」を持っている民営企業のうち，銀行へ貸付申請を提出することが可能な

表4補－3　S市の民営企業の規模別分布（2004年）

年間売上げ	500万元以上	1000万元以上	1億元以上	合　計
数　量	2000社	400社	100	27万社

表4補－4　S市における金融機関の民営企業への貸出内訳（2004年）

貸付カードを持っている民営企業1.8万社（全体の6.67%）			
AAA	AA＋A		BBB以下
432社	2610社		14958社
借り入れ申請が可能な企業数3042社（全体の1.1%）ぐらい，申請のうち許可をもらえるのは40%しかない．		借り入れ不能	
民営企業への貸出残高1108億元（貸出全体の46%）			
そのうちの不良債権518億元（不良債権率47%弱）			

資料：人民銀行S市支店（2005）により筆者作成．

のは3000社（全体の1.1%）ぐらいしかない，更に，実際に許可をもらえる企業数はそのうちの40%ぐらいであることから，最終的に銀行から資金を調達できる企業数は1200社ぐらいに過ぎないのである．そして一件あたりの平均貸付金額は1500万元（2億円）以上にのぼる．つまり，銀行は民営企業向けの貸出について大中型企業にターゲットを絞り込んだのである．年間売上500万元以下の私営企業向けの貸出はほぼ不可能である．

さらに，不良債権比率は50%（518億元）近くに達している．このことは銀行の民営企業への貸出の非効率性を反映している．

【補論4　銀企推介会と銀証協議】[31]

近年，各地で政府介入による中小企業，特に私営企業の資金調達難を解決するための一連の試みが行われている．その核心は「銀行―私営の中小企業」の長期のリレーションシップ型の融資関係を築くことを手助けすることである．しかし，それも大きな限界が見えている．ここでは主に以下の2点の措

第 4 章　中小企業金融における中国の商業銀行の政策対応とその限界

置を紹介する．

　第 1 は，銀企推介会である．銀企推介会とは，文字通り銀行に企業を推薦，紹介する会のことである．つまり，人民銀行が主催で商業銀行やハイテク型の民営企業が集まる会を催し，現場で企業は銀行に自社のプロジェクトを紹介し，銀行から資金を獲得するようにする会のことである．その目的は銀行と企業の契約を成立させること，あるいは銀行とハイテク型の企業の合作を推進することである．政府が情報介入したこのモデルは銀行の情報収集コストを削減し，銀行と企業の間の情報の非対称性の問題を解決することに繋がったが，政府側に仲介コストをもたらした．それだけではなく，このモデルは少数の企業にしか対応できず，参加する企業の数が一定の量に達したときに，新たな情報の問題が発生し，結局のところ銀行は同じような情報の非対称性問題によるハイコスト，ハイリスクに直面しなければならなくなっている．また，このモデルは政府の介入によって，事前の情報の非対称性問題[32]を解決したとしても，契約後の貸付資金の使用状況に対する監督が相変わらず不能である．

　第 2 は，銀証協議である．銀証協議は国家開発銀行の各地の主幹支店が中小企業の金融問題を解決するために試行した一連の措置である．その主要な仕組みと特徴は地方政府の優位性を十分に利用することである．地方政府と『中小企業への貸付合作協議』[33]を結び，現地で中小企業向けの貸付け（リテール部門の設置），信用担保のプラットフォームを建て，さらに中小企業信用促進会を設立する．政府介入の中小企業信用を建てることを通して，銀行と企業の間の事前および事後の情報の非対称性問題や銀行資産の安全問題を解決することを目的とする予定である．しかし，この措置はかかる諸費用が非常に高いだけではなく，関わる関連部門が多いため，実施する際にかかる各部門の組織コストや各部門間の利益関係の調和コストなども相当高く，効果が薄いため，広範にスムーズに実施できるかどうか，今後いっそう観察しなければならない．

注

1 中国工商銀行は，1984年，都市部において工業・商業セクターの国有企業に運転資金を提供することを目的に設立された．
2 インフォーマルな融資ルート（中国語で「民間金融」と呼ぶ）からの資金調達を指す．中央財経大学の研究グループによるアンケート調査結果によると，企業の資金調達ルートのうち，「民間金融」の銀行融資に占める比率は28.1％であるのに対して，中小企業に限定すると35.9％となっている（陳玉雄（2006）による．原資料は李建軍ほか（2005），pp.80-83）．また，中国の民間金融については第5章を参照．
3 農村商業銀行，農村合作銀行と農村信用社を含む．
4 1993年から始まる金融セクター改革の第1ステージのポイントは，国有4大商業銀行を商業銀行業務に特化させることであった．国有4大商業銀行がそれまで商業銀行業務とともに担ってきた政策金融を移管する受け皿として，1994年に3つの政策性銀行が設立された．国家開発銀行，中国輸出入銀行，中国農業発展銀行の3行である．
5 中華人民共和国国家経済貿易委員会のことを指す．2003年，国家経済貿易委員会と対外経済貿易合作部とが合併して，現在の中国商務部となった．商務部は経済と貿易を管轄する，日本の経済産業省にあたる役所である．
6 中華人民共和国国家計画委員会のことを指す．2003年3月，温家宝内閣発足時に，現在の国家発展・改革委員会に改組された．経済と社会の政策の研究，経済のマクロ調整などを行う．経済政策を一手に握る職務的重要性から，小国務院と呼ばれる．
7 その後，2009年，国務院は『国務院による中小企業の発展をより一層促進するための若干の意見』（中小企業29条）を発布した．さらに，2010年5月，国務院は「民間投資の健全な発展を促進するための若干の意見」を打ち出した．これは非公経済新36条である．
8 2009年に国務院は『国務院による中小企業発展をより一層促進するための若干の意見』（中小企業29条）を公布した．これにより，民営企業，特に中小企業の発展を促進する政策を明確にした．
9 融資担当者は融資業務の実行と債権の回収に責任を持って，業務を行うこと．
10 『国際金融報』2002年12月24日．捜狐財経網（SOHU.COM）．改革プロジェクトの6つの項目はそれぞれ，①「三包一掛」の実施，②農村信用社における預金・貸出金利の変動幅を容認する，③民営資本による都市商業銀行の株式所有を許可する，④農村信用社を改造，再建する，⑤中小企業向けの投資

第 4 章　中小企業金融における中国の商業銀行の政策対応とその限界

担保会社を設立する，⑥商業銀行の新しい金融商品を開発し，個人向けの委託融資業務を広げる，である．
11　慎海雄・崔砺金（2003），中国銀監会温州監管分局課題組（2007）を参照．
12　一般に，資金の貸し手としての金融機関は借り手の中小企業の信用リスクに関する情報を当初十分に獲得しにくいことが多い．それに対して，リレーションシップ・レンディングは，金融機関が顧客との間で親密な関係を長く維持することにより，借り手の信用情報がより多く得られ，蓄積される．金融機関はこの情報を基に貸出等の金融サービスの提供を行うことで，リスクとコストの軽減が可能となるものとされる．このため，リレーションシップ・レンディングは中小企業向けのビジネスモデルとされるのが一般的である（多胡（2007），pp.71-72を参照）．
13　2006年，河南省の統計では，中小企業における公的な金融機関での借入手続きの所要時間は 6 ヶ月以上の場合の割合が71.5％となっている（『中国中小企業年鑑2007』，p.330）．
14　W市工商銀行の関係者による（資料『経済参考日報』2003年 4 月）．
15　2009年 1 月の福建省福州市で開催された全国農業銀行における「三農」サービスを促進する工作会議では，甘粛省D市の農業銀行責任者によると，2003年の全行の不良債権率は41％である．そのうち，小口不良債権率は56.8％である．2005年からD市農業銀行は小口向けの「三包一掛」の貸出責任制度を導入した後，銀行経営が前より活気があるようになり，小口向けの不良債権率が減少した（資料：D市人民政府）．
16　朱子雲「中国価値網」2006年12月．慎海雄・崔砺金（2003）を参照．
17　前述の融資担当者に対する「リスク保証金」の納付規定や，債権回収の責務の要求などの措置以外に，さらに，2004年に新規融資の「ゼロリスク目標」を実行し，貸出業務を担当する銀行員を対象に「貸出の終身責任制度」を導入した．各銀行員が担当する業務の返済結果は個人の業績評価に反映され，場合によって刑事責任を負ってもらう，という非常に厳しいものとなった．その後，中小企業向けの貸出業務を抑制しているという現状と批判がある中，銀監会は2006年に，「商業銀行による小口融資業務の職責を果たすための手引き（試行）」を公布した．その中で，伝統的な 1 件あたりの融資業務ごとのペナルティ制度を追究するより，小口融資担当者の融資業務の全体的質と総合的な収益を考察する部門と人員を設置し，融資業務の実際の状況を把握した上で，「職務を果たす人には免責し，職務を果たさない人には問責する」というふうに規定を変えた．

18 農業銀行の一部の支店では，企業資産が担保物となる場合に，かならず経営者個人の不動産と一緒にセットになって（企業資産・経営者個人不動産）担保としなければならない．
19 2009年9月，国務院は「中小企業の発展をより一層促進することに関する若干の意見」を公布した．その第6条では，「…財産による抵当・担保融資制度および抵当物の認定方法を完全なものにする．特に，動産，売掛金，在庫明細書，株式所有権と知的財産権による抵当・担保融資を取り入れ，中小企業の抵当・担保物不足の問題を緩和する」ように要求した．つまり，政府は中小企業の抵当・担保物不足を克服するために，商業銀行に動産担保融資，あるいは株式所有権や知的財産権などの所有権担保融資を導入するように求めている．しかし，これらトランザクション・レンディングは少数のハイテク企業と有力輸出企業以外に，結局のところ，ほとんどの中小企業に適するものではない．
20 2011年5月，筆者によるG銀行の融資担当者に対するネットインタビューによる．また，2011年の「政府工作展望」では，「各金融機関が単なる規模別の融資業務の比率にポイントを置くのではなく，融資業務の合理性を重視すべきである」というふうに強調している．つまり，金融当局はこのような問題を認識していないわけではない．
21 2009年9月～2011年6月にかけての，筆者による中国山東地域における，製造業と卸売業を中心とした，30社余りの私営・零細企業の経営・融資状況に関するインタビューによる．
22 2010年8月，筆者によるZ銀行青島支店の副銀行長と平度支店の融資担当者へのインタビュー，および2011年5月，筆者によるG銀行青島支店の融資担当者へのインタビューによる．
23 中国の金融セクターの変遷・概観については，玉置知己・山澤光太郎（2005），国際協力銀行中堅・中小企業支援室（2006），『中国金融年鑑』を参照することができる．具体的な金融機関については，人民銀行ホームページで検索することができる．
24 『中華人民共和国商業銀行法』は1995年5月10日第8期全国人民代表大会常務委員会第13回会議で採択され，2003年12月27日の第10期全人代常務委第6回会議の「『中華人民共和国商業銀行法』改正に関する決定」に基づいて修正された．その中の第4章「貸付けその他の業務の基本規則」についてはHTTP：http://japanese.beijingreview.com.cn/wxzl/txt/2007-02/07/content_56365.htm を参考とした．国有4大商業銀行以外の商業銀行は，法律施行と同時に貸し

第 4 章　中小企業金融における中国の商業銀行の政策対応とその限界

付け枠管理から解放され，自主的に資産と負債を管理する資産負債管理が認められた．国有 4 大商業銀行は1998年だった．渡辺真理子（2005）参照．
25　交通銀行は1908年に設立されたが，1958年に一旦業務を停止していた．その後1986年に，金融改革の実験行として，国務院の認可を受け，上海で再建された．
26　2006年設立した浙江泰隆商業銀行と一時休業し，整理整頓中の汕頭市商業銀行を含む．
27　この部分は玉置知己・山澤光太郎（2005），pp.162-165，『中国金融年鑑』各年版，人民銀行ホームページにより整理．
28　人民銀行の資料によると，国有 4 大商業銀行の貸出のうち，基準金利をそのまま適用した貸出が全体の48％，基準金利よりも低い金利が適用されている貸出が 8 ％，逆に高い金利が適用されている貸出が43％となっている．株式制銀行は，より柔軟に適用金利を設定しており，基準金利をそのまま適用した貸出が全体の36％，基準金利よりも低い金利が適用されている貸出が18％，逆に高い金利が適用されている貸出が46％となっている．玉置知己・山澤光太郎（2005），p.163コラムによる．
29　中国社会科学院『中国民営経済競争力報告』，2004年；人民銀行 S 市支店（2005）による．
30　中国語の原語「貸款卡」．
31　この部分は青島中小企業管理局，『青島財経日報』の資料提供，または人民銀行瀋陽支店，張（2005），『青島財経日報』（2009年 5 月18日，B 1 -B15版）に負うところが多い．
32　多くの私営企業は銀行と接触する方法やルートがわからない．銀行も同じ問題を抱えている．政府が主催しているこのような会は銀行と企業が面会できるチャンスを提供している．
33　中国語原語『中小企業貸款合作協議』．地域によって，多少の内容の違いがあるが，実施する措置の方針に関しては，ほぼ同じである．

第5章　中国型リレーションシップと中小企業金融—民間金融の展開とその限界—

はじめに

　すでに述べてきたように，中国では，国有・大企業は銀行による間接金融や，株式市場などの直接金融市場から容易に資金調達を行うことができるが，中小企業は直接金融市場から資金調達を行うことが現段階では不可能である．また，中小企業の場合，有効な抵当物が欠如しているため，銀行からの資金調達も非常に困難な状況にある．中小企業は中国経済の成長・発展の重要な担い手となってきたにもかかわらず，銀行から十分な資金を得られないため，インフォーマルな融資ルート（以下，中国語で「民間金融」と呼ぶ）に頼るしかないのが現状である．それは現代中国の金融体制の歴史的形成過程に関わって生じた問題でもあるが，公的金融が中小企業の金融市場において，情報の非対称性問題をうまく解決できないからでもある．こうした中にあって，民間金融は中小企業金融市場における情報の優位性に依存したリレーションシップ・レンディング方式により，公的金融に不可欠な補完的役割を果たしてきた．

　これまで民間金融に関しては，1980～90年代の民間金融市場においてもっとも影響力のある温州地域の合会モデルを中心に，狭い地域における地縁や血縁関係に基づくリレーションシップ，およびそのことによる貸し手と借り手との間の情報問題と抵当品の欠如の問題の克服，取引コストとリスクの軽減という視角から分析が進められてきた．しかし，近年の中国で，民間金融市場で中心的な役割を果たしているのは合会モデルを超える実業会社モデルである．その実業会社の最新形態は「青島福元運通投資管理有限公司」に代表される，いわゆる「福元運通」モデルがそれである．そこでは，複層式・仲介型リレーションシップという新しい内容のリレーションシップの展開が

見られる．同社は経営手法においても，経営規模においても，すでに業界の先導者的役割を果たしている．

本章の課題は，この新しいリレーションシップを展開する「福元運通」モデルを取り上げ，同社の複層式・仲介型リレーションシップ・レンディングの仕組みは何か，その情報生産機能，コンサルティング仲介機能および信用保証機能を明らかにすることである．その上で，本章は中小企業金融において残された政策課題の提起を行う．各種の情報の優位性が拡大された「福元運通」モデルは中小企業金融に新たな展開を可能にする一方，それによって中小企業金融問題が解消されたわけではない．「福元運通」モデルにおいても民間金融であるがゆえに，預金業務を行えず，そのため，優良な私営企業の資金需要に十分対応しきれないというのが現状である．この点に，中国の中小企業金融が抱える問題の本質がある．中国における地域間格差の解消，地域経済の成長のためには，この中小企業金融問題の解決が不可欠となる．

第1節　民間金融の規模と構造

民間金融は「国家の金融に関する法律などの保護以外の，かつ政府の金融監督当局のコントロールを受けない金融活動」(張捷 [2003], p.197) であると定義づけられている．[2] 主に中小・零細企業および社会的弱者グループが，存続と発展の維持に必要な外部金融資源を獲得する重要なルートである．

民間金融の規模については，これまで全面的な統計がなく，また，民間金融自体の性格上の問題でその統計をとることはほとんど不可能に近い．ただし，民営経済が発達している浙江，広東，福建省などの沿岸地域において，民間金融は相当な規模に達していると推測できる．中央金融工委研究室の銭小安 (2003) は福建省（崔砺金ほか [2002]），浙閩粤三省（徐冰 [2002]；鄧聿文 [2002]）および広東，広西（人民銀行広州支店課題研究グループ [2002]）の域内の民間金融の規模に関する研究調査から，2003年における中国の「民間金融」の規模を3兆元と推定している．国有商業銀行をはじめとする全国の金融機

関の人民元貸出総額は2003年末で約16兆元であり，正規金融の概ね18.8％が民間金融の規模である．そして，人民銀行調査統計司の全国統計では，その数値は9500億元であり，それぞれGDPの6.96％，正規金融（外貨貸付も含む）の5.92％を占めているとの見方もある．民営経済が発展している温州地域においては，民間金融の規模が正規金融の40％〜60％の割合を占めている（『中国経営者』2010年2月15日付）．また，中央財経大学の研究グループによるアンケート調査結果によると，企業の資金調達ルートのうち，「民間金融」の銀行融資に占める比率は28.1％であるのに対して，中小企業に限定すると35.9％となっている[3]．中小企業は民間金融への依存度が高い．

　民間金融における資金の使途は生産経営を中心に，不動産市場や証券市場，そして，個人消費貸借へと拡散する傾向を呈している．温州市では，2003年末までは90％以上の民間貸借は生産経営に使われていた．2007年の浙江省では，生産経営に使用された民間貸借資金は貸借総額の79.95％（約27.5億元）まで下がり，その代りに，不動産や証券投資の融資は9.19％まであがり，2％近くの上昇であった．個人消費貸借金額の割合は3.37％であり，2006年よりわずか上昇しているものの，全体に占める割合は相変わらず低い[4]．その他の使途のシェアは7.49％である（図5-1）．経済の過熱に伴う2003年以降の不動産市場と証券市場の高騰はこのような資金使途の多様化に拍車をかけた．ただし，2010年の不動産の価格騰貴に対する金融引き締めにつれ，金融への投資は減少傾向にある．

　さらに，中国経済における民間金融へのニーズは全体的に上昇傾向にある．表5-1で示した中国の固定資産投資の資金源の種類をみると，1980年代以降，「自己調達・その他」の資金源は，固定資産投資の資金源の50％以上の割合を占め続けている．しかも，改革開放後は絶えず上昇する勢いを呈し，80年代の50％台から，90年代の60％台へ，そして，2000年代の70％台へと増大している．2011年には，ついに8割強を突破した．「自己調達・その他」の大部分は民間資金である．それに対して，改革開放後，銀行セクターの改革の下で，公的金融部門の資本形成の能力は増大するどころか，92年以降，

図5－1　2007年における民間貸借の資金用途（％）

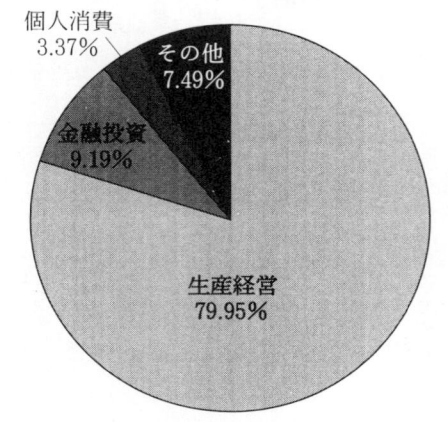

- 個人消費 3.37%
- その他 7.49%
- 金融投資 9.19%
- 生産経営 79.95%

資料：『中国金融年鑑』2008年版，p.643より引用．

表5－1　全社会固定資産投資資金源の種類　　　　　　　　　　単位：億元・％

年	合計	国家予算内 金額	比重	国内貸付 金額	比重	外資利用 金額	比重	自己調達・その他 金額	比重
1981	960	270	28.1	122	12.7	36	3.8	532	55.4
1987	3792	497	13.1	872	23.0	182	4.8	2241	59.1
1992	8081	348	4.3	2214	27.4	469	5.8	5050	62.5
1997	25261	697	2.8	4783	18.9	2684	10.6	17097	67.7
2003	58616	2688	4.6	12044	20.5	2599	4.4	41285	70.4
2005	94591	4154	4.4	16319	17.3	3979	4.2	70139	74.1
2007	150804	5857	3.9	23044	15.3	5133	3.4	116770	77.4
2009	250230	12686	5.1	39303	15.7	4624	1.8	193617	77.4
2011	345984	14843	4.3	46345	13.4	5062	1.5	279734	80.9

資料：『中国統計年鑑』2012年版p.162より整理，作成．

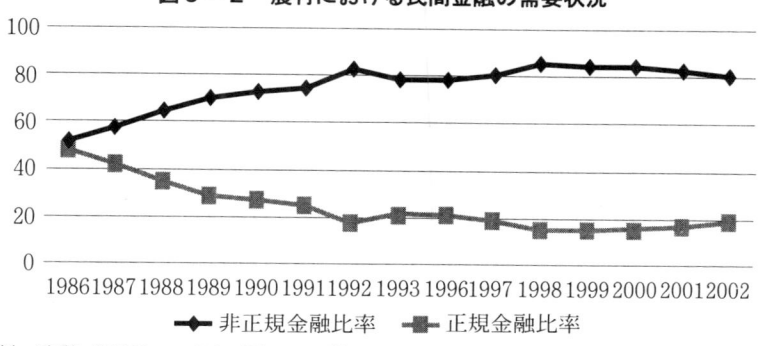

第5章　中国型リレーションシップと中小企業金融

図5-2　農村における民間金融の需要状況

資料：高艶（2007），p.243，図1より引用．ただし，原資料：姚耀軍，陳徳付（2005）．
注：非正規金融比率＝（農家が民間金融のルートから借り入れた金額/農家の借金総額）
　　×100
　　正規金融比率＝（農家が銀行や信用社から借り入れた金額/農家の借金総額）×100

　「国内貸付金」の固定資産投資の資金源に占める割合には縮小傾向が見られる．また農村における民間金融への資金需要は図5-2で示したように，農村金融における非正規金融比率は，1980年代半ばの50％台から90年代の80％台へと上昇し，以降おおむね上昇傾向にある．そして，このニーズに対するサービスを提供しているのは以下のような構造である．

　民間金融の構造に関しては，多様な分け方がある．中国人民銀行広州支店課題研究グループ（2002）は広東省，広西省の8つの地区に対して民間金融の形態と規模を調査した結果として，民間金融の構造について，企業組織化のレベルと専門性の程度によって，組織性のない民間貸借と組織性のある民営金融という2つの形式に分けている．そして，前者は民間金融の初級形式，後者は民間金融の高級形式とする．

A　民間貸借

　民間貸借は民間における直接貸借の一種である．貸借双方が民間の金融機関の仲介なしで行われる金融取引関係である．一般的にこのような金融活動は分散的で，組織性と連続性がなく，規模も比較的小さいなどの特徴を有す

る．また，貸借に参加する主体によって，以下の3種類に分けられる．

　第1は，個人間の貸借である．個人間の貸借は文字どおり個人と個人の間の貸借のことを指す．これは民間貸借の主要形式であり，全国各地に普遍的に存在し，操作が柔軟，便利，額が少なく，カバーする範囲が広く，利子率の差別が大きいなどの特徴がある．一部は親戚や友人同士の間に行われ，主に結婚や葬儀などのための，無利息の互助的な個人貸借である．もう一部は営利目的で行われ，その利子率は銀行の同期貸付金利の3〜4倍の水準に設定される．

　第2は，企業間貸借である．主に互いに信頼している業務上親密な取引先同士の間に行われる民間貸借行為である．1件あたりの金額が多く，返済期限が短く，利子率は比較的低い，などの特徴がある．貸借の時期は一般的に，1年の生産の最盛期あるいは投資の最盛期である．

　第3は，民間集資である．民間集資は，郷鎮企業などが主体となって個人や企業などを対象に行うインフォーマルな資金集めを指す．集資額が大きく，利子率が高い，また返済期限が長いなどの特徴がある．近年非合法的な集資に対する取締りが行われたため，各種の集資活動は控えめになったが，一部の私営，集団企業，国有企業及び行政事業部門の付属企業は依然として内部による集資活動を行っている．

B　民営金融

　民営金融は，民間の金融組織を媒介した貸借活動である．民間貸借と比べてその利点は，取引する際の組織性，専門性および連続性がより保障され，しかも取引の量がより大きく，リスク管理能力もより強いことにある．その具体的な組織形式は，主に合会と実業会社である．今現在，その中心的な役割を果たしているのは実業会社である．

　合会は各種の「転回基金」の通称であり，世界各地で最も古い民間金融組織の一種として，盛んに研究されている（海外ではROSCAと称し，日本の「講」に相当する）．また互助性に基づく組織としてその仕組みは次のようになって

いる．まず，参加者は毎回出す金額と会合の時間を約束する．1回目の積立金額は会首によって受け取られる．次に，参加者の人数に等しい開催回数で定期的に積立を行い，約束した方式で順番を毎回決定し，その順番で各会員に資金を交付する．毎回1人の参加者が，その回の掛け金全部の給付を有償で受ける．中国では，南部の温州地域を中心に広範に分布している．なお，合会の派生形式として標会，擡会，排会などもある．

　実業会社とは，普通の会社経営の名義で民間貸借に関わる金融活動に従事する経済主体である．合会と比べて，実業会社はより商業性の強い組織であり，取引規模もより大きいなどの特徴がある．主に信用公司，中小企業投資金融機関や民間の資産管理サービス機構などがある．そのうち，さらに注目されつつある最新形態の実業会社は青島「福元運通」である．

　「福元運通」は2005年8月2日に香港系の外資会社と「青島立元凱通（国際）投資顧問有限公司」および国内の有名な金融財団との共同出資（資本金1000万元，約1億5000万円）で設立された民営集団型の会員制の金融仲介会社である．家計の資産運用に情報を提供し，中小企業に抵当物付きの民間貸借の仲介業務を行う．2008年2月に国家商務部の特許経営の許可を得，金融サービス業において，はじめてフランチャイズ式の4級加盟チェーンシステムを導入し，それによって従来の民間金融における経営規模と地域的制限を打破した．2008年末までの時点で，本支店，加盟店合わせて，全国主要都市，地方都市，県，郷鎮レベルを含め，260以上の店舗を有している．本部の従業員数は60人で，加盟店など1店舗当たりの平均従業員数は4人であり，全店を合わせて従業員数は1100人以上である．2005年8月〜2008年までのわずか3年ほどの間に「福元運通」は，資産規模と営業規模において中国最大の民間の資産管理機関の1つとなったのである．

　次節では，中小企業の金融市場において，「福元運通」モデルはどのような経済的機能と意義を有し，なぜそれ自身の維持が可能であるかについて，考察することにしたい．

第2節　複層式・仲介型リレーションシップ・レンディングの役割
　　　―「福元運通」モデル―を中心に

　「福元運通」は民間貸借の専門の仲介組織として，独自のリレーションシップを駆使し，公的金融からの融資が困難，あるいは十分な融資を得られない中小企業と，資産運用者としての家計部門を対象に貸借の仲介業務を行っている．本節では，「福元運通」の複層式・仲介型リレーションシップ・レンディングの役割を明らかにすることを試みる．

1．仲介型リレーションシップに基づく貸借仲介サービスの提供

　図5－3は「福元運通」の主要業務のサービス体系を示したものである．まず第1に，業務内容について確認する．「福元運通」は預金取扱業務を行わない．借り手の投資案の収益性および借り手の返済意欲，抵当物の条件などに関する信用情報の収集・分析を行い，同時に異なった金額の運用資金を持っている多数の貸し手を集め，貸借金額と金利条件などについてマッチングする借り手と貸し手を紹介する．貸借契約が完了する時点で貸し手は資金を借り手に渡し，同時に借り手は発行する抵当物付き借金証書を貸し手に渡す．つまり，「福元運通」はこのような直接金融に対する仲介サービスの提供を行うことで展開するビジネスモデルである．貸付の期限については，短くても1週間，長くても2ヶ月～半年であって，半年を超えるケースは少ない．平均金利は12～18％の間である．また，借り手が貸借申請してから資金が手に入るまでの一連の作業の所要時間は平均4日間である[11]．

　第2に，金融サービス業において，はじめてフランチャイズ式の4級加盟チェーンシステムを導入している．4級加盟チェーンシステムは，行政区分に基づく地域加盟店，加盟店（支店），代理処（小型支店），取扱所という4つの加盟形態を特色とするフランチャイズ式の経営モデルである．これは特許所有側がその所有する「経営方式」を中心に，「金融技術」や「企業ブランド」などの使用権を加盟者側に与え，業務モデルの施行，業務管理，ネットワークの共有，加盟後のアフターケア指導，最終的な事業の成功に向けた協力な

第5章　中国型リレーションシップと中小企業金融

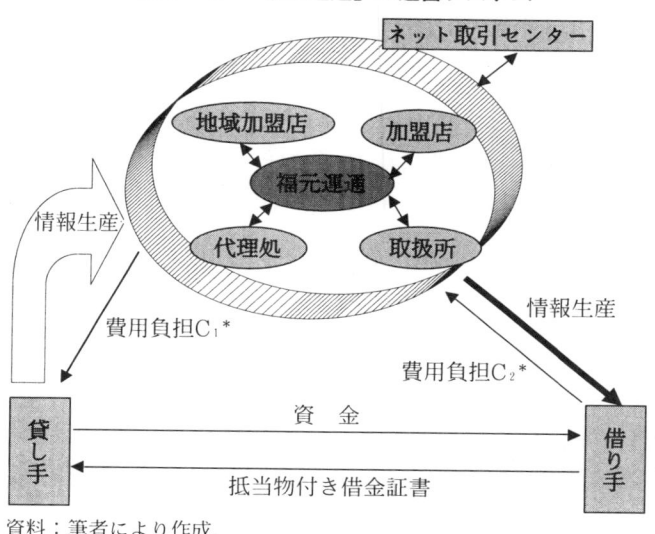

図5-3　「福元運通」の運営システム

資料：筆者により作成.

どを行うことで，チェーン全体の共同発展を図ろうとする経営システムのことである．まず第1級に位置するのは「地域加盟店」（市レベル）である．例えば，済南市をカバーする地域加盟店があるとする．当該加盟店は青島「福元運通」本部との契約に基づいて，当該地域（済南市）内でしか業務を行うことが許可されない．また，同級の他地域の地域加盟店を加盟させる権利はないが，当該地域内で，より下級である第2級の支店，第3級の代理処と第4級の取扱所を一定の条件の下で加盟させることができる．その場合に，加盟費の一部を本部である青島「福元運通」に納めなければならない．各加盟店は専有管理ソフトを利用することによって顧客の需給・信用情報を共有し，地域外との貸借業務を行えるようになる．

第3に，適切な貸し手と借り手のマッチング作業は，同社の管理ネットワークを通じ，ネット上で自動的に行われる．例えば，済南に借り手がおり，借入希望金額は200万元，提供される年間最高利子率は24%であるとする．そして青島にこのような条件に合致する貸し手がいたとすると，同社の管理

ネット上で済南の借り手と青島の貸し手とが自動的にマッチングされる．そのマッチング情報に基づいて，営業マンは借り手と貸し手のマンツーマンの面会商談，信用審査に関する資料提供，不動産担保物に対する現地視察などを仲介し，契約の成立へと導くのである．最終的に貸借契約の成否自体はあくまで貸し手と借り手自身の交渉によって決められる．同社は貸付リスクを直接負うことはないのであるが，借り手に対するモニタリングとデフォルトが発生する場合の処理に協力する責任をもつ．同社によると，2010年5月現在で，借り手によるデフォルト行為はまだないという事実がある．

問題はなぜネットマッチングであるのにこのような良好な業績を出せるかにある．ポイントは同社と顧客との間のリレーションシップである．つまり，貸し手会員と借り手会員として登録される顧客は，同社による長期にわたって親密な信頼関係を維持している個人あるいは中小企業である．この長期のリレーションシップにより借り手顧客に関する情報を蓄積し，この情報を基に借り手の投資案の収益性や返済能力などに関する事前審査を行う．同時に，貸し手とのリレーションシップにより資金源を確保する．

こうした次元を異にする「福元運通」のリレーションシップの特徴は，そのリレーションシップの仲介とリレーションシップ関係の複層的展開にある．

2．複層式・仲介型リレーションシップによる情報生産機能と経営コンサルティング仲介機能の拡大[12]

今までの民間金融は一般的に地縁・血縁関係を有する1つの狭い地域の眷族や中小企業，宗教団体，あるいは同じ価値観を有する郷土社会の信任システム（Trust System）の内部で行われてきた．つまり，最終的貸し手と最終的借り手との間の直接型リレーションシップ[13]に依存する貸借行為であるため，「参加人数，組織規模および地理的範囲をある一定の限られた範囲内に収めなければならない」（張捷［2003］，p.203）という前提条件のもとで展開されてきた．例えば，温州の「銭庄」[14]は業務範囲を2キロメートル以内に限定している．このような範囲制限は借り手に対する情報優位性の確保とリスクの回

第5章　中国型リレーションシップと中小企業金融

避を維持するためである．それに対して「福元運通」は，「貸し手―福元運通―借り手」という仲介型のリレーションシップに基づいて，貸し手から借り手への資金移転を仲介するサービスを提供している．このリレーションシップは以下の2つの内容を含む．

　第1は，情報生産機能である．借り手の中小企業の会社を訪問し，経営者との長期的リレーションシップによって，借り手の人柄，経営能力や投資案の収益性，返済能力などといった定量化が困難な信用情報を随時に入手し，それによって借り手に関する事前審査を行う．

　第2は，経営コンサルティングの仲介機能である．会員クラブを開設し，定期的にビジネスパーティー，旅行，登山などの活動を催す．貸し手に様々な特典を与えることによって資金を確保すると同時に，会員同士のリレーションシップを共に享受することで，貸し手から，あるいは借り手同士によって，借り手にビジネス情報を提供し，企業の経営発展に直面するリレーションシップ障壁を解決し，中小企業に対して経営コンサルティングの仲介機能を果たしている．

　さらにこの仲介型リレーションシップのネットワークは，中国の伝統的な，各種の人情に基づく社会関係づくりの習慣と4級加盟チェーンシステムによる複層的形式によって拡大されている．第1層リレーションシップは主に2つのルートによって築かれている．第1は，広告の宣伝によるものである．地方政府が主催，あるいは支持している新聞や雑誌，メディアを通しての広告の応募に始まり，厳しい資料審査，面接，信用審査によるチェックを経て獲得した顧客とは，同社のノウハウを駆使して，継続的なリレーションシップの維持が図られる．第2は，民間金融が情報問題に有する本来の優位性である．つまり，「福元運通」の経営者や職員及び関係者がよく知っている親戚，地元の知人，友人，あるいは長期にわたって取引関係を維持している中小企業である．これらのメンバーのうち，個人は資金の貸し手として，中小企業は借り手として登録されることが一般的である．第2層リレーションシップは，上記のようなルートで築かれた第1層リレーションシップで獲得された

顧客によって紹介された信頼関係を持っている中小企業あるいは個人の，「福元運通」との間の関係である．しかも「福元運通」の4級加盟チェーンシステムに伴って，こうした顧客の層は連鎖的に拡大していく．例えば，Q市の顧客としての貸し手Bは，Q市にいる親戚や友人などをQ市の「福元運通」に紹介するだけではなく，それぞれJ市とX市にいる親戚Cと親友Dを「福元運通」の現地加盟店に紹介することもできる．また同じようにQ市にある借り手としての中小企業A社がJ市とX市に業務を展開した場合に，A社は「福元運通」の現地加盟店にJ市とX市にいる友人Eや取引先Fも紹介するようになる．同様に，C，D，E，FもA，Bと同じように「福元運通」に顧客を紹介することができる．こうして，リレーションシップが複層式に拡大していく．これは中国社会の特徴を生かしたリレーションシップ網の拡大である．

　表5-2で示されているように，フランチャイズ式の4級加盟チェーンシステムにおける各級の加盟条件はそれぞれ，経営面積，自己資金額，従業員数と加盟費用に関して規定が定められている．また経営資質については，いずれの級の加盟者に対しても「良質なコミュニケーション能力」と「良質な取引先とリレーションシップを築く能力」を最も重要な条件として要求される．つまり，本部を含め，まず，各級の加盟店は自分の第1層リレーションシップを持つ．「福元運通」全システムの第1層リレーションシップは各加盟店のそれの総和である．そして，各加盟店はそれぞれ第1層リレーションシップにもとづき第2層リレーションシップを築くと同時に，お互いに他の加盟店の第2層リレーションシップの構築に助力する．例えば，上記の事例では，Q市の中小企業A社がJ市やX市の取引先Eを「福元運通」の現地加盟店に紹介する場合は，Q市にある「福元運通」を通してしかできない．そしてQ市の「福元運通」は他の加盟店に業務と顧客を紹介できるのは，Eに対して詳細な事前審査を十分に行えたときだけである．結果として，システム全体の第2層リレーションシップは各加盟店の情報共有化プロセスを経て構築される．このように，システム全体の複層式リレーションシップが構築

第5章　中国型リレーションシップと中小企業金融

表5-2　各級加盟店の資格要件

加盟方式	経営面積	自己資金	従業員数	加盟費（5年計）	その他の要件
地域加盟店	100m²以上	100万元以上	20人以上	20万元	豊富な業務オペレーション経験とブランド運営能力及び良質な社会的リレーションシップを有し，比較的高い知名度と社会的信用力を築くことができ，本社の総体管理の下で，加盟業務を積極的に進めることができる．
加盟店	30m²以上	30万元以上	8人以上	8万元	豊富な市場経営経験とブランド運営能力及び良質なコミュニケーション能力を有し，経営の末端に良質な取引先とリレーションシップを築くことができる．
代理処	20m²以上	10万元以上	5人以上	6万元	豊富な市場経営経験とブランド運営能力及び良質なコミュニケーション能力を有し，良質な取引先とリレーションシップを築くことができる．
取扱所	15m²以上	5万元以上	2人以上	4万元	一定の経営能力と市場信用力を有し，比較的良質な取引先を獲得するリレーションシップを持つこと．

資料：福元運通から提供された資料に基づいて作成．

される．

　同社はこのようなリレーションシップにより非常に低いコストで迅速に情報収集能力が拡大されるわけである．しかもこの情報は日頃の蓄積で精度向上とリレーションシップの範囲拡大が繰り返され，銀行が投資しても集積できないものも多く含まれている．中国では，このような複層式・仲介型のリレーションシップの根拠として，主に次の3つの要素が考えられる．第1に，中国の伝統的な，各種の人情に基づく社会関係づくりの習慣が背景となって，信用決定に際しての，当事者の財務状況に劣らず当事者の個人の信用度が重視されているからである．

　第2は，政府の支持である．今まで金融サービス業において，政府の厳しい規制の下で国有大企業や外国の大財団の参入しか許可されなかった．それが2005年以降，金融サービス業への民間金融会社の参入は徐徐に緩和された．

2008年3月，人民銀行，銀監会，証監会と保監会連名で『金融業よりサービス業の発展を加速するための若干の意見』を公布し，サービス業を国家産業支援政策の一環として，新たな利潤成長項目と発展目標を探し，新型の民間金融組織を準金融サービス業としてその発展を進めるようにアナウンスしている．

　第3は，人間本位主義的な経営管理[15]と職員研修プログラムである．各加盟店の経営者と職員に業務の専門性だけではなく，仕事の中で，メンバーの生き甲斐を持つことも重視する．また本社の独自なノウハウで定期的に営業マンに対してコミュニケーションについての研修を行う．営業マンの業績評価についての最も重要な指標は，「顧客の本社への忠誠度を長期に維持することである」[16]．

　それでは，従来型の民間金融組織や銀行と比べて複層式・仲介型リレーションシップに基づく「福元運通」モデルは，どのような経済的意義があるのか，次の3点から検討する．

　第1は，従来の民間金融と比べて，経営規模と地域的制限の制約を改善し，より多くの経済主体の金融サービスへのアクセスを可能にしている．従来型の民間金融組織は1つの狭い地域に限定して，業務を営んでいた．そのため，運用可能な情報も資金も限られている．それに対し，「福元運通」はフランチャイズ式の4級加盟チェーンシステムを導入することによって，地域を越えた情報の生産力ができ，資金の流動化を実現しただけではなく，情報収集の質をも保っている．これにより，金融仲介機能が拡大したと同時に，資金不足の問題もある程度和らげることができた．例えば，済南市にある借り手は借入希望金額が一人の貸し手だけでは十分な額を提供することが不可能な場合は，何人かの信頼関係をもっている貸し手が共同で借り手に資金を提供することが可能となる．さらに自分の営業拠点に適切な貸し手がいない場合に，借り手と離れた地域にいる貸し手からの資金調達も可能となる．このように情報と資金の運用量の増大が，今まで，従来の民間金融からも銀行からも資金調達ができなかった借り手の資金需要を満たす潜在力をもたらしてい

る[17]．このことは，中小企業の融資チャンスの増大とビジネスチャンスの増大に繋がる．複層式リレーションシップ・レンディングが銀行の本当の意味での補完的機能を果たしている．

　第2は，担保範囲の拡大である．商業銀行と中小企業との間の情報問題が深刻なため，商業銀行の中小企業に要求する貸付担保条件が厳しく，普通の中小・零細企業には手が届かない．例えば，青島の銀行においては，貸出担保になる不動産物件は10年以内の新築，しかも面積は50平方メートル以上の物件だけ（金融機関によって，多少の違いがあるが）とか，さらに，借入金額は抵当物価値の40％～60％の間に設定される．それに対して「福元運通」の借り手に対する担保条件については，公的金融市場では担保物になれないものも含まれており，同じ金額の貸付の所要抵当物の金額は銀行より少ないなど，担保の優位性を有する．そして，こうした情報の優位性に基づく信用審査方式が，銀行に対して有効な抵当物を持っていない中小企業の資金調達のアヴェイラビリティを改善すると同時に，貸し手のリスクを効果的に緩和させるという成果にも繋がり，同社の社会的信用力とブランド力を高めてもいる．結果として，取引全体のコストの軽減をももたらしている．

　第3に，会員同士が享受できるリレーションシップの拡大によって，経営コンサルティングの仲介機能も拡大される．例えば，Q市にある電器部品を生産している中小企業A社はQ市の「福元運通」からJ市とX市にこのような電器部品の需要が高まっているという情報を獲得した場合に，Q市の会員クラブを介して，J市とX市の会員クラブに参加する．そこで，現地の「福元運通」の協力のもとで，現地の会員から当該部品に関する詳しい市場の需給情報などを蓄積し，場合によっては「福元運通」を介して現地の会員同士のリレーションシップの助力でJ市とX市に業務を展開して，事業拡大を図ることも可能である．もちろん，会員クラブの有力者（VIP会員）によって認められている投資案のための資金も比較的容易に調達できる．

表5－3 各経済主体の損益計算書（一件あたり）

家計部門		「福元運通」		中小企業	
資金調達コストr	受取利息R	・営業コストC_1（給料，旅費，交通費，交際費などを含む）	・受取手数料S ・受取保証金G	・支払手数料S ・抵当コスト ・公証コスト ・不動産評価コスト ・信用保証コストG ・弁護士コスト ・支払利息R コスト合計C_2	投資収益I
純利益 P＝R－r		P＝S＋G－C_1		P＝I－C_2	

資料：福元運通から提供された資料に基づいて作成．

3．仲介型リレーションシップに基づく信用保証の機能

　以上，複層式・仲介型のリレーションシップに基づく情報生産機能と経営コンサルティング仲介機能による中小企業の融資チャンスの増大とビジネスチャンスの増大について分析してきた．ここで注意すべきことは，「福元運通」が資金不足部門の中小企業と資金余剰部門の家計との資金移転を仲介すると同時に，借り手に対する信用保証の販売を伴うことである．この項では，各経済主体の損益計算書に焦点をあて，「福元運通」の独自な形での信用保証機能を考察する．

　表5－3は，借り手が同社に貸借条件を問うときから，資金が貸し手に返済されるまでの一件あたりの損益計算書を示したものである．この表から読み取れることは以下の通りである．

　第1に，中小企業の資金調達のための費用のうち，支払利息以外は，すべて債権債務関係が成立する前に支払わなければならない費用である．もし貸借契約が実現されなかった場合には，この部分の費用は無駄になる．そのため，後述のように貸借契約の成功に対する信用保証が必要となる．したがって，「福元運通」に支払う費用は支払手数料と信用保証コストとなる．家計部門に支払う費用は支払利息である．つまり，支払手数料で「福元運通」から

第 5 章　中国型リレーションシップと中小企業金融

仲介サービスを買い，信用保証コスト（中国語は担保費である）を負担し，同社から信用保証サービスを購入する．そして支払利息をもって家計部門から資金を借りる．

　第 2 に，「福元運通」は交際費，給料および交通費などを支払って，従業員の顧客とのリレーションシップを構築・維持することにより，顧客に関する情報を蓄積する．こうした活動が将来の中小企業からの受取手数料と受取保証金を生み出す．また，こうした中小企業に貸借の仲介サービスと第 3 者としての信用保証サービスを提供することによって得た収益は，将来のビジネス拡大資金の意味を有する．

　第 3 に，家計の収益は資金貸付の対価としての受取利息[18]である．これはいわゆる民間金融の金利である．家計の支払うコストは，主に資金がほかの運用機会を放棄する場合に発生する機会費用である．

　このように，損益計算書から「福元運通」は中小企業に貸借の仲介サービスだけでなく，同時に信用保証サービスをも提供する民間金融会社であることが見てとれる．まず，同社は自社の資産などではなく，信用力をもって有償の信用保証サービスを提供する．次に，信用保証の対象は同社が仲介した抵当物付きの債権債務関係ではなく，その貸借関係の成立である．つまり，借り手の資金調達ルートからみれば，借り手は自分から貸し手に借入申請を申し込むルートがないため，民間の貸借仲介会社によって借入ルートを紹介され，さらに資金を獲得するまでに諸コストを支払った借り手に対して，債権債務契約を結ぶ保証を提供する．そういう形での信用保証機能である[19]．この機能を発揮することができるのは，まさに「貸し手—福元運通—借り手」という仲介型のリレーションシップを有するからである．すなわち，貸し手とのリレーションシップにより，運用可能な資金源を確実に獲得し，それを担保に，今度は借り手とのリレーションシップを基に，借り手に資金調達保証を販売するわけである．

　以上からわかるように「福元運通」は資金余剰主体にいかなる債務も負わない．基本的には，同社の役割は複層式・仲介型のリレーションシップによ

173

り情報生産機能，経営コンサルティング仲介機能および信用保証機能を基に，中小企業金融市場における情報問題を緩和することを通じて，市場の流動性と効率性を高めることを手助けすることである．

しかし，民間の貸借仲介市場における「福元運通」モデルの役割の増大にも関わらず，預金取扱金融機関ではないので，従来型の民間金融と同じように資金不足という難題を根本から解決しえていない．次節では，高金利に示される難題について考察する．

第3節　実業会社モデルの限界

前述のように現在の民間金融市場で中心的な役割を果たしているのは実業会社である．そして「福元運通」モデルに代表される実業会社は中小企業金融市場で私営企業の資金調達のアヴェイラビリティを高めている．同時に，コンサルティング仲介機能によって，企業のビジネスチャンスの増大を手助けしている．しかしその一方で，現在の民間金融によっては，経済の高度成長に伴う私営企業の旺盛な資金需要に十分な資金を供給することができていない．本節では，こうした実業会社モデルの限界としての資金不足問題を明らかにする．

図5－4は二元化市場[20]モデルに基づいて描いた民間金融市場の需給曲線である．ここに見られるように，貸付市場は（人為的に）分断され，「公的金融—国有・大企業」と「民間金融—中小・零細企業」という分断された構造となっている．このような分断構造は，銀行の信用割当（Credit Rationing）行為に起因する．つまり，情報の非対称性が存在する貸付市場においては，銀行は「逆選択の問題」と「モラルハザードの発生」を防ぐため，利上げを取るより，情報の種類により貸付を決定し，信用割当を実施する[21]．さらに，中国の中小企業金融市場においては，情報の非対称性問題以外に，融資対象企業の所有制にもとづく銀行の信用割当が存在する．従って，中国の中小企業の資金調達難の問題は，まず，図5－4で銀行の資金供給曲線Sと中小・

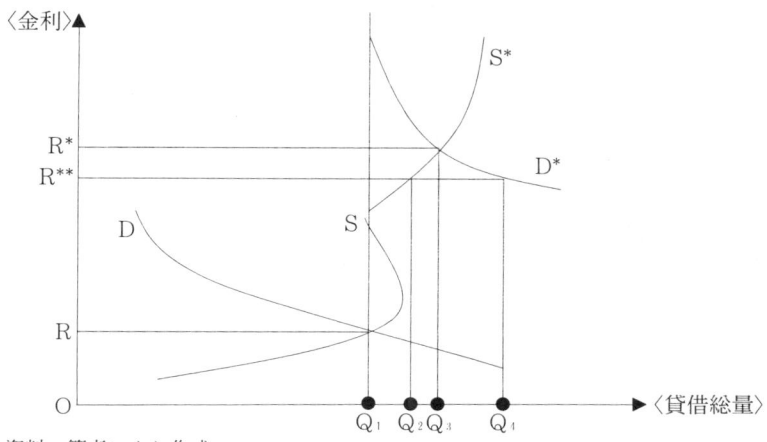

第 5 章　中国型リレーションシップと中小企業金融

図 5 － 4　金融の二元化市場における需要・供給曲線

〈金利〉

R*
R**

R

O　　　Q₁　Q₂Q₃　　Q₄　　　　　　〈貸借総量〉

資料：筆者により作成．
注：「中小・零細および農家」の資金需要曲線と供給曲線はQ₁を原点にしている．Sは国有銀行の資金供給曲線である．Dは国有銀行が資金を提供してもいいと考えている企業の資金需要曲線である（主に国有企業，大企業）．Rは銀行の貸付金利を表す．S*は民間金融の資金供給曲線である．D*は中小・零細企業や農家の資金需要曲線である．R*とR**は民間金融の貸借金利を表す．そのうち，R**は金利規制の下での金利である．

零細企業などの資金需要曲線D*との間に交点がないという形で現れる．こうした金融市場分断の下で，「福元運通」モデルに代表される民間金融は中小企業への資金供給を担ってきたのである．

改革開放後1981〜2001年の間にGDPの成長とともに，銀行信用は（特別な時期を除いて）[22]一貫して平均30％以上の成長を維持している．2001〜2007年の間も平均20％以上で推移している．[23]しかし，貸付信用全体に占める私的セクター（郷鎮企業＋私営・個体企業）の割合は低い水準のままである．前述のように，2007年に，GDPに占める公的セクター，郷鎮企業（集団企業）および私営企業・外資企業の割合はそれぞれ40％，36％と24％であるが，銀行貸付に占める郷鎮企業（集団企業）および私営企業・外資企業の割合はそれぞれ91.0％，5.7％と3.8％である．私営企業の急速な成長に，公的金融が対応しえていないことがわかる．したがって，私営経済の急成長に伴う大量の資金需

図5－5　金融機関と民間貸借の年平均金利（2002-2008年）

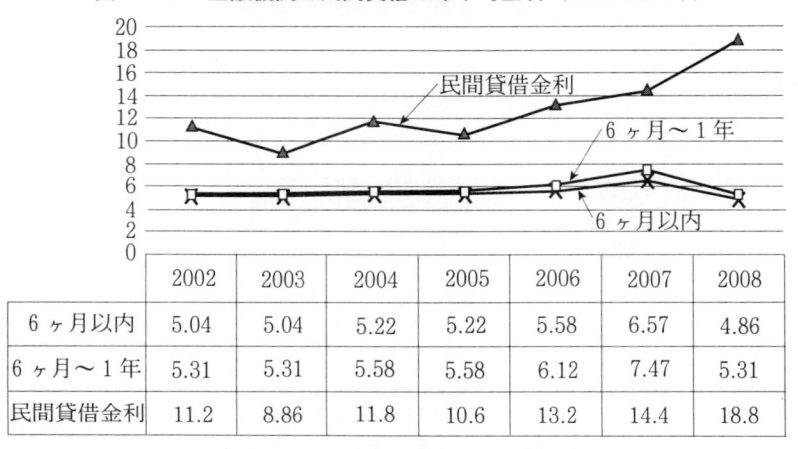

	2002	2003	2004	2005	2006	2007	2008
6ヶ月以内	5.04	5.04	5.22	5.22	5.58	6.57	4.86
6ヶ月～1年	5.31	5.31	5.58	5.58	6.12	7.47	5.31
民間貸借金利	11.2	8.86	11.8	10.6	13.2	14.4	18.8

資料：人民銀行「金融機構人民元貸出基準利率調整表」（同行ホームページ），『中国金融年鑑2008』p.642,『銀監調研』（調研版2005年），「福元運通」から提供された資料により作成．

注：金融機関の金利は人民銀行による金融機構人民元貸出基準金利である．民間貸借金利は，浙江省，温州市の月利子率の加重平均の年率換算値の平均値である．ただし，2007, 2008年は青島市も含まれる．

要は民間貸借市場に求めざるを得なくなった．つまり，経済の高度成長の下での貸出市場の人為的分断は，「福元運通」のような民間の金融仲介サービスを提供する実業会社の存立を可能としたのであった．

しかし，この民間金融は中小企業の資金ニーズに十分応え切れていない．つまり，中小企業の資金不足問題はなお解消されていない．民間金融の高金利が零細・中小企業の融資負担となることはしばしば問題視されている．図5－5で示したように，民間貸借の金利は一貫して金融機関の貸出金利の上方に推移している．1996年6月～2004年10月に実施した「貸出金利の上限規制の撤廃」に至る一連の金利自由化措置[24]は中小企業向けの信用供給の拡大を期待されていたが，いずれにしても，公的金融セクターでは，予想通りの反応には繋がらなかった．民間金融の金利は2007年の通貨危機を契機とする金融緩和による金利低下にもかかわらず，さらなる上昇を示している．張軍

(1999) は，民間金融の利子の高さを情報の非対称性に起因するリスク・プレミアムの側面から説明する．民間金融機関の借り手は主に民営の財務データの公開度の低い中小・零細企業であるため，情報の非対称性が発生しやすい．確かに銀行預金などの安定資産，あるいは比較的制度リスク[25]の低い株式や不動産投資などの投資より，貸し手がリスクの高いと思われる零細・個体企業に対して高いリスク・プレミアム，したがって比較的高い金利を付けることは，貸し手の理性的な反応である．しかし，民間金融の高目の金利は，このリスク要因によってすべて説明しきれるわけではない．実際，図5－5を見ると，中央政府と地方政府が民間金融に対する整理整頓を終えた2003年以降[26]に，民間貸借の金利は一本調子で上昇している．また研究調査によれば，いくつかの巨額の有名な詐欺事件を除けば，民間金融における紛争・デフォルトなどの不祥事は減少しているだけではなく，「福元運通」モデルのように，近年，特に2005年以降に実業会社が仲介した業務のデフォルト率はほぼ０％に収まっていることがわかる[27]にもかかわらず，民間金融会社と借り手の信用度の上昇は民間金融の金利上昇を阻むことはできなかった．例えば，南部の杭州市の民間金融の貸付利子率は，「一般的に，10日間を単位にして金利の支払いが行われる．1日の金利は2～3％である」(浙江財経学院金融研究所虞群娥，李愛喜，2007，p.220)．中小・零細企業向け貸出の民間金融の金利はリスク・プレミアムを反映した水準より遙かに超えて過大なものとなっていたのである．これら一連の事実は高めの金利の背後に需給ギャップが存在することを示す．

　表5－4で示したように，国有企業の漸進的な改革に必要な資金と経済の高度成長に伴う大企業の旺盛な資金ニーズに対して貸出を行う国有商業銀行を支えたのは，人民銀行の貸出である．商業銀行は人民銀行による「窓口指導」(貸出の上限額規制などの信用枠管理)を遵守するかぎり，現金準備の不足を低利の公定歩合（基準金利）での借入によって補塡することができる[28]．さらに，家計の預金と大企業向け貸出に伴う大口法人預金の獲得に加え，国有・大企業への低利での資金供給が可能となったのである．それに対して，銀行

表5-4　各経済主体の貸借対照表

商業銀行		中小企業		家　計	
中央銀行預け金 国　債 貸出額	中央銀行再貸出 家計預金 企業預金 自己資本	固定資産 流動資産 繰延資産	銀行借入 民間借入 自己資本	固定資産 銀行預金 証　券 金融証書 (民間貸借)	借入金 個人資金 (賃金・遺産相続など)

資料：筆者により作成．

から融資困難な中小企業に貸借仲介サービスを提供する「福元運通」のような民間の実業会社は，政府行政による銀行業への厳しい参入規制のもとで預金取扱業務を行えないため，「預金―貸付―支払い―預金―」という信用創造のプロセス[29]を持たない．実業会社の資金源は資金余剰部門としての家計部門の個人金融資産の一部だけである．中国人民銀行広州支店課題研究グループ（2002）によると，民間金融の資金源は主に，①個人金融資産，②借入金（銀行や友人からの借金）の2種類がある．そのうち，資金供給者の個人資金は絶対的な比重を占めている．民営経済が発達している温州市の商業銀行の融資部門の調査によると，2004年時点で，銀行貸出あるいは個人消費ローンは民間の資金調達の資金源になることはまだ見られない．民間貸借資金の資金源の95％は資金提供者の個人所有である．他の5％は縁故者同士の共同所有である[30]．また家計は個人資金を固定資産，銀行預金，証券および民間金融市場での金融証書などの形で運用する．民間金融の資金源は家計の個人資金のうち，民間金融証書の運用部分だけである．民間金融市場における超過需要に対する資金不足の結果，リスク・プレミアムを超えた金利上昇が生じざるをえない．

　さらに，経済的に遅れている農村などの民間金融市場においては，このような深刻な資金不足は寡占状況を生み出す．劉静，鄭震龍［2000］によれば，農村地域の民間金融では，取引業務の規模が小さく，資金や情報の収集力も一地域だけに限られ，常に資金不足という環境に直面している．従って，こ

れらの地域の資金供給市場は何人かの有力者によって，寡占勢力が形成されやすく，高い価格で資金が供給される可能性がある．

　他方，国有銀行部門には，1995年以降の政府主導の金融改革のもとで，利益確保とリスク削減を中心に，中小企業の手に届くシステムの末端にある営業所の閉鎖など，経営管理やリスク管理などの改善を行っている．WTO加盟後（2001年12月発効），金融セクターに適用する国内のルールを国際的な基準に沿って，不良債権処理や自己資本比率を守る必要性も加わり，銀行はリスクの回避を最重要課題としている．このような状況のなかで，2003年以降に国有銀行部門は，一部の地域支店に貸出自主権を授与したことによって「三包一掛」の貸出制度を中小企業金融市場で実施したが，いずれも信用審査にかかわる諸問題のため，期待された効果を発揮できなかった．『中国金融年鑑』各年版の「金融機構人民幣信貸収支」によると，2003年～2010年における国有銀行部門の（預金残高—貸出残高）差額と預貸率を見ると，2003年3月から2010年12月の期間に（預金残高—貸出残高）差額が4兆元強から23兆9042億元まで増加し，預貸率が78％から66％まで低下した．国有銀行部門における預貸率の低下傾向の背景には，投資拡大に裏付けられた高成長において，中小企業の金融市場では，情報の優位性（企業の経営状況や収益性，経営者の人柄などの信用情報の獲得と処理）を発揮することができない国有銀行部門が，資産運用におけるリスク管理の強化を重視し，貸出先を大企業と国有企業集団に集中させる方向で融資先の選別を厳格化しているという事情があると見られる．また，国有商業銀行は中小企業への貸出を抑制する結果として，上記のような預金と貸出残高の差額を7年間で6倍に増大させた．従って，現在の国有銀行部門が，大企業・国有企業集団向け融資に比べて信用リスクの高い中小企業向け融資を積極的に拡大すると期待することはできない．銀行業への参入が厳しく規制されている中国の現状では，有望なプロジェクトを持つが資金調達の難しい中小企業からの資金需要，および，これらの中小企業に対する資金供給を支援する民間金融会社からの資金需要に応えるための制度的基盤が，決定的に欠如しているのである．

おわりに

　本章は民間金融の実業会社の最新形態「福元運通」モデルを取り入れて，金融仲介サービスを提供する民間金融会社の中小企業の金融市場における貸し手と借り手に対する情報の収集と処理の優位性について検討し，民間金融の中小企業金融市場における重要性を確かめた．しかし，民間金融会社は単独の民営銀行として銀行業への参入禁止を撤廃されていないため，預金業務を行えず，資金不足の問題に悩まされている．一方，民間金融市場において上昇し続ける高金利は，今まで民間金融に頼ってきた中小企業にとって益々受け入れ難くなっている．他方，不良債権の処理とリスクの回避を最優先とする商業銀行の改革は，銀行の中小企業への貸出をより一層抑制する結果をもたらし，その結果銀行は企業に貸付をしない過剰な準備を抱えている．例えば，2002年末時点の3兆元以上（2010年24兆元弱）の過剰準備は，もし十分に利用された場合には，最低1000万人以上の雇用を創出できると予測される．[31]

　公的金融セクターだけでは，中小企業の資金難を解決し得ない．情報の非対称性を伴う中小企業金融における資金不足問題を解決する道は，情報の優位性を有する有力な民間金融会社を段階的に民営銀行へと発展させていくことである．そのため，「福元運通」モデルのような民間の実業金融会社の業務展開を促進し，長期的には市場の高度化にしたがい，試行錯誤しながら，銀行業の参入規制を撤廃し，高級の民間金融会社が銀行業に参入，退出できるような公正・公平な法律体制を確立すること，および有効な監督管理ルールの制定と執行が中小企業金融問題の解決の根本策であり，金融改革の望ましい方向である．

第 5 章　中国型リレーションシップと中小企業金融

【補論 1　「福元運通」モデルの発展の経緯】

　中国の中小企業金融は貸し手,借り手双方に問題を抱えており,貸し手側には,審査能力不足,担保主義,データの蓄積不足が存在し,借り手側には,企業会計制度の未整備,金融機関への信頼欠如,担保不足の問題がある.また本書の第 3 章第 1 節で述べたように1985年～1994年の間の分権経営の下での銀行の情実融資とむやみな貸し出しの不良債権化,と第 3 章第 2 節で分析したように,1995年に制定された『商業銀行法』に基づく銀行の授権経営による中小企業の融資環境の悪化,さらに2001年末のWTO加盟による商業銀行と大企業との間の盛衰を共にする堅固な関係のより一層の強化などの経験を経て,(中国の経済発展の牽引役となった)中小企業の金融環境整備が必要であると政策担当者は認識している.そこでまず本書の第 3 章第 3 節で述べたように,1997年の中央金融工作会議により金融当局は「各国有商業銀行は県レベル以下の支店組織を収縮,撤廃し,中小金融機関が地域経済の発展を支えるモデルを発展させる」という基本方策を確定した.以降,県レベル以下の地域では,中小企業向けの融資業務の主要な担い手は国有大銀行の支店組織から信用社に移りつつある.金融機関と中小企業間における情報問題を,信用社をリレーションシップ・バンキングとして再構築することによって解決しようとした.しかし,本書の第 3 章第 3 節で分析したように,官僚主義主導の信用社経営はリレーションシップ・バンキングの構築を不可能にした.また金融機関と中小企業の間における信用関係形成のため,1999年の経貿委の通達「中小企業信用保証体系構築モデル事業に関する指導意見」によって,中国政府はその支援手段として,中小企業信用保証制度をテスト的に実験していた[32](1999年末時点で,都市中小企業信用担保機構90％(政府機構),互助性担保機構 6 ％(互助性),商業性担保機構 4 ％(営利性))[33].その後,2003年 1 月 1 日より「中華人民共和国中小企業促進法」が施行され,その第 2 章は中小企業に対する「資金支援」が置かれた.民営中小企業に対する「資金支援」の手段として,中小企業に対する信用保証機構の設置・整備も,テスト的に進

められていた．しかし，これらの信用保証機構の大多数は地方政府により出資するものであり，それ自体，中小企業との間の情報問題が深刻であり，それらの赤字経営は地方政府の財政を悪化させた．同時に互助性担保機構と商業性担保機構の発展も促進したが，これらの機構は規模が小さく，資金量が少なく，全体的に担保能力が弱い．また実際，信用社同様，信用保証機構の経営も政府によって干渉されることが多く，中小企業による信用保証機構に対する有効需要が非常に限られている．また，2003年以降，農村信用社の地域中小企業向けの貸出による不良債権が増大する中，国有商業銀行の地方支店が中小企業金融市場における役割を重視されるようになる．その後，一部の商業銀行の地方支店をテストとして，中小企業金融の領域で貸出自主権を授与し，第4章で明らかにした分権型の貸出制度も実施した．しかし，それもわかる通り，商業銀行の地方支店経営は信用社経営とは似たものであり，いずれも中小企業向けの信用審査にかかわるリレーションシップ・レンディングまでうまく展開できなかったのである．

　それと対照的に，1995～2003年の間の政府や関係部門による民間金融組織に対する整頓整理を経て[34]，2003年以降，民間貸借組織の資金源の獲得方式や経営方式はより専門化し，組織性の強い民営金融組織へと発展していく．そこで，2005年2月19日国務院により「国務院による個体・私営などの非公有制経済の発展を支援することに関する若干の意見」が公布された．その第1部の第5条は「非公有制資本の金融サービス業への参入を許可する．立法や参入基準の強化，監督管理の厳格化，金融リスクを有効に抑制することを前提に，非公有制資本の地域性の金融機関や合作制の金融機関への資本参加を許可する．また条件を満たしている非公有制企業が金融仲介サービス機構の設立をリードすることを認める．条件を満たしている非公有制企業が銀行，証券および保険業などの金融機関の制度改革に参加することを許可する」というふうに述べられ，非公有制企業の金融サービス業における規制をさらに緩和した．「福元運通」は2005年8月2日に民営集団型の会員制の金融仲介会社として設立された．2008年に入って，対外輸出，委託加工型経済モデル

の南部，珠江デルタ，長江デルタ地域から世界金融危機の影響が見られ始め，輸出産業の注文減，輸出減が段々と露呈している．中小企業の資金不足問題もより一層深刻化した．こうした中，「福元運通」は，2008年2月に国家商務部の特許経営の許可を得，金融サービス業において，はじめてフランチャイズ式の4級加盟チェーンシステムを導入し，それによって従来の民間金融における経営規模と地域的制限を打破した．3月23日に，中国人民銀行と銀監会は連名で金融システムに関するガイドライン「国民経済を安定的に発展させるための指導意見」を公布した．景気対策として今度は金融緩和政策をとり，改めて中小企業への貸出拡大や消費を刺激するための貸出を増やすよう金融機関などに求めた．同時に2008年3月，人民銀行，銀監会，証監会と保監会連名で『金融業よりサービス業の発展を加速するための若干の意見』を公布し，サービス業を国家産業支援政策の一環として，新たな利潤成長項目と発展目標を探し，新型の民間金融組織を金融サービス業の一種としてその発展を進めるようにアナウンスしている．

　民間金融の発展，特に「福元運通」モデルが成功した後に，政府が上記のアナウンスをしたということは，民間金融の発展は中小企業金融市場の内部からの要請であり，政府の政策設定はその中小企業金融の解決に向かっての下から上への政策要請であることを意味する．

【補論2　中国の民間金融の概念】

　中国の民間金融の定義について，現在中国の学界では，依然として論争が存在しているが，主に下記の3つの説がある．

　第1は，非正規金融説である．非正規金融説は主に所有制に基づく区分である．陳（2004）は正規金融機関に対して，民間金融機関を次のように述べる．「民間金融については，一般的に政策金融あるいは公的な金融の対極として語られる．中国においてはこれまで，フォーマルな金融機関，つまり，正規金融機関はほぼ公的な金融機関であるのに対して，これ以外のものに対

して「民間金融」がつかわれてきた」(p.150). また，張松 (2003) によると，「民間金融は正規の金融システム以外の，各種の投資あるいは資金貸借活動を指す」と指摘する[35]．つまり，フォーマルな金融機関は公的な正規金融機関，それ以外の非正規のインフォーマルな金融は民間金融を指す．このように非正規金融説は，民間金融と公的金融との所有制の違いを強調する．

　第2は，非合法金融説である．この説は主に法律体系に基づく区分である．つまり，民間金融とは，非合法的な金融主体によって行われた各種の金融取引のことを指す．これについて，張捷 (2003) では，民間金融は「国家の金融に関する法律などの保護以外の，かつ政府の金融監督当局のコントロールを受けない金融活動」(p.197) であると定義づけられている．また「我国民間金融発展問題探討」[36]では，民間金融は「個人信用を土台に，国家法律の認可を得られず，まだ政府の監督管理の範囲に収められていない金融形式である」と説明されている．つまり，民間金融が国家法律による認可と金融に関する法律などの保護を得られないという非合法性が強調される．

　第3は，灰色金融説である．この説は主に民間金融の役割と性格を基準にした区分である．（北京）中央財経大学李建軍副教授の「中国地下金融調査」(2005) では，民間金融が地下金融の一部であると指摘し，詳しく下記のように説明している．

　　地下金融とは，法律または政府によって認可されず，その姿を地下に隠すようなインフォーマル・ファイナンスである．1998年7月に国務院が公布した「非法（不法の意味）金融機構和非法金融業務活動取締弁法」によれば，人民銀行の許可なしで行われるすべての金融活動とその組織は地下金融となる．また人民銀行が許可した金融機関は株式制商業銀行を含め，ほとんどが公的金融機関であり，私的な金融機関は認められてこなかった．故に地下金融は正規金融機関以外のものによるすべての金融活動やそれを営む仕組み（あるいはネットワーク），組織及び個人を含んでいる[37]．

　　地下金融はその役割，性格などから2種類に分けることができる．ひと

第 5 章　中国型リレーションシップと中小企業金融

つはいつになっても「地下」にいるまま，多くの場合マネー・ロンダリングなどの犯罪とは切っても切れない関係にあるものである．即ち，「正規金融」の対極にあり続け，中国で一部の学者に「黒色金融」，日本で闇金融と呼ばれるものである．これに対して，「地下」にもぐる民間金融は正規金融と上述の闇金融の中間にあり，同じく一部の中国学者に灰色金融（グレーゾーン）と呼ばれている．これまで，中国における正規金融は歴史的な経緯などの原因で，実質的に公的金融機関によって独占されてきた．しかし，公的な金融機関は民営企業，とりわけ中小民営企業の資金需要を満たす能力も意識もない．民間金融は膨大な民間の資金需要に求められ復活したが，政府の取締りから逃れるため「地下」に潜らざるを得なかった．[38]

つまり，地下金融は非合法的なインフォーマル・ファイナンスである．地下金融は闇金融（黒色金融）と灰色金融の 2 種類がある．そのうちの灰色金融は，犯罪行為と関連する業務を行う金融組織ではなく，公的金融から十分な資金を調達することができない膨大な民間の経済主体に金融サービスを提供する金融組織である．このような灰色金融が民間金融である．すなわち，灰色金融説は，民間金融が私営・個体企業における深刻な資金不足を和らげるという積極的な役割を強調する．

以上の民間金融に関する 3 つの説は簡単に言えば，3 つの異なった基準——「官」（所有制），「法」（法律）および「役割」——によるものである．すなわち，所有制による基準であれば，公的な正規金融の対極に非正規金融がある．法律による基準であれば，国家法律や金融法規の認可と保護を得られない非合法的な金融主体が民間金融である．この両者の関連性は，合法的な金融主体はほぼ公的な金融主体と一致することにある．そして，灰色金融説は民間における膨大な資金需要に求められて，自発的に融資システムが組織されることによって，民間の深刻な資金不足を緩和することができるという役割を重視する．本書で議論されている民間金融はこのような民間金融の役割を前提に，非合法金融説の定義を使っている．

【補論3　中国の民間金融の変遷—温州市を中心に】[39]

　温州市は私営・個人企業の発達で「温州モデル」として国内外で有名である．その私営経済の発展は民間金融とは切っても切れない関係にある．本補論では，温州市の民間金融の発展段階を中心に，中国の民間金融の変遷を検討する．そして，民間金融の変遷については，中国社会主義市場経済の進行度合及び世界経済情勢による中央政府の民間金融に対する態度の変化によって，1978～1995年，1995～2003年，2003～現在という3つの時期に区分することができる[40]．

1．1978～1995年：地方政府の暗黙の支持の下での運営

　改革開放以降，1978～1995年の間には，地場の私営・個体企業を主体とし，主に国内市場に依拠して農村経済の発展を実現した温州の産業は急激に発展した[41]．地方政府の暗黙の支持を受け，「温州モデル」[42]の一環として，豊かな民間資金を利用し，温州企業はその創業と発展初期の資金調達を自己調達や民間貸借に依存していた．温州市楽清県政府の統計によると，1985年～1986年の間に，楽清県における大，中，小の「会主」は1346人，資金総規模1億元以上，「抬会」に参加し，入会した家族数は5万戸となっている[43]．1992年8月において，瑞安市莘塍区の30の行政村には，平均で1村の「銀背」[44]がいた．平均貸出額100万元，総規模3000～4000万元に達し，フォーマルな金融機関の1991年の貸出総額にほぼ等しい[45]．

　1993年に行われた温州市金後郷農家50世帯に対する調査によると，1993年に民間から資金を借り入れた世帯は26世帯（52%），年末借入残高61.45万元，世帯あたり1.23万元であり，うち生産資金は50.8万元で82.7%を占めた．消費資金は10.65万元，17.3%を占めた．また同年における50世帯のうちフォーマルな金融機関から借り入れた資金はわずか5万元であり，民間貸借の8.1%しかない．一方，株式合作制，私営及び個人共同経営企業に対する調査で

は，1993年度の運転資金67.93万元のうち，44.93万元は民間からの借入であり，全体の66.1％を占めていた（張軍1999，p.439）．

最後に史ほか（2002，p.196）によれば，1993年において温州にある民営企業の資金構成のうち，銀行・信用社からの調達は20％，経営者が自己調達したものは40％，民間貸借は40％を占めている．また，運転資金の場合，企業が自己調達したものは20％であり，残りの80％のうち，民間金融から調達したものは90％であった．郭斌，劉曼路（2002）の推測では，2001年末までに，民間金融からの資金調達は温州市の中小企業の資金調達総額の59％以上を占めている．中小企業の「民間金融」に対する依存度は高く，さらに年々上昇を続けている．

このような温州地域の民間金融の発展は，歴史的な商業文化の伝統以外に，省，市そして県，郷鎮，村などの地方政府の暗黙の支持と密接に関わっている．改革開放によって，中央集権制は除々に地方分権へと転換し，「中央政府の政治職能の実行者」と「地方経済利益の主体」という2つの身分を持つ地方政府は社会主義市場経済体制の下では，地方経済の発展への主役に傾斜する傾向が顕著になり，中央政府のマクロ経済に対する各種のコントロール措置が地方の経済利益と相応しないときには，「地方経済利益の主体」としての地方政府は，否応なく，地方の経済利益を優先にする傾向がある．地方分権の結果，各地域間の経済成長競争が激しくなり，中国経済は「諸侯経済」の局面を呈している．地方政府はマクロ的な国全体の経済よりは地方の経済利益を優先にし，地域の資金不足を補い，経済発展にとって積極的な意味を持った民間金融組織に対して，大きな騒ぎを引き起こさない限りに，暗黙の容認を与える態度であった．

以上のように，改革開放から1995年までは，このように私営・個体企業の発展が進んでいる沿海地域の民間金融は地方政府の暗黙の支持を受け，大いに発展してきた．民間資本，従って民間金融は私営経済における資金調達の主要ルートであり，沿海地域を中心とする中国の私営・個体企業の創業，初期発展に大きく貢献しており，それらの民間金融なしには，中国私営経済を

語ることができないと言っても過言ではないであろう．

2．1995～2003年：地方政府による整理整頓の下での発展

　1995～2003年の間には，長江デルタを中心に南部の民間金融は整理整頓の段階に入った[47]．1980年代後半から公有制分野の価格改革や地方による経済発展競争熱の盛り上がりの中，中国経済におけるインフレの様相が顕著になり，90年代半ばから中央政府は金融引き締め政策をとり，私営・個体企業の金融機関からの融資がさらに難しくなる中，民間金融に頼る傾向がより一層強まった[48]．関係部門の統計によると，1994年平陽県水頭鎮の民間貸借の会は6000社以上があり，融資金額は10億元以上に上り，各種の会に参加している家族数は当該地域の家族総数の90％以上を占める割合であった．しかし，それまで政府は民間金融に対する監督管理がほとんどなく，様々な不祥事が生じる中[49]，地方政府は民間金融に対してもこれまでにない厳しい対応で臨んだ．1997年から2003年の期間中に，温州市公安局と政府の各部門が協力し，市における各種の民間地下融資組織に対して，厳しい打撃を与えた[50]．それにより，民間金融組織は整理整頓され，一段と落ち着き，より秩序のある方向へと発展し続けた．

　そして2002年1月に中国人民銀行温州支店が行った調査によれば，温州市における中小企業の総資金1670億元の内訳は，自己資金が1000億元で60％，銀行借入が400億元で24％を占め，民間貸借は約270億元の16％と推定されるという．また企業の創業資金のうち，創業者が個人名義で行った借入が125億元になる．その他，消費資金の貸借，互助的な貸借を含むと，「民間貸借」の規模は300～350億元になる（王，2002）[51]．

　また，人民日報の記者による調査では，以下のようなことがわかる．温州市工商連合会の関係者は2001年に温州に16.7万社の中小企業があり，その資金の60％は民間貸借で調達していると語った．全国3大包装基地と言われる龍港鎮は，90％の企業が民間から資金を調達し，一般的に民間貸借が企業の総資金に占める比率は約30～40％であり，利率は月0.8～1.5％となる[52]．この

時期においても，民間金融は政府関係部門により整理されながらも，民間の膨大な資金需要に求められて，私営企業の融資に大きく貢献していることが分かる．

3．2003年以降〜：民間金融の新しい局面

このように，政府や関係部門による民間金融組織に対する整頓整理を経て，民間金融における詐欺事件などの不祥事は2001年の19件から2003年の1件までに収まり，その後，2003年以降には，南部だけではなく，北部も含めて，民間金融はより一層の発展を遂げ，その結果，新しい局面が以下の5つの面で現れてきた．

第1は，民間貸借の利子率の穏やかな上昇である．2003〜2007年において，中国経済は5年連続10％以上の成長を遂げ，2007に11.9％の成長率に達した．その結果不動産開発投資を中心に中国経済は過熱状態となった．すべての金融機関の貸付業務は不動産貸付に傾斜し，緩和的な金融政策はさらなる資金需要を引き起こしている．2004年4月の温州の民間貸借の年率換算の月利子率の加重平均は8.99％，2003年の同期より0.493％上昇した．そして，5月は9.58％，6月11.97％，7月12.02％と上昇し，8〜9月も引き続き12％以上となっている．月平均貸借金額は6615万元である．2007年に金融引き締め政策に転換し，一年間で金利は6回引き上げられ，預金準備率は10回の引き上げで，銀行の貸出規模が縮小し，金融機関の貸付金利は6.12％〜7.47％まで引き上げられた．金融政策の影響を受け，正規金融機関の融資規模が抑制されているにも関わらず，2005年からの株価の高騰と不動産価格の持続的上昇による資産市場への投資資金の需要増によって，民間貸借金利も持続的に上昇している．2007年の浙江省民間貸借利子率の加重平均は14.4％に達している．そのうち，利子率0〜10％での民間貸借金額割合は民間貸借総額の20.02％，10〜20％での金額は60.67％の割合，20％以上での金額は19.31％の割合であった[53]．そして，2008年に北部の民間金利を併せて民間貸借の平均利子率は13〜18％の間にある[54]．

第2は，貸出方式については，信用貸借は相変わらず主導的地位にあるものの，担保，保証人付き貸出の比重が上昇傾向にある．民間融資の詐欺事件の影響と政府関係部門のそれに対する整理整頓のため，民間貸借に関するリスク意識が高まり，より理性的，合法的なルートへと進んでいる．担保融資や，第三者による保証人付き融資のシェアが上がる傾向にある．この間の不動産市場の高騰も担保融資に助力した．浙江省では2007年における信用貸借の比率は2004年の95％以上から85.14％まで下がり，担保，保証人付き貸借の比率は12.69％まで上昇した．その他の方式は2.17％のシェアである[55]．民間貸借の手続きは正規の金融機関に近づく傾向にあるが，親戚や親友同士を中心に行われる信用貸借が相変わらず主導的地位にあるため，操作の手続きが簡単で，金利が比較的低い[56]，申請から資金を獲得するまでの所要時間が短いといった点が私営・個体企業にとって，一番の魅力となっている．地域でみた場合に，農村の民間金融活動は都会より活発的で，形式も柔軟である．信用貸借の場合に申請日から資金獲得するまでの期間は1日～2日程度で，場合によっては数時間内で資金が手に入ることも可能である．親戚，親友同士ならば，返済期間も自由になる可能性が高い．

　第3は，資金使途の多様化である．民間貸借における資金の使途は生産経営を中心に，不動産市場や証券市場，そして，個人消費貸借へと拡散する傾向を呈している．また，今までの「諸侯経済」の局面がすこし緩和され，省を跨って，資金の運用も行うことが可能となったことは，その他の資金用途シェア上昇の主因と考えられる[57]．

　第4に，貸借期限は短期化し，長短金利の逆転局面となっている．金融引き締め政策の下で，商業銀行の貸付規模が縮小し，設備投資などの長期投資ができる企業は内部留保資金で賄い，もともと景気の良い時に，商業銀行から借入ができ，景気の悪い時に，正規の金融機関から借入ができなくなる企業は一時の運転資金の調達に迫られるため，民間貸借に高い利子率を払っても調達せざるを得ない状況にある．そもそも民間金融での資金調達，返済で精一杯な零細，個体企業は資金調達を放棄し，企業規模をより小さく縮小す

ることに繋がる．同じく浙江省では2007年における1ヶ月以内の貸付金利は28.09％に達し，一年の貸付金利の14.19％より13.9％も高いのである．それぞれの貸借期限での貸借金額が民間貸借全体に占めるシェアは，1ヶ月以内のものは14.54％と前年同期比より3.38％上昇し，1～6ヶ月のものは19.26％であり，前年同期比より0.82％上昇したのに対して，6ヶ月～1年の貸出（39.49％）と1年以上の貸出金額（26.72％）はそれぞれ前年同期比より2.56％と1.65％の下落であった．

　第5に，民間貸借組織の資金源の獲得方式や経営方式はより専門化し，組織性の強い金融組織へと発展している．2003年までは民間貸借の資金源は主に，持ち主の遺産相続や，生産経営により蓄積された資金，もしくは，華僑を含む所得の高い階層の長年の蓄積による自己資金であり，資産管理などの形で民間の資金を引き寄せることがほとんどなかった．それが2003年以降になると，今まで民間金融は普通の自己資金による単純な互助的な貸借方式であったのが，さまざまな民間投資公司，民間資産管理会社，典当行（質屋），担保会社などの専門性の高い貸借仲介組織に取って替わった．民営経済の発祥地としての長江デルタだけではなく，北部にもより進んだ民間金融組織が出現している．2008年の4兆元（約57兆円）の財政支出と金融の規制緩和政策にも関わらず，民間資本がもっとも発達している温州市においては，2008年末から民間資本の正規金融機関への還流現象が生じた．温州市銀行監督管理機構の報告資料によると，2008年11月末に，温州市人民元預金残高は4045.46億元となり，年始より669.29億元の増加となった．うち，企業預金残高は966.76億元，年始より98.17億元の増加であった．住民預金残高は2016.69億元，年始より378.67億元の増加となった．それに対して，北部の沿海地域の民間金融組織は活発的である．これらの組織は資産管理や投資カウンセリングの経営により民間の資金を引き寄せ，資金難に困っている企業に高い金利で貸し出しをする．しかも，このような資産管理会社は経験を積んだ金融人材を備え，業務の透明性と融資する際の手続きも銀行に近いレベルまで発展しつつある．

【補論4　小口貸付会社の概況】

　中国銀行業監督管理委員会（以下略称：銀監会），中国人民銀行（中央銀行）は2008年5月8日に『小口貸付会社の試みに関する指導意見』(《关于小额贷款公司试点的指导意见》以下,『指導意見』という）を公布した．これは小口貸付会社の試みが正式に始まったことを意味している．それ以来2011年まで，全国に2348社の小口貸付会社が設立され，貸出残高が1620億元となった[58]．これは極めて規模が小さいが，小口貸付会社は農村経済の発展に一定の貢献をしている．このような小口貸付会社の運営状況は主に以下のようなものである．

　第1に，小口貸付会社の資金源は主に寄贈に依存した贈与金の運用であるため，ほとんどの会社は資金源の確保問題に直面しているのが現状である．このような小口貸付組織にとって，資金源を拡大する手法が3つ考えられる．そのうちの前の2つは『指導意見』の中でも提示されることがあり，3つ目に関しては新しく検討すべきものと思われる．

　①株主構成の多元化によって，資本金の拡大ルートを多様化にする．

　この点については，最近銀監会と人民銀行によって出された『指導意見』の中で，かなり緩和されている．本来の株主人数に対する上限制限が5人から有限責任公司の50人と股份公司の200名まで拡大した．

　②正規金融機関からの低利融資を申請する

　『指導意見』によると，小口貸付会社は銀行業金融機関から融資することが許可されている．ただし，融資できる金融機関の数は2行以内，融資残高は自己資本金の50％を超えてはならないことも規定されている．融資する際の金利及び返済期限については，小口貸付会社と取引先の銀行業金融機関との間に，「上海銀行間の短期利払い」に基づき，協議した上で自主的に決める．

　③外国資本の導入

　多くの外資系の金融機関は膨大な潜在的市場を有する中国の農村金融に非常に興味を持ち，参入しようとする動きも見られているが，現在，小口貸付[59]

会社の所属や身分などが不明確のため，結局，これらの動きが意味不明のままに終わってしまうのが現状である．

第2に，貸付方式については，抵当・担保方式が中心である．本来，小口貸付の利用者は低収入の農民や個体企業であるべきである．それらの農民の立場から分析する場合に，低収入の農民層は抵当にできるものが不足しているだけではなく，外部からの担保も得られないのが実情である．小口貸付は抵当・担保方式の融資方式より，より柔軟な方法を望まれるのであろう．

第3に，貸付利子率の運用については，『小口貸付会社の試みに関する指導意見』によって，小口貸付会社の貸出上限金利が貸付基準金利の4倍以内となる（民間金融と同じ）．実際の運営状況を見ると，地元の「高利貸」や「地下銭庄」（地下金融）と比べると低いことが多い．

第4に，貸付金額については，20万元以下，特に10万元以下の貸出案件が一番多い．例えば，「平遥小口貸付会社」の一件あたりの貸付金額については，10万元という上限金額を設けているだけではなく，そのうち，5万元以下の貸出比率は70％以下になってはならないと規定されている．小口の融資会社は農村地域の農民，特に貧困層の農民たちの経済的事情に基づいて，設立した金融会社であるため，小口の金額設定こそはこのような大多数の農民の流動性能力に相応しいと思われる．

第5に，小口貸付会社の貸付期限を見ると，最長期限は1年を超えない，その次は，3ヶ月，6ヶ月と3つの種類の返済期限を設定されている．実際の与信活動において，農民の借入資金用途や，借入時期と農業時節に対応して，返済期限をもっと細かく設定し，地域に密着しているという小口貸付会社の特有な柔軟性運営という強みをもっと発揮することが期待されている．

第6に，小口貸付会社に関する法整備の問題について，民間のインフォーマルな商業性の小口与信管理体制と正規の「貸付通則」，「担保法」及び「商業銀行法」などの内容とは衝突するところがあるのが現状である．政府やその関連部門による小口貸付会社の規律ある発展に対して，その業務・運営特徴などに相応しい法律を制定することが望まれる．

注

1 郭斌, 劉曼路 (2002), 陳玉雄 (2004), 張捷 (2003), 温州市資料などを参照.
2 「民間金融」の定義については, 世界銀行は非公式金融 (informal finance) を中央銀行の監督管理によってコントロールされていない金融活動, と定義する (World Bank, 1997). また姜旭朝ほか (2004), 銭小安, (2003), 陳 (2006), 張松 (2003) などを参照.
3 陳玉雄 (2006) による. 原資料は李建軍ほか (2005), pp.80-83.
4 『中国金融年鑑2008』, p.643.
5 陳 (2006), 姜旭朝 (1995) などを参照.
6 金利水準によって, 「白色貸借」(親戚, 友人同士の間に, 低利あるいは利息付かない), 「黒色貸借」(高利貸し), 「灰色貸借」(両者の間の金利水準) という言い方もある. 姜旭朝ほか (2004), 王曙光ほか (2007) を参照.
7 陳 (2002), p58, (2004), p156-157を参照.
8 劉民權など (2003) を参照.
9 虞群娥, 李愛喜 (2007), 人民銀行広州支店課題研究グループ (2002) を参照.
10 民間金融組織の隠蔽性が強いため, 過去の研究資料以外に, 最新の会社形式の組織の運営システムの詳細を調査するには, 投資者の身分で深みのある取材を通してしか有効な情報を得られない. 本節での紹介内容と分析は, 2009年5月13日, 26日および2010年1月の3回にわたって筆者が実施した, 青島にある「福元運通」の本社への企業訪問, 聞き取り調査, 資料収集に基づいている.
11 初級レベルの民間金融では, 数時間内, 長くても1～2日で資金を手に入れることができる.
12 組織論の西口敏宏氏は, 「中国浙江省の温州市の経済発展を分析している. 一人の革職人が欧州で職を得る. 注文が増え, 故郷から息子を呼び寄せ, 販路が増すとさらに知人を呼ぶ. やがてイタリアを中心に温州人のネットワークが広がる. 経験を積んで故郷に帰り, 自社工場を設立. 血縁, 地縁をベースにしながら, ランダムに機会探索・情報取得を行う, 典型的なスモールワールド」だという. また「温州の繁栄と『小世界』ネットワーク」では, 「1960年代のミルグラムの実験から最新のワッツに至る「スモールワールド」ネットワーク理論を用いて, 資源と情報の制約を克服する温州人の斬新なネットワーク機能を分析し, 温州の驚異的な繁栄のメカニズムを探りだす」. 当事者と知人との間の直接型リレーションシップ (あるいは仲介者がいるが,

第 5 章　中国型リレーションシップと中小企業金融

それは特定なものではないケースもある）に基づく資源と情報の制約を克服する「スモールワールド・ネットワーク」に対して，「福元運通」モデルでは，「福元運通」および各地の加盟店による，紹介者と被紹介者に対する信用審査などのプロセスを経て，初めて「福元運通」を中心に貸し手と借り手の間の仲介型信用関係のネットワークが形成されるというところは，スモールワールド・ネットワークの展開形式とははっきりと区別される．これらの先行研究と「福元運通」モデルとの関連性，相違については，今後詳説したいと思う．

13 貸し手としての金融機関と借り手としての顧客との間に直接に発生するリレーションシップは，先進国でのいわゆるリレーションシップ・バンキングが業務上で利用されているものである．本書ではこれを直接型リレーションシップと呼ぶ．
14 銭庄は合会の方法から変遷してきた民間金融組織の一種である．本来地元の企業に貸付業務だけを行う組織であるが，次第に預金を受け入れ，貸付業務を行うようになった．陳（2004）を参照．
15 人間的側面を重視する経営管理のことである．
16 「福元運通」総裁によるネットインタビュー．2010年3月3日．
17 例えば，北部においては，金額が10万～50万元（130万～650万円）の間の貸借が一番多い．南部においては100万元以下のものもあるが，少ない．南部では，金額は100万～1000万元の間の貸借行為が一番多く，1000万元以上のものも比較的に多い．同時に民間金融市場における分断化現象（Fragmented Environment）の緩和に繋がる．分断化市場とは，市場はどんどん広がっていることから，買い手がほしいものを見つけることが困難になり，同様に売り手がその商品を求めている買い手を見つけることが困難になっているマーケット事情を総称した言葉である．さらに詳細な情報はhttp://www.jiten.com/dicmi/docs/k28/22148s.htmを参照．
18 貸付金利については，最高人民法院が定めた「銀行の同類の貸付金利の4倍を超えてはならない」（『最高人民法院关于人民法院審理貸借案件的若干意見』を参照．1991年8月13日）．
19 コストの側面では，「福元運通」を利用する場合に，企業に掛かるコストは年平均12％（同地域）ぐらいの金利水準＋（支払手数料＋信用保証コスト）である．うち，（支払手数料＋信用保証コスト）が合わせて3％から4％程度の水準である．信用保証コストは1.5％前後であり，それに限って言うならば，同地域の銀行から融資する際に掛かる信用保証コスト（信用保証会社に支払

う）とほぼ同じぐらいである．特に高いわけではない．但し，「福元運通」の信用保証機能と本来の信用保証会社の保証機能とは質的に違うことに注意すべきである（信用保証の対象は同社が仲介した抵当物付きの債権債務関係ではなく，その貸借関係の成立である）．また確かに金利だけで言えば，民間金利は銀行の中小企業向けの貸付金利より高いが，抵当・担当物の要求という側面では，「福元運通」は銀行より優位性を持つ．

20 もともと「二元構造」はルイス（W.A.Lewis）の二重経済論に基づいて，1980年代後半の中国における都市と農村の分断状況を表現するために用いられたが，1990年代後半以降には，国有大企業の金融市場と中小企業の金融市場の分断状況を表現するためにも用いられるようになった．
21 Stiglitz and Weiss, 1981 を参照．
22 1983年，84年の物価改革による深刻なインフレーションの影響と89年の天安門暴動による影響を除くという意味を指す．
23 『中国金融年鑑』各年版による．
24 第4章【補論2】を参照．
25 公的金融と比べて，民間金融は法整備の欠如などの制度リスクに直面していると思われる傾向がある．
26 本章【補論3】を参照．
27 浙江財経学院金融研究所　虞群娥，李愛喜（2007），p.220．上海東方衛視『中国経営者』，2010年2月15日付などを参考．
28 中国の金融政策における調節の役割と手段については，渡辺真理子（2005），pp.120-123を参照．
29 大野早苗・小川英治ほか（2007），pp.292-294を参照．
30 温州市現地調査資料，2004．
31 張捷（2003），p.306．
32 実際，中小企業信用担保システムの建設は1992年まで遡る．1998年前までの信用保証機構は主に互助性の担保機構を中心とする模索段階である．1998年〜1999年上半期までは「一体両翼」（一体は都市中小企業信用担保機構，両翼は互助性と商業性の担保機構を指す）の初級段階である．1999年下半期から「一体両翼」の発展段階に入る．2003年の「促進法」以降から「一体四層両翼」（四層は中央－省－市－県レベルにおいて政策を展開することを意味する）の発展段階に入る．
33 『中国私営企業発展報告 2005』No.6「中国中小企業互助担保機構的発展与前景」，p.89

34 実際，民間金融の貸付金利についての規制は1991年から実施された．『最高人民法院关于人民法院審理貸借案件的若干意見』によれば，民間金融の金利は最高人民法院が定めた「銀行の同類の貸付金利の4倍を超えてはならない」（1991年8月13日）．
35 その他，張建華など（2004）がある．
36 http://www.lunwenda.com/jingjixue200804/7836/ による（最終アクセス 2009/09/07）．著者不明．著者が公開されていないからこそ，ネット上における民間での一般的な認識が反映できると思われる．
37 日本語は陳（2006），p.69による引用．中国語原本は李建軍を参照．
38 前掲書，p.70による引用．
39 この部分については，1978年～2003年のデータ資料，陳玉雄（2002, 2003, 2004, 2006）及び『中小企業年鑑』，温州市資料に負うところが大きい．民間金融に関する時期区分は筆者による．または，2003年以降のデータ資料は筆者の現地調査，資料収集によるものが多い．
40 この時期区分は，温州市資料や『中国経済学百年経典』中・下，陳（2004），『中国金融年鑑2008』を参考とした，筆者によるものである．
41 それに対して，1978～1995年の間では，長江を境界線に北部の私営・個体企業の数が少なく，政治理念に対する警戒心も強いため，発展のテンポが非常に遅い．また，北部の民間金融は親戚や長年付き合いの親友同士の間といった極めて小範囲に限られている．私営・個体企業の銀行からの資金調達はほぼ不可能である．このような極端な資金不足は北部の民営企業の発展の抑制要因となっている．北部のＱ市の中小企業発展局の関係者によると，「大体1990年代前半までは国有企業と私営企業との融資環境の違いはそんなに大きくなかった」という．その原因を探ってみると，2つがあると思われる．①当時北方では私営企業の数が少ない，規模が極めて小さい，また，公有制を優先する政治的環境の下で，このような私営・個体企業は銀行に融資しようとも思わない．②銀行から融資を受けようとする非国有企業の経営者は銀行に強いコネクションを有する人だけであるため，国有企業への融資手法とそんなに違いがない（筆者による2009年5月13日の聞き取り調査）．
42 詳しくは，駒形（2004），黒瀬（2004），丸川（2004）を参照．
43 温州市資料．
44 「地下銭庄」のこと，浙江省の一部の地域では「銀背」と呼ぶ．
45 張軍（1999），p.439-440．
46 伝統的な社会主義計画経済の下では，中央政府は企業の投資だけではなく，

地方の経済活動などに関する一切の経済政策決定権を握っている．地方政府は単なる中央政府の政策決定の意思の伝達者でしかない．

47 そもそも政府の民間金融に対する監督などはほとんどなく，「抬会」をはじめ一部では生産ではなく金融のための金融となる．または公的な金融機関の預金量などに大きな影響を与えたため，公的な金融機関などの強い要請を受け，80年代から一部の地方政府が金融や社会の混乱を未然に防ぐことを理由にその取締りに乗り出した．1986年2月楽清県政府は「抬会などの違法金融活動を禁止する」という通達を出し，3月から全県の共産党幹部や行政機関を動員し，本格的な取り締まりを展開した．これらを受け，民間金融活動は一時的に低調となり，さらに地下に隠れるようになった．しかし，数多くの私営個人企業の資金需要がなくなるわけはない．特に1990年代に入ると全国的に経済成長率が急回復し，投資ブームが起きた．一方，温州の民間資金は「抬会」事件でダメージを受けたものの，これまでの家内工業などでの膨大な蓄積があった．詳しくは陳（2003，2004）参照．

48 90年代以降，政府主導の下で，株式制商業銀行十数行と各地の都市商業銀行が設立されているが，国有大企業の旺盛な資金需要に対して優先的に供給し，中小零細企業に振り向ける資金的余裕がなかった．

49 1999年初の有名な「平陽水頭会事件」は，平陽の民間貸借を経営している大会長蔡海斌，雷雪苹夫妻による現金の持ち逃げ事件である．当該夫妻は1994年から水頭鎮で32の会（合会，標会）を開いたほか，他人が経営している各種の会450個にも参加しており，関わる金額は352万元となり，巨額な資金の返済ができないため，逃げ出した．これをきっかけに公安局が摘発した正式に登録した民間貸借の不正金額は，水頭鎮全体において3億6556万元となった．このことは平陽県の経済発展と社会安定に非常に不利な要素となり，それによる暴動事件もよく発生した．

50 2003年の人民銀行監督管理部門の統計によると，この6年間温州市の各県（市，郷，村）において処理した事件総数は68件であり，関わる人数は73人，関わる不正金額は12.3億元である．

51 同じく中国人民銀行温州支店の調査によれば，2002年末温州における民間貸借の規模は350億元ぐらいとなる（胡，曹2003）．

52 温州市資料（2004）．

53 『中国金融年鑑2008』，p.642

54 福元運通による資料提供．また，福元運通によると，実際，長江デルタ地域の民間貸借金利は30％以上に達している．「福元運通」とは，中国ではじめて

の民営資本による民間資産管理チェーン機構のことであり，中国商務部が初めて特許を与えた民間の資産管理会社である．本社は青島にある．
55 『中国金融年鑑2008』，p.642.
56 2007年浙江省の民間信用貸借平均利子率は15.25％にたいして，担保，保証人付き貸借の利子率は24.06％であった．
57 この場合には，貸借金利は省内，市内の貸借金利の3倍，4倍になる可能性がある．
58 『中国中小企業年鑑』2011年版，p.53.
59 例えば，ドイツ銀行や国際金融会社は「晋源泰」の株の一部を購入しようとする交渉があったが，結局のところに，意味不明のままに終わってしまったのが現状である．

第6章　中国の中小企業金融問題の解決に向けて

はじめに

　本書は中国の中小企業の国民経済に対する重要性と中小企業の資金調達の現状と特徴を分析し，中小企業の資金調達難に対して，これまでに明らかにされた原因を確認した上で，残された2つの課題を明らかにした．

　第1に，公的金融セクターの改革で，中小企業金融問題はすべて解決することが可能か．

　第2に，民間金融によって，具体的に中小企業金融問題を解決できるのかどうか．

　これらの課題につき，第3章では，中国の金融体制の改革，銀行の経営管理システムの変化に伴う中小企業金融問題の深刻化のプロセスを考察した上で，中小金融機関経営の官僚主義という視点から，公的金融セクターのリレーションシップ・バンキング形成の失敗要因が示された．第4章では，2003年以降の国有商業銀行の中小企業金融の展開を追って，中国工商銀行からスタートした分権型の「三包一掛」の貸出責任制度を取り上げ，国有商業銀行の中小企業向けの政策対応の実情と特徴を分析し，信用審査にかかわるリレーションシップ・レンディングという視点から，その効果と問題点を考察した．そして，第5章では，近年，中国の民間金融市場で注目されつつある最新形態の実業会社――青島「福元運通」モデル――を取り上げ，同社がその複層式・仲介型リレーションシップ・レンディングを駆使して，その情報生産機能，信用保証機能およびコンサルティング仲介機能を拡大させた仕組みを明らかにすることによって，中小企業金融市場における，民間金融の情報の優位性の増大を考察した．その上で，民間金融が抱える限界，つまり，預金業務を行っていないために，信用創造を行えず，資金供給という点では不

十分であることを指摘した．これらの分析，研究を基礎に，本章では，中小企業金融問題に関する具体的政策提言の展望を示し，本書の結びとする．

第1節　解決策を政府の公的支援ばかりに頼ってはならない

　すでに述べたように，2003年1月1日より日本の『中小企業基本法』に相当する『中華人民共和国中小企業促進法』（以下『促進法』という）が施行された．『促進法』は7つの章によって構成され，その第2章は，全12条から成り，そこでは主として中小企業金融や信用保証問題などの中小企業に対する「資金支援」問題について規定されており，中小企業の育成と健全な経営にとって最も重要な部分である．特に冒頭の第10条では，「中央財政予算に中小企業勘定を設け，中小企業の発展を支援する専用資金を手当てし，地方人民政府も，中小企業に財政支援を提供しなければならない」とされ，今まで欠落していた中央と地方政府の財政支出項目の中に，新たな中小企業支援予算の計上を義務付けることを定めている．この予算は当面，中小企業を育成するための環境整備に支出されるものであって（または具体的な金額も設けず）[1]，中小企業への融資資金を定めたものではないが，今回初めて中小企業のために財政出動することが決定された意義は大きい．この公布を契機に，政府および社会の各グループの中小企業に対する重視度は以前より高まっている．中小企業の資金調達難の問題についても，本書の第2章で紹介した先行研究以外に，識者たちがさまざまな政策提案を行っている．銀聯信[2]はEUやドイツ及び韓国などの政府による技術型中小企業のイノベーション資金への支援政策を参照にして，中国政府を含む，各国政府の財政資金による中小企業への支援の必要性を強調した[3]．金融市場における弱者としての中小企業に対して，政府による財政支援が必要であることは否定できない．しかし，財政資金による支援政策の有効性の発揮は中小企業の投資案についての将来性と成長性などの経営の実態をうまく把握することを前提としている．また近年，中小企業の資金調達難の問題は中小企業自身の経営問題と抵当物の欠

如にその原因があり，その解決策を土地改革に求めるべきであるという見解もある（中国銀行業監督管理委員会副委員長，鳳凰衛視『金石財経』，2010年4月16日）．つまり，土地改革によって農民や個体・私営企業は質の高い抵当物になれる土地を持つことによって，資金調達難の問題が解決され得ると主張するわけである．しかし，土地改革自体が1つの長期的な包括的で複雑な改革であるだけではなく，仮に土地が抵当物になり得たとしても，それが貸出の有効性の上昇に繋がることを意味するとは直ちにはいえない．なぜかというと，中小企業の資金調達難の解決はあくまでも収益性と将来性のある中小企業の資金調達難の問題に対する解決でなければならないからである．仮にこれからの中小企業への融資から発生する不良債権が全部抵当物としての土地によって抵当されるとすれば，それは今までの非効率的な国有企業への貸出と同じような形となる．つまり，国家資産による不良債権の処理となる．こうした銀行の資産価値，あるいは国家資産を犠牲にすることを代価とするような解決方法は金融資源の配分効率を悪くし，銀行システム全体の安全性，従ってマクロ経済全体の安定性にマイナスの影響をもたらすこととなるだけではなく，本当に経営の良い中小企業の金融問題の解決にもつながらない．つまり，このようにして問題の根本を避けて土地改革や財政資金の増大ばかりによる中小企業金融問題の解決に期待することは，根本問題の解決には繋がらないのである．

第2節　解決策は金融仲介機能と経営コンサルティング機能を兼ねた民間金融セクターに求めるべきである

　すでに明らかなように，銀行は基本的に貸付条件を満たした企業にしか融資しない．中小企業の金融問題の解決の目標も中小企業全般ではなく，あくまでも経営の良い企業を対象にしなければならない．したがって，悪い企業であるか，良い企業であるかについての信用判断が銀行融資の有効性のもっとも重要な前提となる．しかし，企業の経営は静態的なものではなく，常に変化している．経営の悪い企業でも，1つのビジネスチャンスあるいは経営

改革によって企業業績が改善され，経営の良い企業に変身してしまうこともよく見られる．したがって，中小企業金融において，いま求められているのは資金の供給機能と同時に，中小企業経営の改善に有力なコンサルティング機能も含まれている．中国の中小企業金融において，それを可能にするのが，公的金融セクターより，民間金融セクターである．本書の第2章で紹介したように中国でもリレーションシップ・バンキングの構築による中小企業への融資問題の解決が重視されつつある．問題の焦点は公的金融システムの内部で，政府主導による現存の都市商業銀行と信用社をリレーションシップ・バンキングとして発展させるか，それとも民営経済の内部で自主的，自発的に発展してきた民間金融の合理的な発展を推進することによって，民営のリレーションシップ・バンキングを設立するかである．

そこで，本書は第3章，第4章で，現在の中国の金融制度の歴史的形成プロセスから公的金融セクターにおけるリレーションシップ・バンキング形成の失敗を考察し，さらに，銀行経営の官僚主義という視点からその失敗原因を分析した．そもそもこのような銀行経営における強い官僚主義は中国経済という独特な経済体制の下で，銀行に長年蓄積された企業文化に関わるため，官僚主義の是正の面でメスを入れることは，政治体制や企業文化を根本から見直す必要がある．これは最も難易度の高いリスク管理でありながらに，リレーションシップ・レンディングにとって，最も根底にある本質的な問題である．残念ながら，現在の中国の金融機関においては，国有4大商業銀行だけではなく，株式制商業銀行，都市商業銀行，農村信用社などを含む，公的金融セクターは基本的にすべて「国有」であり，官僚行政の一部として存在している．中短期的にはそれが是正されることはあり得ない．国有銀行は中小企業向けの貸付業務においては，そもそも本格的なリレーションシップ・レンディングを行える企業文化も有していないため，中小企業の金融市場において，情報の非対称性問題を解決できない．

現在，中国の市場経済の移行期において，経済発展の重要なインフラの1つとしての社会信用制度がまだとても脆弱であるため，中小企業の信用制度

の建設も短期的には極めて困難な仕事である．リレーションシップ・レンディングの意義は貸付市場へのアクセスが十分でない中小企業に資金を供給する新たなルートを確立することである．中小企業とこのようなリレーションシップを維持することができるのは国有銀行ではない．「中小企業の資金需要に適応できる金融仲介機関は中小企業の経済環境の内部で生まれるものでなければならない．これが民間金融である．民間金融と国有あるいは地方の金融機関との最大の区別はその内生性である．この内生性があるがゆえに，民間金融は中小企業の様々な情報を最大限に獲得できる要素を持っている」（張聖平ほか2002，pp. 7-8）．こうした中にあって，民間金融は中小企業金融市場における情報の優位性に依存したリレーションシップ・レンディング方式により，公的金融に不可欠な補完的役割を果たしてきた．本書の第5章では，民間金融市場で中心的な役割を果たしている実業会社の最新モデル，いわゆる新しいリレーションシップを展開する「福元運通」モデルを取り上げ，同社の複層式・仲介型リレーションシップ・レンディングの仕組みは何か，その情報生産機能，信用保証機能およびコンサルティング仲介機能を明らかにした．民間金融は中小企業金融市場において，企業の資金調達を仲介するだけではなく，コンサルティング仲介機能によって，企業の経営改善，規模拡大に助力している．これこそ，企業の資金獲得力を増強させる近道である．しかし，情報の優位性が拡大された民間金融は中小企業金融に新たな展開を可能にする一方，それによって中小企業金融問題が解消されたわけではない．「福元運通」モデルにおいても民間金融であるがゆえに，預金業務を行えず，そのため，優良な私営企業の資金需要に十分対応仕切れない現状がある．これは中国中小企業金融が抱える問題そのものに他ならない．

第3節　市場の需給関係を重視する公正な金融市場の建設が問題解決の根本策である

　中国の中小企業は一種の規模区分と所有制区分によって規定されている企業組織形態として，それ自体が1つの複雑な集合体である．発展様式から見

れば，将来有力な大型企業まで発展する中小企業もあれば，単純に家族の生計を維持することを目的とする零細企業もある．社会の分業状態から見れば，独立した企業として，社会に最終消費品を提供する企業もあれば，大企業の下請けとして大企業に一部の専門部品を供給する中小企業もある．企業の技術力から見れば，大量な労働集約型の企業もあれば，少数の技術力を持っている中小企業もある．また企業の組織形式から見れば，家族経営と友人同士の協力経営（合伙企業）もあれば，株式会社もある．また第3次産業を中心に各産業に分布している．このような中小企業の複雑性と多様性およびその生命周期における異なった発展段階は，中小企業の金融需要の多様性と複雑性を決定する．そのため，本書で分析したように，官僚主義によって支配されている国有一色の金融システムはこのような中小企業のすべてに適切な金融サービスを提供することが困難である．情報の非対称性を伴う中小企業金融における資金不足問題を解決する道は，民営経済の内部で自発的に生まれた情報の優位性を有する有力な民間金融会社を，段階的に民営銀行へと発展させていくことである．そのため，公的金融セクターでも，民間金融セクターでも，公正・公平な金融市場の環境の下で，市場メカニズムによって規制される金融システムと企業制度の建設は中小企業金融問題を解決するための根本策であり，金融改革の望ましい方向である．以上の研究分析を基礎に，本書は以下のような政策提案をする．

　第1は，今までの良好に営まれている初級レベルの民間金融の発展を容認し，「福元運通」モデルのような高級レベルの民間の実業金融会社の業務展開を促進し，地域密着型の民間の小銀行を発展させることである．公的金融と民営中小企業との間の所有制上の差別は長年にわたって蓄積された経営慣行となっている．公的セクターだけでは，民営企業に有効な金融サービスを満たすことが難しい．地域に密着している民間の金融機関は地縁に基づく情報の優位性を有するだけではなく，自発的・自主的な民間の金融組織であるからこそ，民間の資金需要に応じて，その運営目標と運営手法が民営企業の需要を満たす方向へと努力する．このような民間金融機関は民営企業の発展

とともに，リレーションシップ・レンディングを展開するスキルを蓄積しており，地域密着型のリレーションシップ・バンキングとして形成される潜在力が高いと考えられる．政府は市場の高度化にしたがい，試行錯誤しながら，銀行業の参入規制を撤廃し，高級の民間金融会社が銀行業に参入，退出できるような公正・公平な法律体制を確立することに努めなければならない．同時に，零細，微少企業の金融サービスを提供する初級レベルの民間金融の存在も容認し，それらが合理的に発展できる環境を設ける必要がある．

第2は，公的金融セクターにおいて，分権管理と自主経営を深化する．実体経済の発展の需要に応じて，公的金融セクターは，貸付の管理体制を改革し，適当な貸付権限を県レベル以下の支店組織に与える．同時に小銀行における行政と銀行経営の分離を実施し，銀行経営の市場化を促進することによって，小銀行の地元における市場機能を発揮させる．

第3は，適切な規制と有効な監督管理ルールの制定と執行をすることである．民営銀行や分権化された支店機関はほとんど中小銀行であり，資本の実力や業務経験，および金融スキルなどの側面においては，大銀行より劣ると思われる．さらに，サービスの対象は比較的信用度の低い中小企業であることから，民営銀行の参入規制の撤廃と分権管理の実施は中国の金融システムに新たなリスクをもたらすことが想定される．そのため，公的金融機関だけではなく，民営銀行に対しても，より適切な規制と有効な監督管理モデルの構築が金融セクターの市場化にとって不可欠な条件となる．

第4は，包括的な預金保険制度の成立を加速することである．銀行は公共性を有する．そのため，政府が最低限の保護を行う必要がある．今まで，中国では預金保険制度がなかった．国有大銀行は言うまでもなく，その他の中小銀行，信用社は事実上全部国家の信用力によって支えられている．民間所有の民営銀行に対してどのような保証制度を制定するかが1つの決定的な問題となる．公平，公正な市場原理に基づくならば，国有銀行と同じように民営銀行にも国家信用を与えることになる．しかし，そうするならば，政府に新たな財政負担が増加するだけではなく，リスクや損益の自己負担という民

営銀行の制度的意味もなくなる．そこで，金融市場において平等な運営環境を与える1つの有効な方法は包括的な預金保険制度である．つまり，(公的金融機関と違って)民営銀行がどこかで破たんした場合に，銀行取り付けなどの連鎖反応は公的中小銀行まで及び，金融システム全体のシステミックリスクを起こしかねないので，それを防ぐために，政府は預金を持っている顧客の預金を保証しなければならない．それだけではない．そもそも預金の保証がされないと民営銀行が銀行として存続できるぐらいの一定規模の預金を集めることができるかどうかが問題となる．そのため，包括的な預金保険制度の制定と実施は民間金融の銀行業への参入にとって，決定的な影響を持っており，当面の急務である．

第5は，中小企業向けの情報公開システムの改善を行うことである．中国の中小企業の発展史は20年余りであり，中小企業自身の管理制度および信用力において様々な欠陥が存在していることも否定のできない事実である．そもそも，多くの中小企業自身も有効な経営情報を持っていない．特に郷鎮に分布している郷鎮企業や零細企業の多くは，金融セクターにおける民営経済への支援戦略を知らず，自分に有利な融資方法を選べない．そのため，金融セクターの経営動向や融資政策などの情報がきちんと中小企業に伝わる情報公開システムを整えなければならない．

また当然ながら，中小企業が直面している金融問題は金融市場が全面的に市場化すれば，市場が自動的にすべてを解決してくれるわけでもないことを十分認識しなければならない．中小企業金融問題は比較的成熟した市場経済を営む先進国にも存在する問題である．今後の経済と金融のグローバル化の進展に伴って，中小企業の資金調達難の問題がより深刻化していく可能性もある．完全な自由競争の市場環境において，弱い民間グループが不平等な地位に陥ることが，(平等と公正を求める)市場経済の内的矛盾(市場の失敗)でもある．そのため，市場経済の内部で中小企業金融の問題を解決する場合でも，市場の外部での政府の監督管理や支援政策の役割を無視することができない．問題は政府が如何に市場の合理的な発展に干渉しないで，市場を公

第 6 章　中国の中小企業金融問題の解決に向けて

正・公平なものへと導くかである．民営銀行の参入規制の撤廃がどのようなメリットとデメリットを中国経済にもたらすか．それは一体いつ頃になったら実行可能なものとなるか．このような問題については，先進諸国の金融政策や地域金融の発展史が良い経験を提供してくれている．今後，諸外国の中小企業金融政策の実践の比較検討を併せて，さらに研究を深めていきたい．

【補論　「非公経済36条」の実施状況に関するアンケート調査分析報告】[5]

　2005年2月，国務院は「国務院による個体・私営などの非公有制経済の発展を支援することに関する若干の意見」を公布した（中国語：「国务院关于鼓励支持和引导个体私营等非公有制经济发展的若干意见」）．これは略称「非公経済36条」という．2009年，国務院はまた『国務院による中小企業の発展をより一層促進するための若干の意見』（中国語：「国务院关于进一步促进中小企业发展的若干意见」）も発布した．これは略称「中小企業29条」という．2010年3月に全国工商聯は「非公経済36条」の公布5周年をきっかけに，「中小企業29条」の関連内容も考慮し，民営企業の経営・発展における諸問題に関する第4回目のアンケート調査を行った．今回の調査は地域規模では，中国全国31省・自治区・直轄市，産業規模では，第一次産業から第三次産業における様々な業種，企業規模では，大型，中型，小型の異なった規模の民営企業に跨っている．2300枚のアンケートを送付し，1910枚が回収できた．そのうち，東部地域は660枚，中部地域は455枚，西部地域は795枚である．企業規模では，営業収入3億元以上の大型企業は358社，3000万元以下の小型企業は684社，中型企業は727社である．今回のアンケート調査の主要内容の一部は以下のものである．

　「非公経済36条」が公布された5年間，調査対象は民営企業の資金調達難の問題の解決，企業の融資ルートに対する認識，発展環境の改善に関しての判断がそれぞれ図6補－1，表6補－1，および図6補－2で示されている．わかるように，「非公経済36条」が実施して以来，民営企業の発展環境と資

図6補−1　民営企業の資金調達状況に対する判断

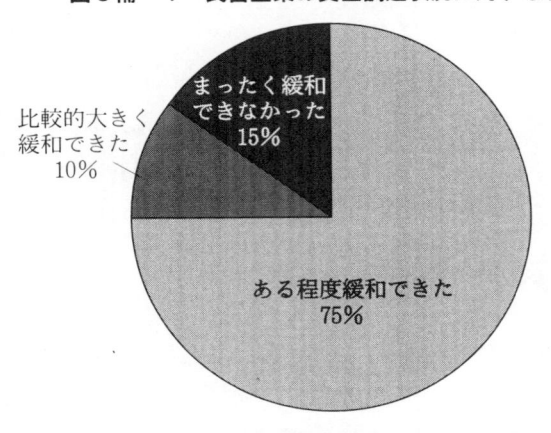

- まったく緩和できなかった 15%
- 比較的大きく緩和できた 10%
- ある程度緩和できた 75%

図6補−2　民営企業の発展環境の改善に関する判断

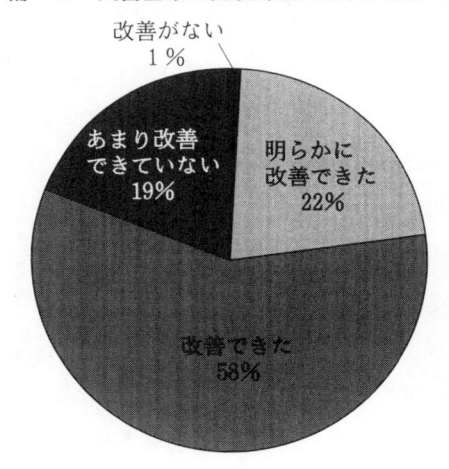

- 改善がない 1%
- あまり改善できていない 19%
- 明らかに改善できた 22%
- 改善できた 58%

表6補−1　企業の融資ルートに関する認識状況

融資ルート	満足	一般	不満足
民営企業向けの金融商品とサービス革新に関して	33.7%	57.8%	8.5%
銀行のリテール部門の役割達成に関して	30.2%	57.4%	12.4%
資本市場における直接金融の融資ルートに関して	24.1%	65.2%	10.7%
信用担保システムの建設に関して	29.5%	58.9%	11.6%

第6章 中国の中小企業金融問題の解決に向けて

表6補-2　各部門における「非公経済36条」の執行状況に関する満足度

項　目	満　足	一　般	不満足
国務院の関係部門の執行状況に関して	51.3%	43.0%	5.6%
地方政府の執行状況に関して	43.2%	49.4%	7.4%

表6補-3　「非公経済36条」の実施を影響する要素に対する判断

影響要素	割　合
操作可能なセットにする施行細目が欠乏している	72.4%
金融機関のセットにする政策が欠乏している	55.5%
政府部門の思想観念が根本から転換していないため，政策を実施する力が足りない	54.2%
民営企業は関係政府部門とコミュニケーションできるルートと制度が不完備である	48.0%
法的環境が不整備であり，行政による干渉が強い	44.0%
中国社会において，非公有経済の発展に対してまだ（長期にわたり形成された）観念上の誤った考えがある	40.9%
部門あるいは集団利益の悪影響	34.9%
世論環境による不利な要素	23.6%

金調達難はある程度緩和できたが，企業の銀行部門における融資ルートに関する認識状況は依然として楽観的ではない．

次に，表6補-2，表6補-3は調査対象が「非公経済36条」の実施状況，影響要素などに関する判断である．「非公経済36条」の実施状況においては，民営企業の満足度は年々に下降する趨勢を示している．国務院の関係部門による執行状況に対する満足度はわずか51.3%，同項目の地方政府に対する満足度は43.2%であり，前回の同項目より13〜18%下がった．「非公経済36条」の実施に影響する要素においては，上位3位までは，政府による操作可能なセットにする施行細目の欠乏，金融機関によるセットにする政策の欠如および政府部門の思想観念が根本から転換していないことである．また，5割近

表6補－4　民間投資を促進できるための政策措置に関する判断

政策措置	割合
中小企業金融システムを完備し，確実に中小企業資金調達難の問題を解決する	68.0%
国有経済と民営経済に関する領域と範囲を合理的に定め，国有経済と民営経済の平等競争，優位性発揮，お互いに補う関係，共同発展の環境を形成すること	55.0%
寡占産業，金融機関および投資審査手続きなどに対する改革を加速し，民間投資に対する制度的，政策的および所有制観念における差別を除去する	53.4%
政府における投資方式を改革し，政府が資金を吸収し，民間投資をけん引するテコの作用を重視する	49.7%
民間投資の合法的権益，特に企業の買収・合併（M&A）において，市場メカニズムを重視し，平等な物権を保護する	38.6%

くの企業は民営企業が関係政府部門とコミュニケーションを取れないことに注目している．

　表6補－4は調査対象が民間投資を促進できるための政策措置に関する判断である．民営企業の投資を促進する各種の政策措置のうち，もっとも有効なものは中小企業金融に関する政策である．言い換えれば，7割近くの調査企業は投資を阻むもっとも大きな要素が資金調達難にあると判断している．その次は，所有制における差別によって発生する諸問題である．

注

1　かつての「経貿委」職務の中小企業対策部分を継承した「国家発展・改革委員会中小企業司」の政策担当責任者は，2003年9月，中小企業関連として5000万元（日本円に換算し8億円程度）が予算措置されたことを示した．（森田2004）による．
2　銀行聯合信息網．
3　アモイ市民営経済工作事務室，アモイ市中小企業管理事務室www.xmsme.gov.cnとhttp://www.xmsme.gov.cn/2006-11/200611281859306395.htmを参照．近

年の財政支援項目については『中小企業年鑑2011』，p.52を参照．
4 呉柏鈞（2011）を参照．
5 『中国私営経済年鑑』2008.6〜2010.6年版，p.1「専題報告」による．

参考文献一覧

【日本語文献】

今井理之・中嶋誠一 [1998]，『中国経済がわかる事典』日本実業出版社.

王保樹・崔勤之 [1992]，『中国企業法論』晃洋書房.

大野早苗・小川英治ほか [2007]，『金融論』，有斐閣.

小野有人 [2007]『新時代の中小企業金融—貸出手法の再構築に向けて』，東洋経済新報社.

――― [2011]，「中小企業向け貸出をめぐる実証分析：現状と展望」，日本銀行金融研究所ホームページ（http://www.imes.boj.or.jp）.

金山権 [2000]，『現代中国企業の経営管理』同友館.

黒瀬直弘 [2004]，「温州産業の原蓄過程—情報による「下から」の資本制化と企業の階層分化—」，『三田学会雑誌』第96巻第4号，慶応義塾経済学会.

厳善平 [2009]，『農村から都市へ—1億3000万人の農民大移動』，岩波書店.

呉敬璉 [2007]，『現代中国の経済改革』（青木昌彦監訳・日野正子訳），NTT出版株式会社.

呉柏鈞 [2011]，「中国における私営企業の発展とその制約要因」，『アジア研究』第57巻第4号，アジア政経学会.

小藤康夫 [2009]，『中小企業金融の新展開』，税務経理協会.

国際協力銀行中堅・中小企業支援室 [2006]，「中国における企業向け金融の実態と展望—民営企業・中小企業，外資系企業向け金融の動向を中心に—」.

駒形哲哉 [2004]，「温州モデル研究の視角—中国経済の体制移行に寄せて—」，『三田学会雑誌』第96巻第4号，慶応義塾経済学会.

――― [2005]，『移行期 中国の中小企業論』税務経理協会.

財団法人日中経済協会，『中国経済データハンドブック』2006年版.

斉藤正 [2003]，『戦後日本の中小企業金融』，ミネルヴァ書房.

朱晋偉 [2003]，「中国郷鎮企業の変容」，『商工金融』第53巻第4号.

白石麻保，矢野剛 [2003]，「中国における民営化進展の特徴に関する比較分析—無錫郷鎮企業を中心に—」，『現代中国』77号，日本貿易振興機構.

関満博 [2003]，『「現場」学者中国を行く』，日本経済新聞社.

――― [2006]，『現代中国の民営中小企業』，新評論.

――― [2008]，『中国郷鎮企業の民営化と日本企業—新たな産業集積を形成する

「無錫」』, 新評論.
平公明［2003］,「「中小企業促進法」制定の経緯と今後の課題」,『ジェトロ中国経済』2003年1月号, 日本貿易振興機構.
多胡秀人［2007］,『地域金融論―リレーションシップ・バンキング恒久化と中小・地域金融機関の在り方』,（社団法人）金融財政事情研究会.
建部正義編著［2002］,『21世紀の金融システム』, 中央大学出版部.
玉置知己・山澤光太郎［2005］,『中国の金融はこれからどうなるのか―その現状と改革の行方』, 東洋経済新報社.
張捷［2002］,「中小企業の金融成長サイクルと資本構成の変化―中米比較に基づく考察―」,『国際協力論集』, Vol. 9, No. 3, pp.131-145, 神戸大学国際協力研究科.
張浩川［2005］,『中国中小企業の挑戦―「小さな」世界企業への道―』森山書店.
陳玉雄［2001］,「中国の経済変革におけるインフォーマル・システム―計画経済から市場経済への移行に果たす役割―」, 麗澤大学経済学会,『麗澤経済研究』第9巻第2号.
――――［2002］,「中国の金融システムの形成過程における『下からの変革』」, 世界経済研究協会,『世界経済評論』11月号（通巻567号）.
――――［2004］,「中国の民間金融―温州を中心とする東南沿海部における民間金融の実態と地域経済」,『三田学会雑誌』96巻4号, p.149（611）-169（631）, 慶応義塾経済学会.
――――［2006］,「「地下金融」の実態と展望」,『中国における企業向け金融の実態と展望―民営企業・中小企業, 外資系企業向け金融の動向を中心に』, 第8章, 国際協力銀行中堅・中小企業支援室.
唐成［2005］,「中小企業金融」,『中国の貯蓄と金融―家計・企業・政府の実証分析』, 第7章,（3）, 慶応義塾大学出版会.
日本貿易振興機構（JETRO), 海外調査シリーズNo.377,『中国データ・ファイル』2008年版.
沼尻勉［2003］,「私営企業家の入党と共産党基盤の拡大」,『ジェトロ中国経済』2003年1月号, 日本貿易振興機構.
范立君［2011a］,「中国型リレーションシップと中小企業金融―中国民間金融の展開とその限界―」『季刊経済理論』第47巻第4号.
――――［2011b］,「中国の中小企業の資金調達難」,『一橋研究』第36巻1号（通巻170）.
――――［2011c］,「中国の中小企業金融とリレーションシップ・バンキング形成の

失敗」,『政経研究』No.96.
――――[2013],「中小企業金融における中国の商業銀行の政策対応とその限界」,『都留文科大学研究紀要』第77集.
樋口謙次・范力[2008],『現代中国の集団所有企業―工業合作社・集体企業・郷鎮企業の発展と改革―』, 時潮社.
堀江康煕[2008],『地域金融機関の経営行動―経済構造変化への対応』勁草書房.
牧野文夫編[2005],『中国経済入門第2版―世界の工場から世界の市場へ』, 日本評論社.
松村洋平編著[2006],『企業文化―コーポレートカルチャー』, 学文社.
渡辺真理子[2005],「金融は中国経済のアキレス腱か?―金融・資本市場の形成」, 南亮進.
Hofstede, G. [1980] Culture's Consequences, SAGE. (萬成博・安藤文四郎監訳『経営文化の国際比較』産業能率大学出版部, 1984).
Kotter, J.P. and J.L.Heskett [1992] Corporate Culture and Performance, Free Press. (梅津祐良訳『企業文化が高業績を生む』ダイヤモンド社, 1994).
W.H.Morris.Jones [1952], Socialism and Bureaucracy, Fabian Institute of Japan (川島芳郎訳『社会主義と官僚主義』, 日本フェビアン研究所, 1952).
「大上海経済圏を見る⑦郷鎮企業の発祥地―無錫」,『人民中国』(People's China) 1996(7), 東方書店, pp.42-45
『中国進出企業一覧 非上場会社篇』, 2007-2008年版, 21世紀中国総研編.

【中国語文献】

北京銀聯信信息諮询中心,「中国経済熱点分析報告」, 2008年第29期, 総167期.
柴学武[2002],「中国信貸市場的結构与変遷」,『経済問題』, No.1.
崔砺金, 李江, 呉亮[2002],「地下資金'暗流'触目惊心――浙閩粤三省地下金融市場」『国際金融時報』, 1月18日.
陳幼紅[2008],「突破性創新与中小企業的理論模型研究」,『経済論壇』, 経済論壇杂志社 2008年第24期, 総第448期.
董輔礽[2002],「民営金融机构是民営経済発展的关键」,『中華工商时報』, 11月18日.
鄧聿文[2002],「什么因素阻碍民営銀行的発展」,『中国経済時報』, 9月25日.
丁伯平, 劉决琦, 鄭義[2003],「国有商業銀行信貸激励――約束機制的実証研究」,『金融研究』, No.2.
樊綱[2000],「発展民間金融与金融体制改革」,『上海金融』, 9月号.
――――[2001],「発展民間金融推動金融改革」,『思想評論』, 9月11日.

―― [2002a],「民営金融有助提升配置効率」,中経江蘇中心, 9月23日.
―― [2002b],「中国金融改革の出路在哪」,『上海証券報』, 11月29日.
国務院研究室个体私営経済調査組 [1990],『中国的个体和私営経済』改革出版社出版.
国家統計局国民経済綜合統計司 [1999],『新中国五十年统计资料汇编』北京：中国统计出版社.
郭斌,劉曼路 [2002],「民間金融与中小企業発展：対温州的実証分析」,『経済研究』,No.10.
高艶 [2007],「我国農村非正規金融的績効分析」『金融研究』,No.12.
国家発展和改革委員会中小企業司編 [2007],「中国中小企業発展報告」北京機械工業出版社.
華中科技大学経済学院 羅珺 [2003],「国有商業銀行市場勢力分析」,『金融研究』,No.13.
IFO等聯合項目 「中国中小企業融資現状和問題」2002.
姜長云・孫同全 [2005], [中国中小企业互助担保机构的发展与前景],「中国私営企業発展報告」No.6 2005年.
姜旭朝,丁昌鋒 [2004],「民間金融理論分析：範疇,比較与制度変遷」『金融研究』2004（8）.
李箐 [2000],「民営金融―大門内外的対話」,『財経時報』, 12月12日.
李建軍ほか [2005],『中国地下金融規模与宏観経済影響研究』,中国金融出版社.
劉静,鄧震龍 [2000],「我国民間金融的利率分析」『城市金融论坛』,No.1.
林毅夫,李永軍 [2001]「中小金融機構発展与中小企業融資」,『経済研究』2001年.
林毅夫,孫希芳 [2005],「信息,非正規金融与中小企業融資」,『経済研究』, No.7.
劉民權,徐忠,兪建拖 [2003],「ROSCA研究综述」『金融研究』No.2.
羅珺 [2003],「国有商業銀行市場勢力分析」『金融研究』, No.2.
梁偉,胡利琴,胡燕 [2007],「中国商業銀行操作風険評級問題研究」,『金融研究』,No.12.
劉国光 [2009],「辨正地看中国改革三十年」, 经济纵横 经济纵横杂志社 2009年第1期, 総第278期.
梅強,譚中明 [2002],『中小企業信用担保理論模式及政策』経済管理出版社.
南京師範大学中国金融研究センター 許崇正,官秀黎 [2004],論中国民営企業融資和金融支持『金融研究』No.9, 2004.
人民銀行撫州市中心支行課題組 [2001],「非正式制度安排,技術約束下的農村信用合作社発展問題：撫州个案研究与一般政策結論」,『金融研究』, No.1.

参考文献一覧

人民銀行贛州市中心支店課題グループ［2001］,「微観金融制度瓶頚及創新：非公有制経済融資渠道問題研究」,『金融研究』, No. 7.

人民銀行広州分行課題組［2002］,「从民間貸借到民営金融：産業組織与交易規則」『金融研究』No.10.

人民銀行広州支店 林平, 何偉剛, 蔡鍵［2005］,「民営企業融資結構的総体状況和差異分析：基于広東的実証」,『金融研究』No.11, 2005.

人民銀行懐化市中心支行 毛晋生［2002］,「長周期下的融資供求矛盾：我国中小企業融資渠道的問題研究」『金融研究』, No. 1, 2002.

人民銀行朔州市中心支店［2002］,「監管約束及其創新：金融監管績効的実証分析」,『金融研究』, No.11.

人民銀行合作金融机構監管司 湯小青［2002］,「我国金融风险形成的財政政策環境和制度要素」,『金融研究』, No.11.

人民銀行済南支店, 王朝弟［2003］,「中小企業融資問題与金融支持的几点思考」,『金融研究』, No. 1, 2003.

人民銀行済南支店 辛樹人, 向珂［2004］,「中小企業金融制度的缺陥分析及矯正点選択」,『金融研究』, No. 7, 2004.

人民銀行［2004］,『中国中小企業金融制度調査』, 中国人民銀行.

人民銀行瀋陽支店, 張文滙［2005］,「不完全信息与長期客戸関係：民営経済融資研究」,『金融研究』, No.11.

孫明華［2009］,「経済復蘇与我国中小企業政策走向」,『経済界』No. 6, 2009, pp. 58-62.

慎海雄・崔砺金［2003］,「"三包一掛"解私企資金飢渇己入実験状態」,『経済参考報』4月16日.

王鐵軍編著［2004］,『中国中小企業 融資28種模式』中国金融出版社.

王宣喩, 儲小平［2002］,「信息披露機制对私営企業融資决策的影響」『経済研究』, No.10.

王曙光, 鄧一婷［2007］,「民間金融拡張的内在机理, 演進路径与未来趨勢研究」『金融研究』No. 6.

王振中・楊春学編著［2005］,『中国経済学百年経典』, 広東経済出版社.

呉元波［2007］,「中小企業融資困境与商業銀行組織更新的関聯」,『改革』, No.11（総No.165）, 2007.

徐洪水［2001］,「中小企業融資難：金融缺口和交易成本最小化」,『金融研究』, No. 11.

徐冰［2002］,「革命の50％」,『中国経済時報』, 9月25日.

徐滇慶［2002］,『金融改革，路在何方，民営銀行200問』，北京大学出版社.
謝平・焦瑾璞［2003］,『中国商業銀行改革』，経済科学出版社.
徐笑波，鄧英淘，薛玉煒，劉建進，胡斌［1994］『中国農村金融的変革与発展1978－1990』, 当代中国出版社.
楊宗昌　田高良［2001］,「浅析中小企業融資難的原因与対策」『会計研究』，2001年第4期.
楊思群［2001］,「中小企業融資与金融改革」，李阳等主編『中国金融理论前沿2』所収，社会科学文献出版社.
閻金明［2009］,「扶持中小企業度过当前危机的研究与建議」,『経済界』No. 2, 2009, pp.25-28.
于珊萍，姜子叶［2003］,「民间信用的效应分析　熊継洲，民営銀行-台湾的实践与内地的探索 」上海　复旦大学出版社.
易乾，駱峰［2004］『恒星的梦-中国民族工商业百年史话』北京出版社.
姚耀軍，陳徳付［2005］,「中国農村非正規金融的兴起"理论及其实证研究」『中国農村経済』, No. 8.
楊励［2006］,「论中国国有经济的配置角色及其谭变」,『清华大学学报：哲社版』2006年第5期, pp.116-121.
張維迎［1994］,「台湾中小企業的資本結構及金融体系」，载易纲和许小年主編的『台湾経済与　大陸経済改革』，中国経済出版社.
張軍［1999］,「改革后中国農村的非正規金融部門：温州案例」, 張曙光主編，北京天則経済研究所編,『中国制度変遷的案例研究第二集』，中国財政経済出版社.
張捷［2001］,『金融结构与经济发展』, 香港教科文出版有限公司.
── ［2003］,『結構転換期的中小企業金融研究—理論，実証与国際比較』, 経済科学出版社.
張暁輝［2001］主編,『全国农村社会经济典型调查数据集编』, 中国農業出版社.
張承惠［2002］,「非正式融資：一個需要重新認識的問題」，国務院発展研究中心『国研報告』, 編号：2002－162.
張松［2003］,「民間金融与我国金融制度变迁」,『江苏社会科学』, 2006年第3期, 江苏省哲学社会科学界联合会.
張立新［2007］,「中小企業融資困難問題探析」,『中国集体経済』, No.10, 2007.
張聖平，徐濤「内生障碍，関係融資与中小企業金融支持」, 2002年中国博士後経済与管理前沿論壇.
張炎峰，范文波［2009］,「中小企業融資及中小企業集合債券」『経済界』No. 6, 2009, pp.75-80.

参考文献一覧

浙江財経学院金融研究所　虞群娥，李愛喜［2007］,「民間金融与中小企業共生性的実証分析」,『金融研究』, No.9.

中国工商銀行　姜建清［2001］,「国有商業銀行分支機構管理問題研究」,『金融研究』, No.9.

中国銀行業監督管理委員会・中国社会科学院金融研究所　施華強・彭興韵［2003］,「商業銀行軟予算約束与中国銀行業改革」,『金融研究』, No.10.

中国銀行業監督管理委員会山東監管局，王朝弟［2006］,「小企業信貸配給的階段性約束及其体制内優化」,『金融研究』, No.12, 2006.

中国銀監会温州監管分局課題組［2007］,「温州模式下銀行業創新実践及理論研究」,『金融研究』No.11, 2007.

中国銀監会尹龍［2005］,「金融創新理論的発展与金融監管体制演進」,『金融研究』No.3, 2005.

中国企業家調査系統（システム）［2008］,「中国民営企業経営者問卷跟踪調査報告（中国民営企業経営者に関するアンケート調査）」『経済界』2009年第2期（総第80期）, pp.91-96.

中国企業家調査系統［2009］,「民営企業発展面臨严峻挑战亟需提振信心，改善環境—2008・中国民営企業経営者問券跟踪調査報告」,『経済界』No.2, 2009, pp.25-28.

中国企業家調査系統［2011］,「経済転型中的民営企業発展—2010年度千戸民営企業問券跟踪調査報告」,『経済界』No.2, 2011, pp.89-94.

中央金融工委研究室　銭小安［2003］,「金融民営化与金融基礎設施建設」,『金融研究』, No.2, 2003.

魏岩［2011］,「中小企業金融服務初探」, 中国農村金融網
　http://www.zgncjr.com/index.asp?xAction=xReadNews&NewsID=101899

国家統計局工業交通統計司『中国工业经济统计年鑑』中国统计出版社.

国家統計局貿易外経統計司『中国贸易外经统计年鑑』中国统计出版社.

国家統計局『中国统计年鉴』中国统计出版社.

『中国金融年鑑』中国金融年鑑雑誌社.

『中国中小企業年鑑』中国中小企業年鑑編集委員会.

『中国私営経済年鑑』（2006.6〜2008.6）年版，（2008.6〜2010.6）年版，中華工商聯合会と中国民（私）営経済研究会主編.

『中国中小企業発展年鑑』（2004〜2005），中国大地出版社.

『浙江統計年鑑』浙江統計年鑑編集委員会.

『青島統計年鑑』青島統計年鑑編集委員会.

『中国商务年鉴』.

【英文文献】

Anders Isaksson [2002], "The Importance of Informal Finance in Kenyan Manufacturing," *SIN Working Paper Series*, No.5, May.

Berger, A.N. and Udell, G.F., [1995], "Relationship Lending and Lines of Credit in Small Firm Finance," *Journal of Business* 68 (3), pp.351-82.

―――― [1998], "The Economics of Small Business Finance: The Role of Private Equity and Debt Markets in the Financial Growth Cycle," *Journal of Banking and Finance* 22, pp.613-673.

―――― [2002], "Small Business Credit Availability and Relationship Lending: The Importance of Bank Organizational Structure," *Economic Journal* 112 (477), pp.32-54.

Dekle, Robert, and Koichi Hamada [2000], "On the Development of Rotating Credit Association in Japan," *Economic Development and Cultural Change*, Vol.49, No.1 (Oct., 2000), pp.77-90.

Diamond, D. [1991], "Monitoring and Reputation: The Choice between Bank Loans and Direct Placed Debt," *Journal of Political Economy*, 99: pp.689-721.

Fangang [2000] "*Financial Market and Enterprise Reform*" National Economic Research institute, China Reform Foundation (Economic Science Press, China).

Hall, G., Hutchinson, P. and Michaelas, N., [2000], "Industry Effects on the Determinants of Unquoted SMEs' Capital Structure," *International Journal of the Economics of Business* 7 (3), pp.297-312.

Hans Dieter Seibel [1999a], "Informal Finance: Origins, Evolutionary Trends and Donor Options," *IFAD Rural Finance Working Paper Series*, No.A3. 1999a (Revised February 2000).

Hans Dieter Seibel & Heiko Schrader [1999b], "From Informal to Formal Finances: The Transformation of an Indigenous Institution in Nepal," *IFAD Rural Finance Working Paper Series*, No.B4.August].

Hoff, K. and Stiglitz, J.E. [1990], "Imperfect Information and Rural Credit Markets—Puzzles and Policy Perspectives," *The World Bank Economic Review* 4 (3), pp.235-250.

Kornai [1980], Economics of shortage (Amsterdam: North-Holland, 1980).

Lyn, C.T. [2000], "A Survey of Credit and Behavioral Scoring: Forecasting Financial Risk of Lending to Consumers [J]," *International Journal of Forecasting*, 2000, 16: pp.149-172.

Malhotra, R, Malhotra, D. K. [2002], "Differentiating Between Good and Bad Credit Using Neuro-fuzzy System," *European Journal of Operational Research* 136, pp.190-211.

Mayer, C., [1988]. "New Issues in Corporate Finance," European Economic Review, 32 (5): pp.1167-83.

McKinnon, R. I. [1973], *Money and Capital in Economic Development*, The Brookings Institution, Washington, D.C.

Metchell A. Petersen and Raghuram D. Rajan [1994], "The Effect of Credit Market Competition on Lending Relationship," *NBER Working Paper* 4921.

Sharpe, S., [1990], "Asymmetric Information, Bank Lending and Implicit Contracts: A Stylized Model of Customer Relation-ships," *Journal of Finance*, 45 (4): pp.1069-87.

Stiglitz, J.E. and Weiss, A. [1981], "Credit Rationing in Markets with Incomplete Information," *American Economic Review* 71 (3), pp.393-410.

Stiglitz, J.E. [1989], "Financial Markets and Development," *Oxford Review of Economic policy* 5 (4), pp.55-66.

Strahan, Philip E. and Weston, James P. [1998], "Small Business Lending and the Changing Structure of the Banking Industry," *Journal of Banking and Finance* 22, pp.821-45.

World Bank [1997], "Informal Financial Markets and Financial Intermediation in Four African Countries," *Findings: Africa region*, No.79, January 1997.

【HTTP資料】

- 第一次全国经济普查主要数据公布第一号：
http://news.xinhuanet.com/fortune/2005-12/06/content_3883969.htm（2009年2月付）
- 「中華人民共和国中小企业促進法」：http://www.bjrz.cn/zhengce_004.asp（2010年5月付）
- 中小企業融資網：http://www.bjrz.cn/
- 『关于统计上划分经济成分的规定』：

http://www.stats.gov.cn/tjbz/t20061018_402369830.htm
- 第一次全国经济普查主要数据公布
  http://news.cn.yahoo.com/09-12-/346/2jss4.html（2009年2月付）
- 中華人民共和国商業銀行法：
  http://japanese.beijingreview.com.cn/wxzl/txt/2007-02/07/content_56365.htm
  （2010年5月付）
- 中国銀行業監督管理委員会：http://www.cbrc.gov.cn/chinese/home/jsp/index.jsp
- 中国金融ネット：http://citybank.zgjrw.com/
- 中小企業改制上市业务流程（中国中小企業上場手順）：
  http://www.sdsme.gov.cn/data/news/2008/05/24/20312.html（2011年6月付）
- 創業ボード http://biz.cn.yahoo.com/09-04-/43/t3kt.html
- 中国人民銀行 http://www.pbc.gov.cn/
- 中国銀行業監督管理委員会 http://www.cbrc.gov.cn/index.html
- 日本温州同郷会 http://wenzhou-jp.org/jp/modules/pico/index.php?content_id＝3
- 韓俊　中国国務院発展研究センター　農村経済研究部部長
- 「中国農村信用社改革の評価と農村金融改革の課題」
  http://www.nochuri.co.jp/report/pdf/n0804re1.pdf
- みずほ証券リサーチ＆コンサルティングアジア経済ウォッチ（No10-47）
  投資調査部　吉川健治
  https://www.mizuho-msrc.com/dynmc/gcnt.php/DL0000005749/01/04/101012_asia_china.pdf（2012年3月付）

索　引

あ　行

アヴェイラビリティ　171, 174
一級支店　80, 105, 110, 135
一体両翼　23, 196
エージェンシーコスト　109
遠隔感　19, 117
温州モデル　34, 185, 186

か　行

改革開放　4, 25-28, 31, 32, 36-38, 64, 68, 78, 91, 99, 104, 142, 149, 159, 175, 186, 187
外資系企業　25, 60
外資独資企業　27, 36, 37
下級行　80, 82, 107
貸付の終身責任制度　105, 107
合作企業　27, 34, 36
株式制商業銀行　9, 80, 94, 95, 128-130, 143, 144, 146, 184, 198, 204
官僚主義　13, 18, 19, 98, 111, 113, 114, 117, 119, 123, 181, 201, 204, 206
官僚的経営　13
企業間貸借　162
企業内部要因説　18, 72, 78, 84, 86-90
企業文化　18, 90, 204
企業法人登記管理条例　27
基準金利　135, 147, 149, 155, 178, 193
規模以下企業　4, 5, 43, 44

規模以上企業　4, 5, 43, 44, 52, 56, 59, 60, 62, 69
旧三会　28
協議控制　28
行政主導　19, 117, 119
行政等級　118
行政プロセス　19, 117, 119
銀企推介会　151
銀行業監督管理委員会（銀監会）　16, 47, 83, 91, 92, 95, 126, 131, 132, 135, 136, 146, 148, 153, 169, 183, 192
銀証協議　151
銀背（ギンハイ）　186, 198
金融資産管理会社（AMC）　145
金融制度要因説　17, 72, 78, 82, 84, 86, 89, 90
金融仲介機能　170, 203
金利自由化　122, 147, 148
クレジット・スコアリング　11, 97, 108
経営コンサルティング仲介機能　22, 171, 173
経済特区　25
県級支店　106
権限外貸付　112
合会モデル　22, 157
郷鎮企業　25, 27, 35-38, 61, 62, 64, 69, 72, 100, 108, 116, 162, 175, 208

国進民退（コクシンミンタイ）　3
公的金融　10, 12, 18, 21, 72, 89, 90, 108, 142, 157, 164, 174, 175, 184, 185, 196, 205, 206
校弁企業　27, 31, 67
合弁企業　27, 36
公有制企業　26
小型企業　16, 17, 39, 41, 46, 47, 132, 140, 209
国務院　16, 34, 46, 105, 130, 131, 152-154, 182, 184, 209, 211
国有企業　3-5, 9, 15, 25-31, 35, 37, 39-41, 43, 44, 55-58, 60, 72, 79, 81, 84, 94, 100, 118, 121, 140, 143, 152, 162, 177, 197, 203
国有商業銀行　9, 10, 14, 20, 21, 79, 80, 82, 83, 87-89, 95, 101, 107, 108, 111, 119-121, 125, 128-130, 132, 139-141, 143, 145, 149, 158, 178, 179, 181, 182, 201
国有絶対控股（コウコ）企業　27, 28
国有相対控股企業　27, 28
国有独資公司　27, 28
国有聯営企業　27
小口貸出業務　133
小口貸付会社　192-194
互助組　27, 31
個体企業　25, 27, 34, 40, 44, 51, 52, 60, 61, 69, 85, 191, 193
国家発展・改革委員会中小企業司　17, 69, 212
国家経貿委　130
国家計委　130

固定資産投資　35, 159, 161
股份（コフン）有限公司　27, 29, 58-60
股份合作制　27, 29, 67
コーポレート・ガバナンス　28
コミュニケーション　19, 82, 117, 119, 168, 170, 211
コミュニケーションの文化　12

さ　行

財務諸表準拠貸付　11, 12, 18, 97, 98, 108
三資企業　25, 27, 32, 36, 37, 42, 64, 68
「三農」サービス　153
私営企業　5, 9, 12, 15, 22, 25, 27, 32-35, 37, 38, 40-44, 51, 52, 56-64, 69, 71, 72, 76, 81, 100, 108, 120, 121, 127, 150, 155, 158, 174, 175, 188, 197, 205
私営股份有限公司　27
私営有限責任公司　27, 34, 35
資金の獲得可能性　118, 140
資産担保融資　11, 12, 19, 97, 98
資産負債管理　143, 154,
実業会社モデル　22, 157, 174
資本集約型産業　9
社会主義改造運動　30
社会主義市場経済　17, 25, 32, 47, 64, 67, 99, 143, 147
社隊企業　27, 31, 37, 38, 67
集団所有制企業　25
授権経営　104, 105, 108, 110, 111, 132, 136, 181
珠江デルタ　91, 182

索 引

出身成分　32
諸侯経済　187, 190
情報生産機能　22, 158, 167, 171, 173,
　　201, 205
情報の非対称性　11, 22, 85, 97, 112,
　　121, 130, 151, 174, 176, 177, 180,
　　206
情報の不完全性　17, 78, 90
情報の優位性　12, 13, 19, 21, 22, 84-86,
　　89, 111-113, 116, 142, 157, 158,
　　171, 179, 180, 201, 205, 206
奨励金とペナルティ制度　20, 136, 138,
　　141
商業銀行法　80, 105, 132, 136, 143,
　　181, 193
所有制差別　15, 39, 40
新三会　28
信息公司　163
人的ネットワーク　13
人民公社　31, 37
人民銀行　9, 78, 82, 92, 98, 108, 110,
　　111, 113, 115, 120-123, 130, 131,
　　133, 147, 148, 151, 155, 169, 178,
　　183, 184, 192
信用決定システム　17, 78, 81, 90
信用審査能力　10
信用創造機能　10, 13
信用保証機能　158, 172, 173, 196, 201,
　　205
信用保証制度　10, 20, 125, 130, 181
信用割当　85, 104, 112, 174
信用合作社（信用社）　3, 10, 12, 17-20,
　　81, 85, 86, 98, 111-117, 120, 122,

123, 125, 130, 131, 140, 144, 181,
182, 186, 204, 207
人力費奨励金　135
垂直管理　80, 105
スモールワールド・ネットワーク　195
正規金融　72, 159, 184, 185
政策制銀行　105
西部地域　53, 209
銭庄　166, 195
全国工商連合会　63
創業板　79
ソフト情報　11, 97, 109, 110, 114, 139

た 行

大躍進　31
代理処　164, 165
「大を攫み，小を放す」　79, 94
短期運転資金　10, 93
地域間格差　12, 158
地方官僚主導　21
中華人民共和国中小企業促進法（促進法）
　　13, 16, 23, 45, 46, 64, 65, 125, 130,
　　131, 181, 196, 202, 222
中華人民共和国郷鎮企業法　37
中国型リレーションシップ・レンディング
　　3, 9, 10, 12
中国共産党　26, 38
中国建設銀行　9, 106, 122
中国工商銀行　9, 20, 122, 141, 152,
　　201
中国工業経済統計年鑑　15, 54, 59
中国私営経済年鑑　94, 121, 213, 220
中国中小企業年鑑　15, 16, 23, 48, 69,

122, 126, 153, 199, 220
中小企業金融　3，5，10, 12-14, 16, 18, 20-23, 47, 65, 72, 84, 90, 97-99, 114, 125, 126, 129-132, 136, 139, 141, 142, 157, 158, 180, 182, 183, 201, 202, 204, 205, 212
中小企業投資金融機関　163
中小企業29条　152, 209
中部地域　53, 209
長江デルタ　67, 182, 187, 191, 198
直轄国有企業　79
デフォルト　166, 177
同期貸付金利　162
等級化制度　80
党支部書記　38
東部沿海地域　52
東部地域　52-54, 209
東北地区　52
都市商業銀行　9，17, 80, 81, 83, 85, 86, 94, 95, 122, 123, 127-129, 143-146, 198, 204
トランザクション貸付　11

な 行

内資独資企業　27, 34
内需牽引型　71
南巡講話　25, 28, 33, 35, 67, 94
二級支店　80, 105, 110, 136
二元化市場　13, 174
人間本位主義　170
人情貸付　13, 100
ネットマッチング　166
農業銀行　106, 129, 153

農村信用合作社（農村信用社）　19, 81, 83, 95, 98, 102, 104, 111, 112, 116, 119-123, 144, 152, 182, 204

は 行

ハード情報　11, 85, 97, 109, 110, 139
非公経済36条　131, 209, 211
非公有制経済　16, 25, 32, 33, 42, 55, 67, 131, 182, 209
歩合制　20, 133
複層式・仲介型リレーションシップ　22, 157, 170
「福元運通」モデル　3，21, 22, 157, 158, 163, 170, 174, 177, 180, 183, 195, 201, 205, 206
フランチャイズ　163, 164, 168, 170, 182
「三包一掛」貸出制度　20, 125, 132, 133, 136-139
分権化経営　99

ま 行

民営化推進政策　38
民営企業　25, 31, 32, 68, 71, 74, 76, 93-95, 99, 100, 104, 142, 144, 149-152, 185, 186, 197, 206, 209, 211, 212
民営金融　161, 162
民間金融　3，10-14, 18, 21, 22, 64, 74-76, 88-90, 93, 94, 136, 142, 152, 157-159, 161, 166, 167, 170, 173, 174, 176-178, 180, 183-189, 191, 193, 194, 196-198, 201, 204-

208
民間集資　162
民間貸借　22, 75, 159, 161-164, 176, 177, 186, 188-191, 198
民主的な選挙　115
毛沢東時代　32
モニタリング機能　105
モラルハザード　85, 105, 121, 174

や 行

有限責任公司　28-30, 34-36, 57-60, 67, 192
輸出税還付　91
余剰労働力　25, 43
与信管理　10
4級加盟チェーンシステム　163, 164, 167, 168, 170, 182
"四重"戦略　79, 107

ら 行

リスク・プレミアム　22, 176-178
リベート貸付　13, 100
リレーションシップ型の貸出　14, 134, 139
零細・個体企業　19, 116, 177
連帯保証人貸出　133, 134
労働集約型産業　9, 15, 48, 63

［著者略歴］

范　立君（Lijun Fan）

中国山東省生まれ.

青島大学卒業.

2011年　一橋大学経済学博士.

2011年－2012年　一橋大学特任講師.

2012年1月－3月　ロンドン大学客員研究員.

2012年から都留文科大学非常勤講師.

現代中国の中小企業金融
——中国型リレーションシップ・レンディングの
展開の実情と課題——

2013年4月25日　第1版第1刷	定　価＝3200円＋税

著　者　范　立　君　ⓒ
発行人　相　良　景　行
発行所　㈲　時　潮　社

174-0063　東京都板橋区前野町 4-62-15
電話（03）5915-9046
FAX（03）5970-4030
郵便振替　00190-7-741179　時潮社
URL http://www.jichosha.jp
E-mail kikaku@jichosha.jp

印刷・相良整版印刷　製本・仲佐製本

乱丁本・落丁本はお取り替えします.

ISBN978-4-7888-0684-9

時潮社の本

中国のことばと文化・社会
中文礎雄 著
Ａ５判・並製・352頁・定価3500円（税別）

5000年に亘って文化を脈々と伝え、かつ全世界の中国人を同じ文化で結んでいるキーワードは「漢字教育」。言葉の変化から社会の激変を探るための「新語分析」。２つの方法を駆使した文化と社会の考察。ユニークな方法で、読者を知的に刺激する。

現代中国の集団所有企業
工業合作社・集体企業・郷鎮企業の発展と改革
樋口兼次・范力 共著
Ａ５判・並製・282頁・定価3500円（税別）

中国経済の柔構造を解く――国有企業と私有企業の間に存在する「集団所有企業」（合作社・集体企業・郷鎮企業）の発展と実態を描き「人力資本」の可能性を展望する、日中共同研究の精華。研究者、ビジネスマン必読の１冊。新領域開拓の労作。『日本と中国』『中小企業季報』等に書評掲載。

現代中国における教員評価政策に関する研究
―国の教育法制・政策の地方受容要因と問題―
劉 占富 著
Ａ５判・上製箱入り・512頁・定価7880円（税別）

教育評価および教員評価制度の運用実態について、中央政府と大都市、中・小都市、郷・鎮、農村と都市規模別に分析することで、国と地方、さらに地方間で政策・法制度に大きな格差・乖離があることを明らかにし、教育改革への今日的課題を示している。

図説 アジアの地域問題
張 兵 著
Ｂ５判・並製・116頁・定価2500円（税別）

アジア世界とは何か。それは現在どのような拡がりをもち、いかなる問題に直面しているのか。外交から地勢、人口、文化など広範で多面的な分野をカバーする、読む「アジア問題事典」がここに完成！ 内容も１項目を見開きで解説し、図表を用いてのデータの比較など研究者に留まらず、これからのアジアの発展などに興味のある方におすすめの一冊。